ŒUVRES COMPLETES

DE

EUGÈNE SCRIBE

DE L'ACADÉMIE FRANÇAISE

OPÉRAS COMIQUES

LES CHAPERONS BLANCS

LE MAUVAIS ŒIL — L'AMBASSADRICE

LE DOMINO NOIR

E. REIBER inv.

E S

PARIS

E. DENTU, LIBRAIRE-ÉDITEUR

PALAIS-ROYAL, 17-19 GALERIE D'ORLÉANS

V. — 6.

1878

Paris. — Soc d'Imp. Paul Dupont (Cl.) 1320.8 89.

ŒUVRES COMPLÈTES

DE

EUGÈNE SCRIBE

DE L'ACADÉMIE FRANÇAISE

RÉSERVE DE TOUS DROITS

DE PROPRIÉTÉ LITTÉRAIRE

En France et à l'Étranger

LES
CHAPERONS BLANCS

OPÉRA-COMIQUE EN TROIS ACTES

MUSIQUE DE D.-F.-E. AUBER.

THÉATRE DE L'OPÉRA-COMIQUE. — 9 Avril 1836.

PERSONNAGES.	ACTEURS.
LOUIS DE MALE, comte de Flandre.	MM. CHOLLET.
GILBERT, son grand écuyer.	HENRI.
VANDERBLAS, droguiste-parfumeur.	RICQUIER.
GAUTIER, son apprenti.	THÉNARD.
UN SEIGNEUR	GÉNOT.
BERGHEM.	DESLANDES.
ARNOULD, soldat	VICTOR.
PETTERSEN, garçon armurier.	LÉON.
GOMBAUD, valet.	—
MARGUERITE	Mmes PRÉVOST.
URSULE, femme de Vanderblas.	MONSEL.

NOTABLES. — HOMMES et FEMMES DU PEUPLE. — CHAPERONS BLANCS. — SOLDATS FRANÇAIS et FLAMANDS. — OFFICIERS FRANÇAIS. — PAGES. — VALETS. — TROMPETTES. — PORTE-ÉTENDARDS.

A Gand en 1383.

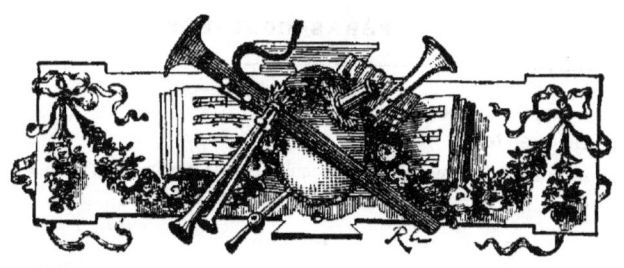

LES
CHAPERONS BLANCS

ACTE PREMIER

Une boutique de droguiste-parfumeur ou quatorzième siècle. — A droite et à gauche deux mortiers avec leurs pilons. Deux portes latérales. Au fond une grande porte ouverte, par laquelle on aperçoit une place de la ville de Gand.

SCÈNE PREMIÈRE.

VANDERBLAS sort de la porte à droite, traverse le théâtre sur la pointe du pied, et va frapper doucement à la porte à gauche ; puis URSULE.

INTRODUCTION.

Chez elle encore elle sommeille,
Pour moi, je n'y peux plus tenir ;
Avant le jour, l'amour m'éveille,
L'amour m'empêche de dormir !

(Appelant à demi-voix.)
Marguerite !... jamais on n'a vu de servante
Aussi peu diligente.

(Appelant encore.)
Marguerite !...
(Il se retourne, et aperçoit Ursule qui vient de sortir de la porte à droite.)
Ah ! grand Dieu ! ma femme !

URSULE.

Séducteur !
Se peut-il qu'à votre âge ?... un âge respectable !...

VANDERBLAS, voulant l'interrompre.

Madame Vanderblas !

URSULE.

Vous, syndic et notable
De la ville de Gand !... droguiste-parfumeur,
Chimiste distingué !

VANDERBLAS, cherchant à s'excuser.

Ma femme...
Je voulais dire...

URSULE.

C'est infâme !

VANDERBLAS.

A la servante...

URSULE.

Quelle horreur !

VANDERBLAS.

D'ouvrir le magasin !...

URSULE.

Taisez-vous, suborneur !

Ensemble.

URSULE.

Je veux qu'elle sorte !
Je veux, peu m'importe,
La mettre à la porte,
Ou bien nous verrons !
Je vous le répète,
Une femme honnête,
Ne fut jamais faite
A de tels affronts !

VANDERBLAS.
Ma foi, peu m'importe !
Lorsque de la sorte
Son courroux l'emporte,
C'est pis qu'un démon !
J'en perdrai la tête...
Une femme honnête
Est une tempête
Pour une maison.

SCÈNE II.

VANDERBLAS et URSULE, se disputant à gauche du théâtre; GAUTIER, entrant par la porte du fond, et traversant la boutique sur la pointe du pied. Il va frapper doucement à la porte à droite, qui est la porte d'Ursule.

GAUTIER.
Pendant que votre époux sommeille,
Vous m'avez prié de venir !
De grand matin l'amour m'éveille,
L'amour m'empêche de dormir.
(Appelant à demi-voix.)
Madame Vanderblas!

VANDERBLAS, qui pendant ce qui précède a toujours retenu Ursule par la main et l'a empêchée de parler.
O ciel ! femme coupable !
Vous, l'indigne moitié d'un époux respectable !

URSULE.
Ecoutez-moi !

VANDERBLAS.
Donner ainsi dans ma maison
Rendez-vous le matin à mon premier garçon !

Ensemble.

VANDERBLAS.
Je prétends qu'il sorte !

Je veux, peu m'importe,
Le mettre à la porte,
Ou bien nous verrons !
Je vous le répète,
Sachez que ma tête
Ne fut jamais faite
Pour de tels affronts.

URSULE.

Lorsque de la sorte
Son courroux l'emporte,
La voix la plus forte
N'en a pas raison !
Je vous le répète,
Une femme honnête
Ne fut jamais faite
Pour un tel soupçon.

GAUTIER.

Morbleu ! peu m'importe !
Lorsque de la sorte
Son courroux l'emporte,
C'est pis qu'un démon !
Faut-il qu'il soit bête,
Pour croire en sa tête
Que cette conquête
Trouble ma raison !

URSULE, lui criant à l'oreille.

En mariage, apprenez qu'il demande
La jeune Marguerite !

VANDERBLAS.

Est-il possible ?

GAUTIER.

Eh ! oui.

URSULE.

Vous l'entendez ? cette belle Flamande,
Qui vous tient tant au cœur et qu'il adore aussi !

VANDERBLAS, avec colère.

Gautier veut l'épouser ?

URSULE.

Et c'est pour cela même
Qu'il venait avec moi s'en entendre !

VANDERBLAS.

Fort bien !
C'est-à-dire, chez moi, qu'on me compte pour rien !
Je refuse !

GAUTIER.

Et pourquoi?

URSULE, avec jalousie, et montrant son mari.

Pourquoi? parce qu'il l'aime !

VANDERBLAS, avec colère.

Ma femme !...

GAUTIER.

Si je le croyais !...
Tout mon maître qu'il est... ah ! je l'étranglerais !

URSULE.

Il l'aime !

VANDERBLAS, à Gautier, et parlant vivement.
Ce n'est pas vrai ! mais Marguerite
Achalande notre maison.
Pour ses beaux yeux, gens du bon ton,
Jeune garçon et vieux barbon,
Chacun vient nous rendre visite,
Et notre commerce en profite.
Voilà, mon cher, voilà pourquoi
Je veux qu'elle reste chez moi !

URSULE, parlant aussi vivement.
Et moi, je dis que Marguerite
Fait du tort à notre maison ;
Freluquets et gens du bon ton
Viennent la lorgner sans façon,
Et le scandale en est la suite,
Et la morale s'en irrite !
Voilà, mon cher, voilà pourquoi
Elle sortira de chez moi !

VANDERBLAS.
Jamais! jamais! taisez-vous,
Ou bien redoutez mon courroux!

GAUTIER et URSULE.
Ah! qu'il redoute mon courroux!

SCÈNE III.

MARGUERITE, sortant de la porte à gauche, **VANDERBLAS, URSULE, GAUTIER.**

MARGUERITE.
Qui peut causer ce grand courroux?

URSULE et GAUTIER.
C'est vous !

MARGUERITE.
Moi?

VANDERBLAS, URSULE et GAUTIER.
Vous !

Ensemble.

URSULE, à part.
Voyez, quel air de princesse!
Voyez, quel air de grandeur!
Ah! je ne suis plus maîtresse
De modérer ma fureur!

VANDERBLAS et GAUTIER, à part.
Voyez, quel air de noblesse!
Quel sourire séducteur!
A sa vue enchanteresse
Je sens doubler mon ardeur

MARGUERITE, à part.
Elle me gronde sans cesse,
Et j'ignore, au fond du cœur,
Ce qui peut de ma maîtresse
Causer la mauvaise humeur!

URSULE.
Répondez franchement,.. parlez... le mariage
Est-il de votre goût ?

MARGUERITE.
Mais je ne dis pas non.

URSULE, à Vanderblas.
Vous l'entendez ?

GAUTIER, avec joie à Ursule.
C'est bon, c'est bon !

URSULE.
Eh bien ! sans tarder davantage,
Voulez-vous Gautier pour mari ?

MARGUERITE.
Mais, je ne dis pas encore oui !

URSULE et GAUTIER, avec colère.
Eh ! pourquoi, s'il vous plaît ?

VANDERBLAS, avec joie.
Sa réponse est très-sage !

MARGUERITE.
Mais... vous me demandez là
De la franchise... en voilà !

URSULE.
Non, ce n'est pas cela, vous avez d'autres vues !...

GAUTIER.
Vous avez des raisons qui me sont bien connues !

URSULE, regardant Vanderblas.
Il est quelqu'un ici dont l'amour vous est cher !

GAUTIER.
Ce jeune freluquet qui nous suivit hier.

VANDERBLAS.
Et moi je la défends !

URSULE.
Alors, c'est assez clair !
Vous l'entendez... c'est assez clair !

1.

VANDERBLAS.
Ah ! c'est vraiment pis qu'un enfer !

Ensemble.

VANDERBLAS.
Ma foi, peu m'importe !
Lorsque de la sorte
Son courroux l'emporte,
C'est pis qu'un démon !
J'en perdrai la tête...
Une femme honnête
Est une tempête
Pour une maison !

URSULE.
Il faut qu'elle sorte !
Je veux, peu m'importe,
La mettre à la porte,
Ou bien nous verrons !
Je vous le répète,
Une femme honnête
Ne fut jamais faite
A de tels affronts !

GAUTIER.
Traiter de la sorte
Tendresse aussi forte,
Mon courroux l'emporte !
Morbleu ! nous verrons !
Ma flamme inquiète,
Qu'ici l'on rejette,
Va d'une coquette
Punir les affronts !

MARGUERITE.
Chacun de la sorte
Contre moi s'emporte ?
A moi que m'importe
Un pareil soupçon ?
Sans être coquette,
Liberté complète,

C'est, je le répète,
Ma seule raison !

VANDERBLAS.

Taisez-vous donc, on vient !

(Apercevant Louis qui entre par la porte du fond.)
Oui, c'est une pratique !

SCÈNE IV.

URSULE, LOUIS, VANDERBLAS, MARGUERITE, GAUTIER.

LOUIS.

N'est-ce pas ici la boutique
D'un maître en alambic, alchimiste fameux ?

URSULE, saluant.

La maison Vanderblas !

VANDERBLAS.

La belle parfumeuse !

LOUIS.

Eh ! mais, votre enseigne est trompeuse,
Vous n'en promettez qu'une...

(Regardant Ursule.)
Et d'ici j'en vois deux !

URSULE.

C'est un fort beau jeune homme !

LOUIS, jetant une bourse à Vanderblas.

Messire Vanderblas, à vous donc cette somme !

GAUTIER, qui jusque-là a tourné le dos, se retourne en ce moment.

Eh ! mais c'est encor lui, ce jeune fat d'hier,
(A Marguerite.)
Qui vous poursuit encor !

MARGUERITE, souriant.

Cela pourrait bien être.

URSULE, qui pendant ce temps a été chercher une chaise qu'elle offre à Louis.

Que voulez-vous, seigneur?

VANDERBLAS.

Faites-nous-le connaître.

LOUIS, étendu nonchalamment sur la chaise.

Ce que je veux ?... d'abord, que vendez-vous, mon cher ?

URSULE, s'approchant de lui.

Des poudres à la rose,
Au jasmin, à l'œillet ;
Et mon mari compose
Plus d'un philtre secret !

LOUIS, secouant dédaigneusement la tête en signe de refus.

Non, non... non, non !

VANDERBLAS, s'approchant.

L'élixir de constance,
Nécessaire aux amants,
Et de l'eau de Jouvence
Utile aux grand'mamans !

LOUIS, de même.

Non, non, non, non !

MARGUERITE, s'approchant.

Nous tenons pour les belles
Des sachets embaumés,
Des rubans, des dentelles,
Et des gants parfumés !

LOUIS, la regardant tendrement et lui prenant la main.

Non, non, non, non !

GAUTIER, s'approchant de l'autre côté, et à voix basse.

Et nous tenons encore,
Pour les fats goguenards,
Quelques grains d'ellébore,
Ou des coups de poignards !

LOUIS, levant la tête et le regardant en riant.

Ah ! ah ! vraiment?

Cela m'irait assez...

(Regardant Marguerite.)
Mais pas dans ce moment.

TOUS, avec impatience.
Eh! que voulez-vous donc?

LOUIS, se retournant du côté de Marguerite.
Qui? moi?... ma belle enfant!
Dans cette vie où le hasard me guide,
Pour être heureux, fermant toujours les yeux,
De mon destin le caprice décide,
Et je ne sais jamais ce que je veux!
Mais quand l'amour m'a blessé de sa flèche,
Lorsque sur moi s'arrêtent deux beaux yeux,
Lorsque je vois fillette blonde et fraîche...
Ah! je sais bien... je sais ce que je veux!

GAUTIER, avec colère et menaçant Louis.
Et moi je veux qu'à l'instant il s'explique.
Dans quel dessein vient-il?

URSULE.
Et moi, je te défends
D'interpeller une pratique!
(Lui montrant le mortier à gauche.)
Retourne à ton ouvrage, et ne perds pas de temps!

LOUIS, à Vanderblas.
C'est votre associé?

VANDERBLAS.
Non, c'est mon apprenti!

LOUIS.
Il a l'air doux et bien gentil!

QUINTETTE.

GAUTIER, pilant dans son mortier.
Ah! par malheur, il faut me taire;
Mais ce beau rival, cet amant,
Que ne puis-je, dans ma colère,
Le tenir là dans ce moment!

(Frappant dans le mortier.)
Pan, pan, pan, pan, pan !

MARGUERITE, regardant Louis.

Dans ce séjour que vient-il faire ?
C'est dans quelque dessein galant ;
Mais il faut ici pour me plaire,
Un époux et non un amant !

VANDERBLAS.

Oui, Marguerite a su me plaire,
Son aspect est si séduisant !
Quoi qu'en dise ma ménagère,
Mon cœur bat rien qu'en la voyant !
(Imitant le battement du cœur.)
Pan, pan, pan, pan, pan !

URSULE, apercevant son mari qui regarde Marguerite.

Quoi ! devant moi, sa ménagère,
Il la regarde tendrement !
Je pourrais bien, dans ma colère,
Régler son compte sur-le-champ.
(Faisant le geste de donner des soufflets.)
Pan, pan, pan, pan, pan !

LOUIS.

Pour rester ici, comment faire ?
Je n'en sais encor rien, vraiment !
(Regardant Marguerite.)
A tout le monde elle doit plaire,
Et mon cœur bat en la voyant !

GAUTIER, quittant son mortier et allant près de Vanderblas.

Vous le voyez, il reste encor.

VANDERBLAS.

Il le faut bien, car j'ai son or.

GAUTIER, à voix haute.

Que vient-il faire ?

LOUIS.

Eh ! mais, peut-être,
Je voulais comme vous,

(Montrant Vanderblas.)
Et sous un pareil maître,
Apprendre cet art glorieux
Que vous exercez tous les deux.

TOUS.

Qu'entends-je? ô ciel !

MARGUERITE.

Et quel langage !

LOUIS, à Vanderblas.

De quelques jours d'apprentissage
Cet or peut-il payer le prix ?

VANDERBLAS, comptant.

Vingt écus d'or !

URSULE.

C'est trop !

VANDERBLAS, vivement.

Non pas ! c'est bien.

LOUIS.

Compris
La table et le logis !

VANDERBLAS, y consentant.

Le logis.

GAUTIER, avec colère, regardant Louis et Marguerite.

Et le logis !... rien n'égale ma rage !

LOUIS, à part, riant en regardant Gautier.

En honneur ! il n'y comprend rien.

GAUTIER.

Vous, un apprenti ?... vous?

LOUIS.

Eh ! mais, vous l'êtes bien !

Ensemble.

LOUIS, pilant dans le mortier à droite.

Ah ! c'est charmant, la bonne affaire,

Ah! le joli déguisement!
Allons, montrons mon savoir-faire.
Apprenti, travaillons gaîment.
(Pilant en cadence.)
Pan, pan, pan, pan, pan!

VANDERBLAS, regardant Marguerite.
Oui, Marguerite a su me plaire,
Que son aspect est séduisant!
Quoi qu'en dise ma ménagère,
Mon cœur bat rien qu'en la voyant.
Pan, pan, pan, pan, pan!

GAUTIER, pilant dans le mortier à gauche.
Morbleu! j'enrage! il faut me taire
Mais ce beau rival, cet amant,
Si je pouvais, dans ma colère,
Le tenir là dans ce moment!
(Pilant avec rage.)
Pan, pan, pan, pan, pan!

URSULE, regardant son mari.
Quoi! devant moi, sa ménagère,
Il la regarde tendrement!
Je pourrais bien, dans ma colère,
Régler son compte sur-le-champ!
Pan, pan, pan, pan, pan!

MARGUERITE.
En ce séjour que vient-il faire?
C'est dans quelque dessein galant;
Mais il faut ici pour me plaire
Un époux et non un amant.
(A la fin de cet ensemble, Ursule et Vanderblas emmènent Louis par la porte à droite.)

SCÈNE V.

MARGUERITE, GAUTIER.

GAUTIER.

Vous avez bien fait de nous en débarrasser... C'est bien heureux, car j'avais des envies de lui jeter (Montrant son pilon.) mon ouvrage à la tête.

MARGUERITE.

Eh... eh bien! encore en colère?

GAUTIER.

J'y suis toujours!... Ce n'est pas parce que maître Vanderblas, notre patron, est amoureux de vous... ça m'est bien égal... celui-là!... mais l'autre... Il y a là-dessous quelque trahison, quelques projets que je déjouerai.

MARGUERITE.

Et lesquels?

GAUTIER.

Vous connaissiez ce prestolet... et s'il vous a suivie hier quand je vous donnais le bras... c'est que déjà vous vous étiez vus.

MARGUERITE.

C'est vrai!... L'autre semaine, à l'occasion de l'alliance que le comte de Flandre, Louis de Male, notre souverain, a contractée avec le jeune roi de France, Charles VI, il y a eu des fêtes à Louvain... j'y ai rencontré cet inconnu... il a dansé avec moi!

GAUTIER.

Et puis?

MARGUERITE.

Et puis... il a causé... il a été aimable!...

GAUTIER.

Et puis?

MARGUERITE.

Et puis des buveurs qui étaient là, échauffés par la bière de Louvain, que tu aimes tant... ont voulu m'insulter, et quoique seul contre eux tous, il m'a défendue !

GAUTIER.

J'en aurais bien fait autant !

MARGUERITE.

Je le sais... ça ne m'empêche pas d'être reconnaissante envers lui.

GAUTIER.

Je comprends ! depuis ce temps, j'en suis sûr, vous n'avez fait que penser à ce malheureux-là...

MARGUERITE.

Quelquefois, j'en conviens.

GAUTIER.

Et vous osez me l'avouer !

MARGUERITE.

Aimes-tu mieux que je mente ?

GAUTIER.

Non, morbleu !... Et en vous reconduisant... il vous a dit des douceurs ?... il vous a fait la cour ?...

MARGUERITE.

Un peu !...

GAUTIER.

Le scélérat ! il vous a parlé de mariage ?

MARGUERITE.

Pas un mot !...

GAUTIER.

Il vous en parlera.

MARGUERITE.

C'est possible... et je verrai alors si cela me convient.

GAUTIER.

Ça ne peut pas vous convenir... car enfin, ce godelureau-là, qu'est-ce qu'il est?

MARGUERITE.

Bourgeois de Gand, à ce qu'il m'a dit.

GAUTIER.

La belle avance!

MARGUERITE.

Pourquoi pas? notre ville de Gand est, dans ce moment, la plus riche et la plus commerçante cité de l'Europe; et bien des grands seigneurs de France et d'Allemagne ne valent pas un bourgeois de Gand!

GAUTIER.

Et c'est ça qui vous séduit?

MARGUERITE.

Non vraiment, je ne tiens pas à la fortune... quoique fille d'un brave officier tué sur le champ de bataille, quoique issue d'un sang noble, la position où je suis ne me donne pas le droit d'être exigeante, et que je rencontre seulement un honnête homme qui m'aime et que j'estime...

GAUTIER.

Eh bien! vous m'avez là sous la main... Je suis un bon ouvrier, un brave garçon... pourquoi ne me prenez-vous pas?

MARGUERITE.

Parce que je t'aime bien... mais pas encore assez...

GAUTIER.

S'il ne s'agit que de la dose, ça dépend de vous... c'est votre faute.

MARGUERITE.

C'est la tienne.

GAUTIER.

Pourquoi?

MARGUERITE.

Pour deux raisons... la première, tu as un mauvais naturel... tu es hargneux et querelleur.

GAUTIER.

J'ai du caractère !

MARGUERITE.

Tu es rancunier et vindicatif !...

GAUTIER.

J'ai de la mémoire... pour les mauvais services comme pour les bons !

MARGUERITE.

Il faut oublier le mal qu'on nous a fait... et ne se rappeler que le bien.

GAUTIER.

Je ferais volontiers le contraire... c'est plus aisé... mais enfin je tâcherai... et si vous n'avez que cela à me reprocher...

MARGUERITE.

Autre chose encore : tu n'as pas des gages bien considérables chez messire Vanderblas.

GAUTIER.

Je crois bien !... il est si riche et si avare ! il ne rêve qu'aux moyens d'amasser de l'argent ; il en gagne tant qu'il veut avec ses poudres, sa pharmacie et son élixir de longue vie qui empêche de mourir... tout le monde nous en achète... eh bien ! jamais une gratification...

MARGUERITE.

Et cependant je t'ai vu l'autre jour une bourse pleine d'or, tu me l'as montrée !

GAUTIER.

C'est vrai.

MARGUERITE.

D'où venait-elle ?

GAUTIER, à demi-voix.

Ça, Marguerite... c'est un mystère incompréhensible.

MARGUERITE.

Tant pis ! je n'aime pas les fortunes où l'on ne comprend rien !

GAUTIER.

Eh bien ! je vais tout vous raconter... J'étais, l'autre dimanche, au cabaret de la porte Sainte-Gudule... où, en buvant, on parlait des affaires... et, comme de juste, ils disaient tous que ça allait mal...

MARGUERITE.

Est-ce que ça te regarde ?

GAUTIER.

Je les écoutais... on parlait du comte Louis, notre jeune souverain... qui ne s'occupait guère de ses riches provinces de Flandre, sur lesquelles le duc de Bourgogne et bien d'autres jettent un œil d'envie... On disait que, dans son insouciance... il ne songeait qu'à se divertir, à faire des folies, à courtiser les belles... car il les aime toutes sans distinction de fortune et de rang...

MARGUERITE.

C'est possible... mais en même temps on dit qu'il a du cœur, de la loyauté... et puis de si bonnes intentions !...

GAUTIER.

Des intentions !... des intentions !... ça ne rapporte rien... mais en revanche, il a des courtisans, et ça coûte cher !... Mathieu Gilbert, surtout, son confident et son âme damnée !...

MARGUERITE.

Qu'il a, dit-on, disgracié.

GAUTIER.

Je n'en sais rien... ça ne me regarde pas... tant il y a que tout le monde en disait du mal.

MARGUERITE.

Et tu disais comme eux ?

GAUTIER.

Je ne suis pas contrariant... je n'aime pas les disputes... aussi, au moment où je criais avec eux : « A bas notre souverain !... » voilà les sergents qui entrent dans le cabaret... Tout le monde se sauve... et moi aussi... mais, dans le tumulte, impossible de retrouver mon chapeau !... que j'avais déposé sur le poêle... un feutre d'Espagne tout neuf !... On m'avait laissé à la place... (Montrant un chapeau qui est sur la table à droite.) ce mauvais chaperon blanc qu'il fallut bien prendre... et trop tard encore... puisque, dans ce moment, les sergents et les archers mettaient la main sur moi.

MARGUERITE.

J'en étais sûre... et cela t'apprendra une autre fois...

GAUTIER.

A me sauver plus vite... car ils me menaient tout droit en prison... lorsqu'en tournant une rue, d'un groupe de jeunes gens comme il faut, qui portaient tous des chaperons blancs, part soudain un coup de sifflet... A l'instant, les archers sont renversés, désarmés... on m'entraîne en me disant : « Sauve-toi, camarade ! » et tout cela m'aurait semblé un rêve, si ce n'était cette bourse qu'un de mes libérateurs m'avait glissée dans la main, et qui, grâce au ciel, est une réalité !

MARGUERITE.

Voilà qui est bien étonnant !... et tu n'as pu découvrir depuis...

GAUTIER, à demi-voix.

Taisez-vous donc !... voici du monde.

MARGUERITE, sans regarder.

Qui donc ?

GAUTIER, montrant Gilbert, qui paraît à la porte de la boutique, causant avec un homme d'armes.

Ce vilain homme !... messire Gilbert, le grand écuyer et l'ancien favori du prince.

MARGUERITE.

Une de nos pratiques... car il vient souvent..., et cette commande qu'il a faite hier...

GAUTIER.

Pour vous faire les yeux doux, comme un amoureux !...

MARGUERITE.

Dont je ne me soucie guère, et je vais avertir maître Vanderblas de le faire servir.

(Elle sort par la porte à droite.)

SCÈNE VI.

GAUTIER, GILBERT, entrant en causant à voix basse avec ARNOULD, et lui montrant Marguerite qui s'éloigne.

TRIO.

GILBERT.

Tiens, vois-tu, la voilà qui s'éloigne... c'est elle !
Mes ordres, tu les sais...

ARNOULD.

Et j'y serai fidèle.
Dans une demi-heure, ils seront tous suivis.

GILBERT.

Toujours au nom du prince, et tu m'as bien compris ?

ARNOULD.

Croyez-en, monseigneur, mon audace et mon zèle.

(Il sort.)

SCÈNE VII.

Les mêmes; VANDERBLAS, amené par **MARGUERITE** qui lui montre Gilbert et sort par la porte de la rue.

VANDERBLAS, à part, et regardant Gilbert.

Si par lui, que je hais, j'obtenais en ce jour
Ce bel emprunt que veut faire la cour ?

GILBERT, s'avançant en rêvant, et sans voir Vanderblas ni Gautier.

Beauté si farouche et si fière,
Tu vas tomber en mes filets,
Et mon amour va te soustraire
A tous les regards indiscrets !

VANDERBLAS, s'avançant.

Allons, faisons-lui politesse !

GAUTIER, à part, regardant son maître qui salue Gilbert.

Je suis honteux de sa bassesse !

VANDERBLAS.

Salut à messire Gilbert,
Grand écuyer de Son Altesse,
Salut ! salut !...

GILBERT, sans le regarder.

C'est bien, mon cher !

GAUTIER, à part.

A peine s'il tourne la tête.

VANDERBLAS, lui offrant une chaise.

A vous servir l'on s'apprête !

(Lui offrant plusieurs marchandises.)

Si vous vouliez, en attendant...

GILBERT.

Eh ! non, laissez-moi, je vous prie !

VANDERBLAS et GAUTIER.

Pour le commerce et l'industrie,
Monseigneur est si bienveillant !

GILBERT.
Au diable le peuple marchand !

Ensemble.

GAUTIER.
C'est bien fait ! il est impossible
D'être plus fier, plus insolent !
Il faut vraiment être insensible
Pour souffrir ce ton outrageant !

VANDERBLAS.
C'en est trop ! il est impossible
D'être plus fier, plus insolent !
A l'honneur je suis trop sensible
Pour souffrir ce ton outrageant !

GILBERT.
Non, non, mon cher, c'est impossible,
Je n'ai besoin de rien, vraiment.
Avec ces gens-là, c'est terrible !
Au diable le peuple marchand !

VANDERBLAS.
J'aurais humblement une grâce
A demander à monseigneur !

GILBERT.
Est-il un bourgeois plus tenace ?
C'est encore un solliciteur !

GAUTIER, à part.
Que son âme est sordide et basse !

VANDERBLAS.
On sait mon excellent esprit,
Et si, grâce à votre crédit,
J'obtenais la faveur bien grande
De cet emprunt que l'on demande
Pour notre prince et pour la cour...

GILBERT.
Serviteur !

VANDERBLAS.
Pourquoi ?

GILBERT, *lui tournant le dos et mettant son chapeau sur sa tête.*
Bonjour !

Ensemble.

GAUTIER.

C'est bien fait ! il est impossible
D'être plus fier, plus insolent.
A l'honneur c'est être insensible
Que souffrir ce ton outrageant !

VANDERBLAS.

C'en est trop ! il est impossible
D'être plus fier, plus insolent !
A l'honneur je suis trop sensible
Pour souffrir ce ton outrageant !

GILBERT.

Non, non, mon cher, c'est impossible ;
Au diable le peuple marchand !
Toujours demander ! c'est terrible !
C'est vraiment comme un courtisan.

VANDERBLAS, *prenant le chapeau qui est près de lui sur la table à droite, et le mettant fièrement sur sa tête.*

Adieu donc, messire écuyer,
Je cesse enfin de vous prier !

GILBERT *se retourne avec un geste de colère, puis apercevant le chaperon blanc.*

Eh ! mais... en croirais-je ma vue ?
J'ignorais qu'il en fût aussi.
C'est une excellente recrue !

VANDERBLAS.

Pourquoi me regarder ainsi ?

GILBERT, *d'un air de bonté.*

Approchez, approchez, mon maître.

GAUTIER, *regardant Vanderblas.*

Il a pris mon chaperon blanc !

VANDERBLAS, *étonné.*

Dans son abord quel changement !

GILBERT, avec bonté, regardant toujours la tête de Vanderblas.
Vous voulez donc vous faire admettre...

VANDERBLAS, tout interdit.
Oui, monseigneur !...
(A part.)
Quel changement !

GILBERT.
Dans l'emprunt qu'on fait à la ville ?
(Lui prenant la main, qu'il serre mystérieusement après avoir encore regardé sa coiffure.)
Camarade !... soyez tranquille.

VANDERBLAS, stupéfait.
Son camarade !... est-ce étonnant !

GAUTIER, à part.
Serait-ce encor mon talisman !

Ensemble.

VANDERBLAS.
Ah ! c'est surprenant !
C'est bien étonnant !
D'où vient à l'instant
Un tel changement ?
En me regardant,
Son ton insolent
Devient sur-le-champ
Doux et bienveillant.

GAUTIER.
Ah ! c'est surprenant !
Ah ! c'est désolant !
En le regardant
Soudain il se rend !
Mon chaperon blanc,
Qu'au hasard il prend,
Est un talisman
Pour lui tout-puissant !

GILBERT.
Mon cœur bienveillant

A tes vœux se rend.
Sois dorénavant
Discret et prudent!
Je compte à présent
Sur ton dévoûment.
Ce signe vraiment
Est un talisman.

GILBERT, bas à Vanderblas.

Sous prétexte de faire quelques emplettes, j'attends ici plusieurs des nôtres... vous comprenez... mais j'ignorais, maître Vanderblas, que vous fussiez à ce point de nos serviteurs et amis.

VANDERBLAS.

Toujours, monseigneur!...

GILBERT.

Je m'en applaudis, car j'ai entendu parler de vos talents... On dit que vous êtes tant soit peu nécromancien et alchimiste, et que vous êtes, dans votre art, arrivé à des résultats merveilleux...

VANDERBLAS.

C'est assez vrai... j'ai composé quelques filtres ou potions dont l'effet me surprend moi-même... j'ai là sur moi un extrait de mandragore qui, en quelques minutes, tuerait un homme bien portant...

GILBERT.

Je vous suis obligé.

VANDERBLAS.

Et qui, avec la même facilité, le rappellerait à la vie.

GILBERT.

Diable! il fait bon être de vos amis, et vous pouvez compter sur moi en toute occasion.

VANDERBLAS.

Eh! mais, dans ce moment, monseigneur, ce n'est pas de refus! Sous prétexte d'entrer ici comme apprenti, il est venu s'établir chez moi je ne sais quel original qui m'a bien payé d'abord, j'en conviens... mais qui déjà me revient très-cher, car il dérange ou brise toutes mes fioles, mes fourneaux, mes alambics...

GAUTIER.

Il faut vous en débarrasser...

VANDERBLAS.

Je n'ose pas, car il me paraît capable de tout!... il en conte à ma femme... il en conte à Marguerite.

GILBERT et GAUTIER.

A Marguerite?...

VANDERBLAS.

Que tout à l'heure il voulait embrasser devant moi.

GAUTIER.

Quand je vous le disais...

GILBERT.

C'est trop fort... je me charge de le mettre à la porte.

VANDERBLAS.

A la bonne heure !... Tenez... c'est lui !

SCÈNE VIII.

GAUTIER, VANDERBLAS, GILBERT, LOUIS.

LOUIS, ayant le tablier et portant à la main plusieurs rouleaux.

Voici les élixirs et eaux de senteur que l'on attend.

GILBERT, à part, le regardant.

O ciel!

VANDERBLAS.

Eh bien !... renvoyez-le donc!

GAUTIER.

Mettez-le à la porte !

GILBERT, troublé, et sur un geste de Louis.

Allez-vous-en... mes amis... allez-vous-en !...

2.

GAUTIER.

Il se trompe...

VANDERBLAS, à demi-voix.

C'est à lui qu'il faut dire cela.

LOUIS.

C'est à vous, maître Vanderblas... N'avez-vous pas entendu l'ordre suprême de messire Gilbert, grand écuyer de Son Altesse ?...

GILBERT, avec impatience.

Eh! oui, morbleu! laissez-nous donc!

VANDERBLAS.

Est-ce étonnant ? comme il est honnête et soumis avec mon apprenti!...

(Vanderblas et Gautier sortent par la porte du fond.)

SCÈNE IX.

GILBERT, LOUIS DE MALE.

GILBERT.

Vous, monseigneur, sous ce costume !

LOUIS.

Pourquoi pas ?... nous avons voulu, dans l'intérêt du commerce et de l'industrie, visiter par nous-même les principaux établissements de notre bonne ville de Gand.

GILBERT.

C'est d'un bon prince !.. mais quelque amour que vous ayez pour les déguisements et pour les aventures, en voici une trop étrange pour ne pas cacher un autre dessein...

LOUIS.

Des desseins!... Et toi qui parles, messire Gilbert, n'en aurais-tu pas par hasard ici sur la belle Marguerite?

GILBERT.

Quand ce serait vrai, je ne vois pas quel tort je ferais à

monseigneur, et vous ne serez pas plus sévère envers moi que vous ne l'avez été hier envers ce braconnier qui chassait des biches dans votre parc, et à qui vous avez fait grâce en disant : « Je ne peux pas les tuer toutes ! »

LOUIS.

C'est-à-dire que tu me supposes aussi des idées sur Marguerite !

GILBERT.

Je l'ignore; Votre Altesse ne me dit plus rien; autrefois j'avais sa confiance.

LOUIS.

Ils disent tous qu'elle était mal placée, et je crois qu'ils ont raison; vois-tu, Gilbert, mon grand écuyer, tu es trop mauvais sujet, tu me fais du tort, et si tu entendais parler sur ton compte ma respectable tante, la duchesse de Brabant...

GILBERT.

Qui ne m'aime pas.

LOUIS.

Je crois bien !... elle n'aime que la vertu, mais elle prétend que toi... tu n'aimes que l'argent, et que tu en reçois en secret de nos ennemis... elle affirme même, et offre d'en donner des preuves, que, lors de la révolte de Bruges, tu étais par-dessous main un des principaux chefs.

GILBERT, troublé.

Votre Altesse pourrait ajouter foi à de pareilles accusations?

LOUIS.

Non, car déjà je t'aurais fait jeter dans l'Escaut! Je pardonne tout, Gilbert, excepté la trahison d'un ami !... et comme au fond je t'aime...

GILBERT.

Vous ne me le prouvez guère, je ne suis plus admis aux affaires de l'État.

LOUIS.

Si je t'admets à mes plaisirs, que veux-tu de mieux? Tu es moitié plus heureux que moi.

GILBERT.

Vous ne payez plus mes dettes!

LOUIS.

Je ne paye pas les miennes; mais patience! nous allons contracter avec notre bonne ville de Gand un emprunt pour lequel j'engage mes domaines; et dans leur dévouement, mes fidèles sujets, les commerçants de cette ville, se disputent tous à qui me prêtera.

GILBERT.

A vingt-cinq pour cent?

LOUIS.

C'est juste! je dois payer en prince.

GILBERT.

Et agir de même! aussi je ne pense pas que Votre Altesse veuille rester plus longtemps l'apprenti de maître Vanderblas?

LOUIS.

Si ce titre sert mes projets!

GILBERT.

Il doit leur nuire, au contraire!... Cette boutique est le rendez-vous de tous nos jeunes seigneurs, et il est impossible que Votre Altesse ne soit pas promptement reconnue.

LOUIS, allant à la table.

Tu as peut-être raison... mais je ne veux cependant pas quitter ces lieux, sans avoir trouvé quelques moyens d'assurer ma conquête.

GILBERT.

J'en doute.

LOUIS.

Tu crois?

GILBERT.

Il y a ici une vertu sévère et intraitable qui rend l'entreprise difficile.

LOUIS.

Ce qui veut dire que tu as échoué?

GILBERT.

Je ne serai peut-être pas le seul.

LOUIS.

C'est ce que nous verrons!... car je l'aime, vois-tu bien... j'en perds la tête.

SCÈNE X.

Les mêmes; GOMBAUD.

LOUIS.

C'est toi, Gombaud, qu'y a-t-il?

GOMBAUD.

Un messager vient d'arriver au palais, apportant pour vous ces dépêches, qu'il dit très-pressées...

LOUIS, avec impatience.

Pourquoi alors me les apporter? Me voilà forcé de les lire! (Regardant.) C'est de la cour de France!... c'est du brave connétable de Clisson, qui m'écrit au nom de Charles VI, son jeune maître.

GILBERT.

Quoi! vous n'achevez pas la lettre du connétable?

LOUIS, la regardant.

C'est bien long!... Puisque tu prétends que je ne te donne connaissance de rien, lis toi-même!

DUO.

GILBERT, lisant.

« Seigneur et noble comte, à mes avis fidèles,

« Votre cœur généreux n'ajoute jamais foi... »

LOUIS.

Toujours la même chose !... Il a des peurs mortelles !

GILBERT, continuant avec émotion.

« Mais le duc de Bourgogne, oncle de notre roi,
« Sur votre beau comté de Flandre,
« A des desseins qui me sont bien connus.
« Il a dans vos États des agents répandus,
« Qui par lui sont payés ; et qui, pour mieux s'entendre,
« Ont des signes secrets, des points de ralliment... »

LOUIS, avec impatience et comme si cette lecture l'empêchait d'écrire, lui reprend la lettre qu'il pose sur la table.

O bachelette,
Sage et coquette,
Qu'en vain je guette
En ce séjour !
Dans mon délire,
Pour te séduire,
Le ciel m'inspire
Ruse d'amour !

GILBERT, à part, regardant la lettre qui est sur la table à côté du prince qui écrit.

O billet infernal !
Funeste découverte !
Qui peut de notre perte
Devenir le signal.

LOUIS, écrivant toujours.

De ta prunelle,
Une étincelle
Suffit, ma belle,
Pour m'embraser !
Prends ma couronne,
Je l'abandonne,
Et te la donne
Pour un baiser !

GILBERT, à Louis, lui montrant la lettre.

Quoi ! vous n'achevez pas ?

LOUIS, à Gilbert.

Au diable cette lettre !

GILBERT.

Nous n'avons pas encor tout lu,
Et si vous voulez le permettre...

(Il prend la lettre.)

LOUIS.

J'en ai bien assez entendu !

GILBERT, continuant à lire, mais pour lui seul.

« Quoique bien jeune encor, le roi n'ignore pas
    « Qu'à son père, Charles le Sage,
« De vos États jadis vous avez fait hommage,
« Qu'en échange il vous doit le secours de son bras,
« Et pour veiller sur vous dès demain je m'avance
« Sous les remparts de Gand avec un corps nombreux,
« Qui fera, s'il le faut, respecter en tous lieux
        « Les alliés de la France ! »

(A part.)
O fatal contre-temps ! ô funeste nouvelle !
Empressons-nous d'agir, ou bien c'est fait de nous.

LOUIS, se levant et tenant à la main son billet.

O bonheur ! ô plaisir ! auprès de la cruelle,
J'aurai par ce moyen un tendre rendez-vous !

Ensemble.

LOUIS.

O bachelette,
Sage et coquette,
Qu'en vain je guette
En ce séjour !
Dans mon délire,
Pour te séduire,
Le ciel m'inspire
Ruse d'amour !

De ta prunelle
Une étincelle,
Suffit, ma belle,

Pour m'embraser !
Prends ma couronne,
Je l'abandonne,
Et te la donne
Pour un baiser !

O bachelette,
Sage et coquette,
De ta conquête
Je suis jaloux !
Et le délire,
Qu'amour inspire,
Va me conduire
A tes genoux !

GILBERT, à part, l'observant.

Redoublons de prudence ;
Je sens mon cœur frémir.
Allons, de l'assurance ;
Craignons de nous trahir !
(Voyant le prince qui sourit en relisant sa lettre.)
Mais vaine défiance !...
Inutile frayeur !...
Je le vois, il ne pense
Qu'à l'amour, au bonheur !

LOUIS, donnant à Gilbert la lettre qu'il vient d'écrire.

Adieu, je retourne au palais !... Toi, messire Gilbert, cette lettre à Marguerite !

GILBERT, refusant.

Permettez, monseigneur...

LOUIS.

C'est, de la part du prince, une mission honorable !...

GILBERT.

Je n'en doute pas... mais...

LOUIS.

Je lui annonce qu'en mémoire des services de son père... un ancien officier... et surtout pour la dérober aux entreprises des séducteurs, nous la nommons demoiselle de compagnie de notre auguste tante, la duchesse de Brabant... et nous la plaçons, sous sa garde, dans le château de Lisvard, où Marguerite se rendra dès ce soir.

GILBERT.

Votre Altesse y pense-t-elle ?

LOUIS.

Oui, mon cher...

GILBERT.

Marguerite est perdue pour tout le monde, si vous la placez sous la surveillance de votre rigide et vertueuse tante...

LOUIS.

Qui, dans ce moment, est à Lille, près du roi de France.

GILBERT.

Eh! qui donc alors recevra ce soir Marguerite au château de Lisvard ?

LOUIS.

Qui la recevra ?... moi.

GILBERT.

Ce n'est pas possible!... et les principes, et la morale...

LOUIS.

La morale!... tu seras là... toi et quelques amis que tu inviteras à souper pour célébrer mon bonheur... tandis que moi je partirai avant vous... seul et déguisé...

GILBERT, vivement.

Quoi! seul et déguisé... cette nuit, au château de Lisvard!

LOUIS, riant.

Oui, vraiment.

GILBERT, à part.

Et moi qui voulais l'en détourner... quand de lui-même il se livre entre nos mains!

SCÈNE XI.

LES MÊMES; GAUTIER, MARGUERITE et VANDERBLAS.

GAUTIER, venant de la rue tenant Marguerite par la main.
Oui, malheur au premier qui viendra jusqu'ici!
Je l'attends...

LOUIS.

Qu'est-ce donc?

VANDERBLAS.
Enlever Marguerite!

LOUIS.

L'enlever, dites-vous?

GILBERT, à part.
Maladresse maudite!
C'est Arnould! le moment est, parbleu, bien choisi!

GAUTIER.
Et par l'ordre du prince! ô tyrannie extrême!
Voilà comme ils sont tous, tous agissent de même.

VANDERBLAS, à Gilbert.
C'est vrai... mais, par bonheur,
Vous êtes là, vous, monseigneur,
Du peuple le seul défenseur.

GILBERT.
Sans doute... et sur mon compte on est bien informé,
J'ai toujours défendu le faible et l'opprimé.

SCÈNE XII.

LE PRINCE, GILBERT, VANDERBLAS, GAUTIER, ARNOULD, BERGHEM, MARGUERITE, PLUSIEURS SOLDATS.

SEXTUOR.

ARNOULD, venant de la rue et s'adressant à Marguerite, qui s'est réfugiée près de Gautier et de Vanderblas.

Allons, ma belle, allons, sans plus attendre !
Notre prince l'ordonne !

LE PRINCE, frappant sur l'épaule d'Arnould.

En es-tu bien certain ?

ARNOULD, stupéfait, et reconnaissant le prince.

Le prince !

TOUS.

O ciel !...

LE PRINCE.

Voyons l'ordre écrit de ma main ?

ARNOULD, à demi-voix.

Seigneur !...

LE PRINCE.

Réponds, ou bien je te fais pendre :
D'où vient cet ordre ?

ARNOULD, tremblant, et après avoir hésité.

Eh ! mais... de messire Gilbert !

TOUS.

O ciel !

LE PRINCE, menaçant Gilbert du doigt.

Ah ! séducteur, vous voilà découvert !

Ensemble.

LE PRINCE.

Voyez donc quelle trame !
C'est lui qui les séduit ;

Moi seul en ai le blâme,
Et lui tout le profit !

GILBERT et ARNOULD.

Je tremble au fond de l'âme,
De terreur je frémis !
Faut-il pour une femme
Voir nos projets détruits !

MARGUERITE.

Ah ! quelle indigne trame !
De terreur j'en frémis,
Et pour eux, dans mon âme,
Redouble mon mépris !

VANDERBLAS et GAUTIER.

Ah ! quelle indigne trame !
Mais il a tout crédit,
Modérons de mon âme
La rage et le dépit !

LE PRINCE, à Marguerite.

Si je m'y connais bien, je compte dans ces lieux,
Pour vous, ma belle enfant, de nombreux amoureux !
(Montrant Gilbert et Gautier.)
Un... deux...
(Montrant Vanderblas.)
Et trois !... et même,
(A demi-voix.)
J'en sais encore un quatrième
Qui voudrait seulement vous défendre contre eux.

MARGUERITE, baissant les yeux.

C'est trop d'honneur pour moi... moi, sujette fidèle
Que monseigneur se soit à ce point abaissé,
En venant près de nous...

LE PRINCE.

Qui ? moi !... je suis, ma belle,
Un protecteur timide et désintéressé !...
Auprès de notre tante, auguste douairière,
La duchesse de Brabant,

De toutes les vertus le modèle exemplaire,
Je vous place, mon enfant.

MARGUERITE, courant à lui.

Ah! quelle bonté tutélaire!

LE PRINCE.

Et vous vous rendrez dès ce soir
Au château de Lisvard, son antique manoir!

Ensemble.

LE PRINCE.

Sa voix me bénit et m'honore!
Suis-je digne de ce bonheur?
Ah! je ne puis comprendre encore
Ce qui se passe dans mon cœur!

VANDERBLAS et GAUTIER.

Faire partir ce que j'adore!
De quoi se mêle un grand seigneur!
Mon Dieu! que ne peut-elle encore
Rester ici pour mon bonheur?

MARGUERITE, à part, le regardant.

Oui, je l'admire et je l'honore!
Il est digne de sa grandeur!
Et le ciel, que pour lui j'implore,
Doit prendre soin de son bonheur.

GILBERT, ARNOULD et BERGHEM.

De cette beauté qu'il adore
C'est lui qui protége l'honneur.
Ah! je ne puis comprendre encore
Ce qui se passe dans son cœur.

SCÈNE XIII.

LES MÊMES; URSULE et LES NOTABLES, qui viennent se ranger au fond du théâtre.

FINALE.

VANDERBLAS et URSULE, au prince.

De l'honneur qu'ici vous nous faites

J'ai prévenu tout le quartier ;
Voilà qu'en leurs habits de fêtes,
Ils viennent vous remercier.

LE PRINCE, à part.

Au diable soit le boutiquier!

(En ce moment un flot de peuple, hommes et femmes, se précipitent dans la boutique et viennent entourer le prince qui est à droite; de l'autre côté, Arnould, Berghem et plusieurs personnes qui portent des chaperons blancs, viennent se ranger près de Gilbert, qui est à gauche du théâtre.)

Ensemble.

VANDERBLAS, URSULE et LE PEUPLE.

Célébrons sa douce présence!
Amis, célébrons les bienfaits
Du prince qui, sans défiance,
Vient se mêler à ses sujets.

GILBERT, ARNOULD, BERGHEM, et LES CHAPERONS.

Dans le mystère et le silence,
Amis, méditons nos projets ;
Qu'il redoute notre vengeance,
Pour le frapper nous sommes prêts !

LE PRINCE.

Allons, prenons en patience
Les hommages de mes sujets ;
Pour mieux m'en consoler, je pense
Au bonheur que je me promets.

GILBERT, bas aux chaperons blancs qui l'entourent.

Entre nos mains de lui-même il se livre!
Au château de Lisvard soyez tous à minuit!

LES CHAPERONS, à demi-voix.

Nous le jurons, nous jurons de vous suivre!
A ce soir... c'est dit...

MARGUERITE, de l'autre côté du théâtre, et s'adressant au prince.

Adieu! je pars! ô vous, dont la puissance
Protége vos sujets,
Que selon vos bienfaits
Le ciel vous récompense!

LE PRINCE.

Touché de sa reconnaissance,
D'honneur! j'hésite et je balance.
(Bas à Gilbert.)
Pour un rien, je renoncerais
A mes amoureux projets!

GILBERT, effrayé.

Y pensez-vous?
(A part.)
Pour nous, plus d'espérance!
(Au prince, lui montrant Marguerite.)
Voyez donc que d'attraits!
Et votre cœur encor balance?

LE PRINCE.

Non, non, son regard me séduit.

GILBERT, à part.

Il est à nous!... tout nous sourit!
(Bas à tous les conjurés.)
Au château de Lisvard... à ce soir... à minuit!

LES CHAPERONS, à part.

A ce soir... à minuit!

LE PRINCE, à part.

Ah! quel plaisir! ah! quelle heureuse nuit!

GILBERT et LES CHAPERONS, à demi-voix.

Amis! c'est entendu,
Tout est bien convenu.
A minuit, soyez tous
Exacts au rendez-vous!
(A haute voix au prince.)
C'est charmant! c'est charmant!
Le plaisir nous attend.

LE PRINCE.

C'est ce soir, à minuit,
Que l'amour me sourit.

LES CHAPERONS.

A minuit, soyons tous
Exacts au rendez-vous.
Nous serons tous
Au rendez-vous.

ACTE DEUXIÈME

L'intérieur d'une tour ronde. Porte au fond. Deux portes latérales. A droite et à gauche, sur le premier plan, de larges embrasures ou meurtrières par lesquelles le jour pénètre dans la tour. A gauche, sur la muraille, un crucifix.

SCÈNE PREMIÈRE.

GILBERT, seul.

AIR.

Je ne vois encor rien,
Et le premier j'arrive;
Ah! ma frayeur est vive,
 Pensons-y bien!

Le prince ne sait rien,
Qu'il vienne... je le frappe;
Oui, mais s'il nous échappe,
 Pensons-y bien,

Quel destin est le mien!
D'un côté la puissance,
De l'autre la potence,
 Pensons-y bien.

Allons, cherchons bien
 Quelque moyen
Qui ne m'expose en rien.
 Ayons le talent
De les mettre en avant,
M'effaçant prudemment.

Poussons-les,
Armons-les;
C'est au jour du succès
Que je parais.
Par ce moyen
Je ne risque rien.

Personne encore... je suis seul au rendez-vous; le prince aurait-il changé d'idée?... il hésitait quand je l'ai quitté... et il est capable de ne pas venir... Quant à Marguerite et à maître Vanderblas... trois lieues à pied... il faut le temps... Mais nos conjurés?... quel obstacle les a retardés?... auraient-ils été découverts... au moment du succès?... car une fois le prince en notre pouvoir, il aurait, pour sauver sa vie, consenti à abdiquer; alors tout était prêt pour proclamer le duc de Bourgogne, et ma fortune était assurée... Le mal est de ne pas avoir agi plus tôt, mais il fallait de l'argent, de l'or, pour soulever le peuple et gagner les soldats... et de l'or, où en trouver?... ce n'est pas moi qui en jetterai dans une conspiration... moi qui ne conspire que pour en avoir. (Regardant par l'embrasure à gauche.) On ouvre la poterne... autant que l'on peut distinguer du haut de cette tour... il me semble reconnaître la taille et la tournure de messire Gautier... dont, ce matin, je n'ai pas eu de peine à exciter la jalousie... Il a laissé au bas de l'escalier... un... deux... trois... quatre hommes qui sont venus avec lui... qui sont ceux-là?... je n'en sais rien! En tout cas, et quand même nos premiers projets ne pourraient réussir... quand mes compagnons me manqueraient de parole, j'aurai toujours dans messire Gautier un bras pour frapper... le voici.

SCÈNE II.

GILBERT, GAUTIER.

GILBERT.

Sois le bienvenu, mon brave!

GAUTIER, ayant l'air essoufflé.

J'ai cru que je n'atteindrais jamais le sommet de cette tourelle... deux cents marches au moins...

GILBERT.

Tu les as cependant franchies en une minute.

GAUTIER.

C'est tout naturel... quand on est inquiet et jaloux... Vous m'avez dit en quittant notre boutique : « Si tu tiens à l'honneur de ta belle, trouve-toi ce soir au château de Lisvard... » et depuis ce moment... je ne peux plus rester en place... je suis venu jusqu'ici toujours courant.

GILBERT.

Tu n'es pas venu seul, à ce qu'il me paraît?

GAUTIER.

Non, j'ai pris avec moi des amis qui demeurent dans notre rue... et que mam'zelle Marguerite connaît bien... car ils lui sont dévoués et se mettraient au feu pour elle... c'est Dick, le tailleur, et les trois frères Pettersen... des garçons armuriers qui sont solides...

GILBERT.

C'est bien... mais pourquoi ces précautions?

GAUTIER.

Vous m'avez dit que des dangers menaçaient mademoiselle Marguerite... qu'il y allait de son honneur... c'est comme qui dirait du mien, voyez-vous... puisque je veux l'épouser!... et alors je suis venu en forces... jusqu'à présent je me défie de tout le monde...

GILBERT.

Excepté de moi...

GAUTIER.

De vous comme des autres... car vous vouliez aussi enlever Marguerite, soi-disant par l'ordre du prince... ce qui était faux!

GILBERT.

Ce qui était vrai!... mais devant lui... en sa présence... je ne pouvais le démentir, c'eût été me perdre.

GAUTIER.

Qu'est-ce que vous me dites là?

GILBERT.

L'exacte vérité... ce n'est pas moi, c'est le prince qui a toujours eu sur ta prétendue de mauvais desseins qu'il vient enfin d'exécuter.

GAUTIER.

Ce n'est pas possible... puisqu'il vient lui-même de la placer ici dans ce château, sous la protection et la sauvegarde de la duchesse de Brabant, sa respectable tante...

GILBERT.

Et si c'était un piége, pour s'assurer de Marguerite?...

GAUTIER.

Si j'en avais la preuve!

GILBERT.

Que ferais-tu?

GAUTIER.

Je le tuerais...

GILBERT, vivement et lui prenant la main.

C'est bien...

GAUTIER.

Si je pouvais... et sans danger, s'entend.

GILBERT.

De ce côté-là, sois tranquille... mais je n'ai pas voulu qu'un brave garçon tel que toi fût trompé sans le savoir...

GAUTIER.

Je vous remercie bien... mais je ne puis croire encore que notre prince ait des idées pareilles...

GILBERT.

Tais-toi!... tais-toi! (Regardant par l'embrasure à droite.) Ne vois-tu pas de ce côté, aux pieds du rempart et dans ces fossés que baigne l'Escaut... un homme qui aborde dans une barque?... regarde bien.

GAUTIER.

Eh! oui... malgré le manteau qui l'enveloppe, et quoiqu'il soit déguisé, c'est le prince.

GILBERT, à part.

Quel bonheur !

GAUTIER.

C'est fait de moi... et Marguerite...

GILBERT.

Du silence !... viens avec moi... je te dirai ce qu'il faut faire pour sauver ta maîtresse et pour seconder nos projets...

GAUTIER.

Oui, monseigneur... mais je voudrais pourtant avoir des preuves de cette trahison...

GILBERT.

Je te les donnerai après...

GAUTIER.

J'aimerais mieux avant.

GILBERT, l'entraînant par la porte à droite.

Eh! viens, te dis-je !... c'est lui !

SCÈNE III.

LE PRINCE, entrant par la porte du fond et regardant autour de lui.

AIR.

Majestueux remparts, imposante tourelle,
Vous qui de mes aïeux attestez la grandeur,
Dans vos murs ténébreux, asile de ma belle,
Aux regards indiscrets cachez bien mon bonheur!

O ma noble grand'tante,
Prêtez-moi quelque temps

Votre voix chevrotante,
Et vos pas chancelans,
Vos principes rigides,
Vos cheveux blancs, vos rides!...
Bonne vieille! à vous j'ai recours,
Protégez mes jeunes amours!

Pour charmer leur maîtresse,
D'autres de la jeunesse
Empruntent les attraits!
Moi, pour séduire et plaire,
D'un front sexagénaire
Je vais prendre les traits!

O ma noble grand'tante,
Prêtez-moi quelque temps
Et votre voix tremblante,
Et vos pas chancelans,
Vos principes rigides,
Vos cheveux blancs, vos rides...
Bonne vieille, à vous j'ai recours,
Protégez mes jeunes amours!

Mais sous ces vêtements, si riches et si vieux,
Va battre un cœur qu'amour embrase de ses feux!
Aussi je n'irai pas
Lui dire, hélas!
(Imitant le ton d'une vieille femme.)
Tremblez, fillette,
L'amour vous guette,
C'est un trompeur,
Un suborneur!
Il n'est si tendre
Que pour surprendre
Et votre cœur
Et votre honneur!

Mais d'elle je m'approcherai,
Et plein d'amour je lui dirai :
(Vivement et avec chaleur.)
Le printemps

N'a qu'un temps ;
Cette rose,
Fraîche éclose,
Va languir
Et mourir,
Si l'on n'ose
La cueillir !
Nos beaux jours
Sont si courts !
Fille sage
Au passage,
Doit saisir
Le plaisir
Qui, volage,
Va s'enfuir !

Voilà !... voilà ce que je vais lui dire,
Et l'amour qui m'inspire
Va de son jeune cœur
Désarmer la rigueur !

SCÈNE IV.

LE PRINCE, GILBERT.

LE PRINCE.

Arrivez donc, messire Gilbert ! vous tardez bien à venir présenter vos hommages à la dame châtelaine, à la duchesse de Brabant !...

GILBERT.

Je m'occupais d'exécuter ses ordres...

LE PRINCE.

Cela vaut mieux ! Où sont les robes de cour et la coiffure que je vous ai commandées ?

GILBERT, montrant la porte à gauche.

Là, dans votre chambre à coucher.

LE PRINCE.

C'est bien !

GILBERT.

Est-ce que Votre Altesse est venue seule sur cette barque ?

LE PRINCE.

Non, vraiment, le comte de Bruges et le rigide Saint-Pol avaient voulu m'accompagner ; ils ne m'ont parlé pendant toute la traversée que de machinations et de complots tramés contre moi... ils avaient même donné l'ordre de fermer, après mon départ, les portes de la ville...

GILBERT, à part.

Grand Dieu !

LE PRINCE.

Et d'autres précautions encore... c'était à périr d'ennui... aussi, en arrivant, je les ai renvoyés...

GILBERT.

A la bonne heure !

LE PRINCE.

Je ne veux ici que des amis, et comme ils insistaient, comme ils ne voulaient pas me quitter, j'ai été obligé, pour m'en débarrasser, de les charger d'un message honorable et important...

GILBERT.

Et lequel ?

LE PRINCE.

D'aller complimenter de ma part le connétable de Clisson qui s'avance.

GILBERT, à part.

O ciel !... (Au prince.) Ce n'est sans doute qu'une avant-garde... un détachement peu nombreux... car il est impossible que son armée ait fait une pareille diligence.

LE PRINCE.

Est-ce que je sais? te voilà presque aussi ennuyeux que

les autres... Parle-moi de ma future conquête, de ma gentille Marguerite... m'a-t-elle précédé en ces lieux ?...

GILBERT.

Elle vient d'arriver.

LE PRINCE.

Et tu ne me le dis pas !

GILBERT.

Conduite par maître Vanderblas, qui a voulu l'escorter jusqu'ici, elle est là qui attend l'honneur d'être présentée à la duchesse douairière...

LE PRINCE, vivement.

Amène-la donc vite... qu'elle paraisse...

GILBERT.

Et votre toilette ?...

LE PRINCE.

C'est juste !... ce ne sera pas long... Reçois ici ma demoiselle d'honneur... sois sage et respectueux, Gilbert !... si tu ne veux encourir la colère de ton prince... et surtout de la duchesse !

(Il sort par la porte à gauche.)

SCÈNE V.

GILBERT, VANDERBLAS, MARGUERITE.

GILBERT.

Et les autres qui ne viennent point... je n'y conçois rien... à moins que cet ordre de fermer les portes de la ville...

VANDERBLAS, entrant avec Marguerite à qui il donne le bras.

Suis-moi... et n'aie pas peur !

MARGUERITE, regardant autour d'elle.

Que cette tour est vieille et belle !...

VANDERBLAS.

Dame !... la duchesse de Brabant ne peut habiter qu'un séjour digne d'elle... sous tous les rapports...

MARGUERITE.

Et je ne sais, en entrant dans cet antique château, quel mouvement d'effroi j'ai éprouvé...

GILBERT, à part.

Un pressentiment, peut-être...

VANDERBLAS.

Il est de fait que ce n'est pas gai...

MARGUERITE, s'approchant de l'embrasure à droite.

Si, vraiment... car d'ici l'on découvre toute la campagne... les bords du fleuve, et même de loin les remparts de Gand.

GILBERT, courant à elle et la retenant.

Prenez garde!... prenez garde, mon enfant... cette tour est élevée de plus de deux cents pieds... et par cette embrasure on pourrait se précipiter...

VANDERBLAS, regardant.

Je crois bien... pas même de garde-fou... et l'Escaut au pied de la tour... rien qu'à regarder, cela donne des vertiges...

MARGUERITE.

N'avez-vous pas peur?...

GILBERT.

Je vois que vous êtes plus brave...

VANDERBLAS.

Ça n'est pas étonnant... la fille d'un militaire... d'un officier...

GILBERT.

C'est ce qu'on nous a dit... raison de plus pour qu'aujourd'hui la duchesse... ou plutôt le prince acquitte les dettes de son père.

MARGUERITE.

Vous avez bien raison.

VANDERBLAS.

Il est de fait que c'est un grand prince!... un prince qui

mérite bien l'amour de ses sujets... Surtout depuis que j'ai la certitude d'être admis dans le nouvel emprunt, j'ai senti redoubler pour Son Altesse le dévouement que j'ai toujours professé pour son auguste famille!

GILBERT.

Que dit-il?...

VANDERBLAS.

Oui, monseigneur... je suis à lui corps et âme... J'ai quitté pour lui ma maison et ma boutique que j'ai laissées à la garde de ma femme et de Gautier... prêt à sacrifier pour mon prince ma famille, ma personne et même mon avoir...

GILBERT.

C'est bien! (A demi-voix.) C'est pour Marguerite que vous dites cela?

VANDERBLAS.

Oui, monseigneur... je le dis pour Marguerite et pour vous... car puisque vous voilà, je ne suis pas fâché de vous parler de nos projets. J'ai vu les autres...

GILBERT, voulant le faire taire.

Imprudent!...

VANDERBLAS, d'un air malin.

Van-Berg et Van-Grip, deux marchands, mes confrères et comme moi syndics du commerce, qui disaient entre eux à voix basse : « Ce soir, au château de Lisvard! » et j'ai deviné sans peine que c'était pour notre grande affaire... pour l'emprunt...

GILBERT, vivement.

Que dites-vous?

VANDERBLAS.

Et pour ma part... je suis prêt... j'ai les fonds.

GILBERT, vivement.

En vérité!... vous avez donc de l'or, messire Vanderblas?

VANDERBLAS, avec orgueil.

Je crois, sans me vanter, que j'en trouverais aisément sur ma signature.

GILBERT.

J'entends bien... mais ce qu'il nous faudrait avant tout... c'est de l'argent comptant.

VANDERBLAS, souriant.

N'est-ce que cela? j'ai chez moi... dans la chambre de ma femme... dans un bahut fermant à trois serrures, un coffret à clous dorés qui renferme dix mille nobles à la rose...

GILBERT.

Ah!... mon ami... mon cher ami! (Lui secouant la main.) Je ne sais pas si nous nous entendons!...

VANDERBLAS.

Je crois que si...

GILBERT, le regardant bien en face.

Je crois que non... mais c'est égal! si jusqu'ici vous n'étiez pas des nôtres... vous êtes digne d'en être...

VANDERBLAS, avec complaisance.

N'est-il pas vrai?

GILBERT.

Et désormais vous ne nous quitterez plus...

MARGUERITE.

J'entends du bruit.

GILBERT.

Silence!... c'est la duchesse.

SCÈNE VI.

GILBERT va au-devant du prince, et lui offre respectueusement la main ; LE PRINCE, sortant de la porte à gauche, habillé en dame de la cour, costume flamand de 1383, VANDERBLAS, MARGUERITE.

QUATUOR.

GILBERT, regardant le prince.
Des attraits d'une belle
Son cœur est enchanté,
Et va gaîment pour elle
Perdre sa liberté !

LE PRINCE, regardant Marguerite.
Quelle grâce nouvelle !
Et qu'elle a de beauté !
D'espérance, auprès d'elle,
Mon cœur est agité !

MARGUERITE et VANDERBLAS, regardant le prince.
Que sa démarche est belle,
Et que de majesté !
De respect, auprès d'elle,
Mon cœur est agité !

LE PRINCE, à Marguerite.
Approchez-vous, mon enfant.

MARGUERITE, hésitant.
Ah ! je tremble !

VANDERBLAS, la faisant passer.
Approche donc !

(Regardant le prince.)
Ah ! mon Dieu !

LE PRINCE.
Qu'avez-vous ?

VANDERBLAS.
Ah ! combien Son Altesse ressemble
A son auguste neveu !

LE PRINCE.
C'est tout simple.

VANDERBLAS, s'inclinant.
C'est vrai, je m'en étonne peu.

Ensemble.

GILBERT.
Des attraits d'une belle, etc.

LE PRINCE.
Quelle grâce nouvelle, etc.

MARGUERITE et VANDERBLAS.
Que sa démarche est belle, etc.

LE PRINCE, à Marguerite.
A ne plus me quitter vous êtes destinée,
C'est le désir du prince !

MARGUERITE.
Et moi c'est mon bonheur
Et je viens à vos pieds, humblement prosternée...

LE PRINCE, la relevant.
A mes pieds... non, vraiment !... mais là... contre mon cœur !
Par faveur spéciale il faut que je l'embrasse !

MARGUERITE.
Je n'oserai jamais !

VANDERBLAS, la poussant.
On te fait cette grâce !
Va donc !

GILBERT, regardant le prince qui embrasse Marguerite.
Morbleu, j'enrage !

VANDERBLAS.
Ah ! grand Dieu ! quel honneur !

LE PRINCE, à Gilbert, lui montrant Marguerite.
Gilbert, nous entendons que son appartement
Soit ce soir près du nôtre !...

GILBERT, à part.
Il songe à tout, vraiment !

LE PRINCE.
Et maintenant laissez-nous!

VANDERBLAS, s'inclinant.
Oui, princesse!

GILBERT, à part.
Allons armer la fureur vengeresse
De maître Gautier qui m'attend!

Ensemble.

LE PRINCE.
Oui, dans mon cœur,
Nouvelle ardeur
S'allume aux feux
De ses beaux yeux.
De mon projet
Rien ne saurait
La préserver,
Ni la sauver.

GILBERT.
Flamme brûlante,
Qui le tourmente,
Croît et s'augmente
Par tant d'attraits!
Sans plus attendre,
Sans se défendre,
Il va se prendre
En nos filets!

MARGUERITE, regardant la duchesse.
Oui, dans mon cœur
Plus de frayeur;
Un sort heureux
Comble mes vœux.
D'un noir projet
Sa main saurait
Me préserver,
Et me sauver.

(Gilbert et Vanderblas sortent par la porte à droite.)

SCÈNE VII.

LE PRINCE, assis dans un grand fauteuil, MARGUERITE, debout devant lui.

LE PRINCE.
Enfin, mon enfant, nous voilà seule.

MARGUERITE.
Que veut de moi madame la duchesse?

LE PRINCE.
D'abord, ferme ces portes... pour que l'on ne vienne point nous troubler... Apporte-m'en les clefs. (Marguerite, après avoir fermé les trois portes, en présente les clefs au prince.) C'est bien... maintenant, assieds-toi sur ce tabouret, près de moi... plus près encore...

MARGUERITE.
Madame la duchesse est trop bonne.

LE PRINCE.
Non pas... c'est à moi que cela fait plaisir... car à ta première vue, Marguerite, je t'ai prise en affection.

MARGUERITE.
Oh! madame, comment reconnaître tant de bontés?...

LE PRINCE, jouant avec les boucles de cheveux de Marguerite.
Comment les reconnaître? eh! mais d'abord par ta franchise, dût-elle me blesser... je la veux pleine et entière, me le promets-tu?

MARGUERITE.
Je vous le promets comme à ma souveraine!...

LE PRINCE.
Eh bien! d'abord que penses-tu de mon neveu?

MARGUERITE.
Je ne dois en penser que du bien... c'est mon protecteur et mon bienfaiteur.

LE PRINCE.

C'est-à-dire... que s'il n'était pas ton bienfaiteur, tu lui reprocherais peut-être, comme tout le monde, sa légèreté, son extravagance...

MARGUERITE.

Moi, madame?...

LE PRINCE.

Moi-même... je la lui ai reprochée plus d'une fois... Plus d'une fois, il a pris la résolution de ne plus écouter ses favoris... de gouverner par lui-même...

MARGUERITE.

C'était bien!...

LE PRINCE.

Mais d'autres idées... des idées de jeunesse et d'amour... Et toi qui parles, Marguerite... il te sied mal de blâmer des folies dont tu es la cause première...

MARGUERITE.

Moi, madame?

LE PRINCE.

Oui... il a confiance en moi, il m'a tout raconté, il m'en a presque attendrie... tant il était malheureux depuis le jour où, pour la première fois... inconnu et déguisé... il a eu le bonheur de te défendre... de passer auprès de toi une soirée entière... et puisque tu m'as promis de la franchise... dis-moi si son respect et ses soins ne t'avaient pas touchée...

MARGUERITE.

Si, madame.

LE PRINCE.

Tu as donc pensé à lui?

MARGUERITE.

Tous les jours... tant que je l'ai cru mon égal...

LE PRINCE.

Ah!

IV. — VI.

MARGUERITE.

Mais quand j'ai cru qu'il voulait me tromper et me séduire... mon amour s'est changé en mépris.

LE PRINCE, à part.

O ciel!

MARGUERITE.

Pardon, madame, d'un tel excès de sincérité...

LE PRINCE.

Et maintenant, mon enfant, quel sentiment est resté dans votre cœur?

MARGUERITE.

Le remords de l'avoir mal jugé! car lorsque j'y pense, je ne comprends pas encore comment j'ai pu le soupçonner... Oui, c'était indigne à moi d'accuser d'une aussi lâche trahison... un cœur si noble et si généreux. (Se tournant vers le crucifix.) Pardonnez-le-moi, ô mon Dieu! car vous qui lisez dans mon cœur, vous savez qu'à présent je le révère, je le respecte, et je donnerais mes jours pour lui... (Elle se retourne, et voit le prince qui vient d'ôter sa coiffe et de jeter sa grande robe; elle pousse un cri.) Ah!

DUO.

Ensemble.

MARGUERITE.

O trahison! ô perfidie
Qui de mes serments me délie!
Fuyez, fuyez, retirez-vous!
Du ciel redoutez le courroux!

LE PRINCE.

C'est moi qui t'adore et supplie,
Pardonne, ô maîtresse chérie!
De tes yeux brillants et si doux
Modère un instant le courroux!

MARGUERITE.

Vous, prince tout-puissant!... vous chez qui l'honneur brille,
De ruses vous armer contre une pauvre fille!...

LE PRINCE.

Que j'adore et qui veut me fuir !
(Voyant Marguerite qui court à la porte du fond.)
Tu l'essaîrais en vain !... tu ne peux plus sortir !

MARGUERITE.

O ciel !

LE PRINCE.

Te voilà sous ma garde !
Nul ne peut te défendre, et nul ne nous entend !

MARGUERITE.

Excepté Dieu qui nous regarde,
Et qui nous juge en ce moment.

Ensemble.

MARGUERITE.

O trahison ! ô perfidie
Qui de mes serments me délie !
Fuyez, fuyez, retirez-vous !
Du ciel redoutez le courroux !

LE PRINCE.

C'est moi, c'est moi qui te supplie,
Sois à moi, maîtresse chérie !
Oui, pour un moment aussi doux,
Du ciel je brave le courroux !

(Il s'avance vers Marguerite qui s'élance vers l'embrasure à droite.)

MARGUERITE.

Arrêtez ! ou du haut de l'abîme
Je m'élance à l'instant, si vous faites un pas !

LE PRINCE, s'arrêtant frappé d'effroi.

Grand Dieu !

MARGUERITE, touchant de la main l'embrasure.

Ah ! je ne vous crains pas !
Je suis sûre à présent de mourir !

LE PRINCE.

D'un tel crime
Tu me juges capable !

(Il fait un pas vers elle ; Marguerite passe à moitié le corps dans l'embrasure, le prince effrayé reste immobile.)

Ah ! je n'avance pas !

AIR.

Devant toi, Marguerite,
N'osant lever les yeux,
Ton prince sollicite
Un pardon généreux !
Oui, du Dieu qui t'inspire
Désarme le courroux ;
Je t'honore et t'admire,
Et suis à tes genoux !

Le remords vient d'éteindre
Une coupable ardeur,
Tu n'as plus rien à craindre,
J'en jure par l'honneur !

Devant toi, Marguerite,
N'osant lever les yeux,
Ton prince sollicite
Un pardon généreux !
Oui, du Dieu qui t'inspire
Désarme le courroux !
Je t'honore et t'admire,
Et tombe à tes genoux !

(Il se met à genoux, et Marguerite, qui pendant cet air s'est peu à peu éloignée de l'embrasure de la tour, se trouve près de lui dans ce moment et lui tend la main.)

MARGUERITE.

Relevez-vous, monseigneur,
Marguerite vous pardonne,
Et sans crainte s'abandonne
Désormais à votre honneur !

Ensemble.

LE PRINCE.

Sa vertu qui m'enflamme,
A fait naître en mon âme

Le repentir vengeur ;
Méritons son estime,
Que mon cœur se ranime
A la voix de l'honneur !

MARGUERITE.

Il bannit de son âme
Une coupable flamme,
Et dans son noble cœur
Il déteste son crime,
Et soudain se ranime
A la voix de l'honneur !

LE PRINCE, lui remettant une des clefs.

Deviens libre !... pour toi ces portes vont s'ouvrir !
Et quels que soient tes vœux, prompt à les satisfaire,
Je t'offre dès ce jour une amitié de frère,
Que tu peux désormais accepter sans rougir !

MARGUERITE, fléchissant le genoux.

Et maintenant c'est moi
Qui vous bénis et vous honore !

LE PRINCE, détournant la tête.

Oui, plus que jamais je t'adore,
Et je renonce à toi !
Va-t'en ! va-t'en !

Ensemble.

LE PRINCE.

Sa vertu qui m'enflamme,
A fait naître en mon âme
Le repentir vengeur ;
Méritons son estime,
Que mon cœur se ranime
A la voix de l'honneur !

Fuyons, fuyons, pour que mon cœur
Demeure fidèle à l'honneur !

MARGUERITE.

Il bannit de son âme
Une coupable flamme,

4.

Et dans son noble cœur
Il déteste son crime,
Et soudain se ranime
A la voix de l'honneur!

Oui, désormais son noble cœur
Restera fidèle à l'honneur!
(Le prince s'élance par la porte à gauche, qu'il ouvre, et disparaît.)

SCÈNE VIII.

MARGUERITE seule, puis GAUTIER.

MARGUERITE.

O mon Dieu, que je te remercie!... je ne serai point forcée de le haïr! (On frappe à la porte du fond.) Qu'est-ce donc?... qui vient là? (Elle va ouvrir.) Vous Gautier, vous dans ces lieux!

GAUTIER, pâle et tremblant.

Oui, mam'zelle; moi, Gautier, qui viens d'apprendre que vous étiez ici enfermée avec un séducteur... Je sais tout, sa ruse (Montrant la robe de la duchesse qui est restée sur le grand fauteuil.) et ce déguisement...

MARGUERITE.

Et tu venais pour me défendre?...

GAUTIER.

Pour le tuer!...

MARGUERITE.

Tuer ton prince!... Y penses-tu?

GAUTIER.

Que viens-je d'entendre?... Vous prenez son parti!...

MARGUERITE.

Oui, parce que c'est le plus noble et le plus généreux des hommes.

GAUTIER.

Lui!

MARGUERITE.

Je te le jure!...

GAUTIER.

Vous dites cela parce que vous l'aimez... parce que vous êtes maintenant d'intelligence avec lui ; mais ça ne le sauvera pas, je le tuerai !

MARGUERITE.

Gautier, ce n'est pas pour lui... c'est pour toi que je parle. Veux-tu courir à une perte certaine?... attenter aux jours de ton maître... dans ce château où il est environné de ses serviteurs !...

GAUTIER.

Dites de ses ennemis... ils vont tous arriver...

MARGUERITE.

Qui donc ?

GAUTIER.

Les chaperons blancs... un des nôtres est accouru en avant pour nous l'apprendre... dans un instant, ils seront maîtres du château... Oui, mademoiselle, oui, dussiez-vous en mourir de chagrin... ils ont juré de s'emparer du prince, de le faire abdiquer, ou de le tuer... ils ne savent pas encore au juste ; mais, dans ce cas-là... c'est moi qu'ils en ont chargé...

MARGUERITE, toute tremblante.

Oh! ce n'est pas possible... et loin de te ranger parmi ses ennemis, tu le défendras... tu m'aideras à le défendre ! Écoute, Gautier, ma main est à toi... je te la donne, je t'épouse, si tu sauves ses jours !...

GAUTIER.

Ah! comme vous avez peur !... vous voyez bien que vous l'aimez, que vous tremblez pour lui... et maintenant sa mort est certaine...

MARGUERITE.

Non, grâce au ciel !... car je cours le prévenir, l'avertir du danger...

GAUTIER, la retenant.

Vous n'irez pas !

MARGUERITE, apercevant Vanderblas qui entre.

Ah ! notre maître... c'est le ciel qui l'envoie ! Venez, venez vite...

VANDERBLAS, apercevant Gautier.

Gautier !... moi qui le croyais à ma boutique... voilà une maison bien gardée... Que venez-vous faire ici ?

MARGUERITE.

Il vient pour tuer le prince...

VANDERBLAS.

Lui !... mon apprenti !... Qu'est-ce que c'est, monsieur... qu'est-ce que c'est que ces manières-là ? je vous chasse... je vous renvoie de chez moi ! Me compromettre à ce point... moi dont on connaît toujours le zèle et le dévouement pour la maison régnante... Je vais le dénoncer à messire Gilbert et le faire arrêter.

MARGUERITE.

A la bonne heure !...

SCÈNE IX.

Les mêmes ; GILBERT.

GILBERT, parlant à la cantonade.

Qu'on baisse le pont-levis, dès qu'ils se présenteront, et qu'un son de cor nous prévienne de leur arrivée. Ah ! mon fidèle Vanderblas, vous voilà !...

VANDERBLAS.

Oui, monseigneur, je voulais vous prévenir...

GILBERT.

Je le sais...

VANDERBLAS.

Que le prince...

GILBERT.

Il est à nous... il ne peut nous échapper...

VANDERBLAS.

Est-il possible?...

GILBERT, à Vanderblas.

Oui, maintenant ta fortune est assurée, car nos projets vont réussir...

MARGUERITE.

Vos projets!... il en était donc?

GILBERT.

Lui!... c'est un de nos chefs...

MARGUERITE.

Qu'est-ce que j'entends là?...

VANDERBLAS, à Marguerite.

Moi!.., du tout... car je ne sais rien; on ne m'a pas expliqué le projet...

GILBERT.

A quoi bon? auras-tu peur au moment du succès?... Il ne s'agit plus de reculer, car il y va pour toi d'être vainqueur ou pendu!

VANDERBLAS, tremblant.

Pendu!... certainement, s'il ne s'agit que de choisir... (A part.) Où me suis-je fourré? bon Dieu!

GILBERT.

Quant à toi, Marguerite, tu seras satisfaite... encore un instant, et nous aurons puni ton ravisseur.

MARGUERITE, à part, avec effroi.

O ciel!

GILBERT.

Et tu seras vengée de ses outrages...

GAUTIER, à Marguerite, avec fureur.

Ses outrages! vous voyez bien, et vous voulez m'empêcher de frapper...

MARGUERITE, avec fierté.

Ai-je besoin de ton bras?... (Regardant Gilbert.) Croit-il donc le mien incapable de servir un ami ou de punir un traître!...

GILBERT, lui frappant sur l'épaule.

Bien, Marguerite, c'est parler en héroïne, et nous comptons sur toi... (Montrant Vanderblas.) Ton courage lui donnera du cœur!

VANDERBLAS, bas à Marguerite.

Et toi aussi, Marguerite?...

MARGUERITE, à demi-voix.

Silence!... ne m'avez-vous pas comprise?

VANDERBLAS.

Pas le moins du monde! (A part.) Si quelqu'un pouvait m'apprendre ce que je suis venu faire ici, et où nous sommes dans ce moment... (Se rapprochant de Marguerite.) Je n'ai plus qu'un espoir...

MARGUERITE, vivement.

Lequel?

VANDERBLAS.

C'est dans la duchesse de Brabant!

(Marguerite fait un mouvement d'impatience.)

GILBERT, qui pendant ce temps a remonté le théâtre, redescend près d'eux.

C'est le prince!... pas un mot!... il n'est pas encore temps d'agir.

SCÈNE X.

MARGUERITE, VANDERBLAS, GAUTIER, GILBERT, LE PRINCE, entrant par la porte à droite avec **BERGHEM** et un **AUTRE SEIGNEUR.**

FINALE.

LE PRINCE, à Berghem et à l'autre seigneur.

Pour célébrer ici ma nouvelle victoire,
Mon fidèle Gilbert vous invita tous deux ?

BERGHEM, GILBERT et L'AUTRE SEIGNEUR.

Oui, monseigneur, gaîment nous venons boire
A vos triomphes amoureux !

LE PRINCE.

Eh bien ! vous vous trompez, il est une autre gloire
Qui m'est chère !

GILBERT.

Et laquelle ?

LE PRINCE, souriant.

Ah ! tu n'y pourrais croire !
Soupons d'abord.

(En ce moment on apporte une table servie.)

Vous connaîtrez demain

(Montrant Marguerite.)

Le sort que je lui garde... et quel est mon dessein ;
Mais ce soir, mes amis, à table !
Et vive le bon vin !
A ce banquet aimable
Buvons jusqu'à demain !

GILBERT, regardant le prince qui ôte son épée.

De ces vins enivrants la volupté suprême
Le livre sans défense à notre bras vengeur !

LE PRINCE, à part.

Je suis satisfait de moi-même...
Cela doit me porter bonheur !...

Ensemble.

GILBERT, BERGHEM et GAUTIER.

L'ivresse de la table
Le livre entre nos mains;
Le destin favorable
Sourit à nos desseins !

MARGUERITE.

Ah ! la terreur m'accable,
Hélas ! je veux en vain
A leur trame coupable
Soustraire son destin !

LE PRINCE.

A table ! à table ! à table !
Et vive le bon vin !
A ce banquet aimable
Restons jusqu'à demain !

VANDERBLAS.

Mystère inexplicable !
Je suis entre leurs mains,
Et me voilà coupable,
Sans savoir leurs desseins !

LE PRINCE.

Ô vous, ma belle Marguerite,
Restez ici, je vous invite !
(A Vanderblas.)
Ainsi que votre maître !...
(A Gautier.)
Et vous, notre apprenti,
Qui fûtes mon confrère, asseyez-vous aussi.

VANDERBLAS, interdit et ne sachant s'il doit accepter.

Je ne sais... si je dois !...
(Gilbert lui fait signe d'accepter.)
Nous asseoir... à la table...
Du prince !

LE PRINCE.

Pourquoi pas ? Le prince le veut bien,
Et l'étiquette ici n'en saura rien !

Ensemble.

LE PRINCE.

A table ! à table ! à table !
Et vive le bon vin !
A ce banquet aimable
Restons jusqu'à demain !

GILBERT, GAUTIER et BERGHEM.

L'ivresse de la table
Le livre entre nos mains.
Le destin favorable
Sourit à nos desseins !

MARGUERITE.

Ah ! la terreur m'accable !
Hélas ! je veux en vain
A leur trame coupable
Soustraire son destin !

VANDERBLAS.

Ah ! la terreur m'accable !
Je suis entre leurs mains,
Innocent ou coupable,
J'ignore leurs desseins.

LE PRINCE, buvant et versant à tout le monde.

Près de vous, mes amis, tout semble me sourire !
Pour doubler le bonheur qu'en ces lieux je respire,
Marguerite, dis-nous quelque refrain joyeux !

MARGUERITE, tremblante.

Moi... monseigneur ?... je n'ose... je ne peux !

LE PRINCE, à part et lui prenant la main.

Elle tremble, vraiment !

MARGUERITE, à part.

Pour lui, je meurs d'effroi !

LE PRINCE.

Eh bien ! donc, je commence... amis, écoutez-moi.

SCRIBE. — Œuvres complètes.   IVme Série. — 6me Vol. — 5

COUPLETS.

Premier couplet.

Jusques à la naissante aurore,
Gaîment buvons
Ce bon vin dont le jus colore
Ces vieux flacons !
Eh ! vive la folie !
Souvent, dans cette vie,
Le plus joyeux festin
N'a pas de lendemain !

Deuxième couplet.

Si la Parque, dont chacun tremble,
A moi s'offrait,
Je lui dirais : Trinquons ensemble,
Et je suis prêt !
Eh ! vive la folie !
Souvent, dans cette vie,
Le plus joyeux festin
N'a pas de lendemain !

(On entend en dehors un son de cor prolongé. Tout le monde se lève.)

GILBERT, montrant le prince.

Ce festin, en effet, est pour lui le dernier !

LE PRINCE.

Que dites-vous ?

GILBERT.

Qu'ici vous êtes prisonnier !

(Le prince s'élance sur son épée, dont Berghem s'est emparé. Les trois portes s'ouvrent, et paraissent les conjurés, vêtus de blanc, masqués et portant le chaperon blanc.)

Ensemble.

MARGUERITE.

Ne permets pas qu'il succombe,
Mon Dieu, viens le préserver !
Que pour moi s'ouvre la tombe
Si je ne puis le sauver !

LES CONJURÉS.

Du pouvoir qu'enfin il tombe,

Lui qui croyait nous braver !
Oui, que le tyran succombe !
Rien ne peut plus le sauver !

LE PRINCE.

Oui, s'il faut que je succombe,
Si rien ne peut me sauver,
Prêt à descendre dans la tombe,
Je veux encore vous braver !

VANDERBLAS.

Dans le doute, hélas ! je tombe,
Et je crois encor rêver !
Ah ! de terreur je succombe !
Dieu ! que va-t-il m'arriver ?

LE PRINCE, regardant Gilbert et Berghem.

Vils courtisans dont la bassesse insigne
Naguère encor embrassait mes genoux,
De régner je n'étais pas digne :
J'ai pu croire un instant des lâches tels que vous !

GILBERT, à Gautier et à Vanderblas, leur faisant signe d'entraîner le prince.

Emmenez-le !

VANDERBLAS, effrayé et hésitant.

Qui ?... nous ?...

GILBERT, bas à Vanderblas.

Il y va de ta tête !

LE PRINCE, regardant Vanderblas qui s'approche de lui.

Vous aussi, Vanderblas ?

VANDERBLAS, tremblant et regardant Gilbert.

Oui ! oui !... je vous arrête.

LE PRINCE.

Que vous ai-je donc fait pour servir leur fureur ?

VANDERBLAS, interdit.

Ce que vous m'avez fait ? à moi ?... demandez-leur !

LE PRINCE.

Ainsi donc, en mon sort funeste,

Lorsque je comptais sur leur foi,
Il n'est pas d'ami qui me reste !
(Avec douleur.)
Non, pas un seul !...

MARGUERITE, qui, dans ce moment, est entre lui et Vanderblas, lui dit à demi-voix.

Excepté moi !

(Puis apercevant Gilbert qui s'avance, elle s'écrie vivement.)
Oui, le tyran succombe,
Lui, qui croyait nous braver !

Ensemble.

GILBERT, GAUTIER et LES CONJURÉS.
Du pouvoir qu'enfin il tombe, etc.

LE PRINCE.
Oui, s'il faut que je succombe, etc.

MARGUERITE, à part.
Ne permets pas qu'il succombe, etc.

VANDERBLAS.
Dans le doute, hélas! je tombe, etc.

(Gilbert fait signe d'emmener le prince, qui, escorté de Gautier, de Vanderblas et de plusieurs Chaperons, sort en regardant toujours Marguerite.)

ACTE TROISIÈME

La vaste cour d'un château fort entouré de tous les côtés de fossés pleins d'eau. — A gauche du spectateur, une tourelle dont une porte donne sur les fossés et l'autre sur le théâtre. Au fond et derrière le large fossé baigné par l'Escaut, une haute muraille qui forme la dernière enceinte. A droite et dans la muraille, une poterne et un pont-levis qui est levé, et par lesquels on sort dans la campagne. En dehors, une colline qui domine la cour du château.

SCÈNE PREMIÈRE.

PETTERSEN, GAUTIER, MARGUERITE, Chaperons.

(Pettersen, le mousquet sur l'épaule, est en faction devant la porte à gauche. A droite, sur le premier plan, Gautier et plusieurs Chaperons blancs boivent ou jouent aux dés. Marguerite est près d'eux, mais de temps en temps regarde la porte de la prison qui est à gauche. Les mousquets des Chaperons sont sur les râteliers au milieu du théâtre.)

COUPLETS.

Premier couplet.

GAUTIER.

Moi je connais une maîtresse
Qui jamais ne me trahira,
Que sans crainte en mes bras je presse!
Cette belle maîtresse-là,
   Tra la, la, la, la, la,
   Tra la, la,
      (Montrant une bouteille.)
   La voilà.

Les amours n'ont que peu d'instants,
Mais on peut boire en tous les temps.
    Vive le vin! (*Bis.*)
    C'est là mon seul refrain.

MARGUERITE, s'avançant au bord du théâtre et regardant la porte de la prison.

Succombant à ses peines,
C'est là qu'il doit gémir!
Comment briser ses chaînes,
Comment le secourir?

Deuxième couplet.

GAUTIER.

Ma bouteille fraîche et vermeille
A tous les jours nouveaux appas;
A soi seul on a sa bouteille;
Et près d'une autre belle, hélas!
    Tra la, la, la, la, la,
    Tra la, la, ce n'est plus ça.
Un verre passe en un instant,
L'amour encor plus promptement.
    Vive le vin! (*Bis.*)
    C'est là mon seul refrain.

MARGUERITE.

Dans son destin funeste,
De tous il est trahi:
Mon amitié lui reste
Et veill'era sur lui.

GAUTIER et LES CHAPERONS.

De cette bière qui mousse,
    Mousse, mousse,
Versez, versez les flots légers!
Ah! combien la victoire est douce,
Surtout quand elle est sans dangers!

(Dans ce moment les Chaperons présentent tous leurs verres que Gautier remplit.)

MARGUERITE, s'approchant d'eux.

Vous êtes de bons camarades! vous ne pensez seulement

pas à Pettersen qui est là depuis plus d'une heure en faction !

GAUTIER.

Oui, Pettersen et ses frères... encore des amoureux à vous, voilà pourquoi vous les soignez !

MARGUERITE, prenant sur la table un verre et un pot de bière.

Certainement !... vous êtes tous venus ici avec des idées de vengeance ou d'intérêt... mais Pettersen n'est venu que pour me défendre et me sauver.

GAUTIER, buvant.

Comme moi !... c'est moi qui l'ai amené !

MARGUERITE.

Excepté qu'il m'obéit... qu'il m'est dévoué... et toi, Gautier, tu as déjà trop d'ambition pour avoir longtemps de l'amour.

GAUTIER.

L'un n'empêche pas l'autre... au contraire !

(Marguerite s'est approchée de Pettersen qui est à gauche en faction. Elle lui présente le verre et lui verse à boire pendant que Gautier et les Chaperons se sont remis à jouer aux dés.)

MARGUERITE, à demi-voix.

Eh bien ! Pettersen, as-tu pensé à ce que je t'ai dit ?

PETTERSEN.

Oui, mam'zelle Marguerite, mais il n'y a pas moyen !

MARGUERITE.

Tu n'as donc pas parlé à Dick et à tes frères ?

PETTERSEN, à demi-voix.

Si, vraiment... Ils voudraient bien, ainsi que moi, tâcher de sauver le prince... parce que, comme vous disiez tantôt, la fidélité, les bons sentiments et une bonne récompense... ça fait toujours quelque chose quand on a de l'honneur... (Plus bas.) Mais c'est que, voyez-vous...

MARGUERITE.

Quoi donc?

PETTERSEN, de même.

J'ai peur!... et eux aussi! Des murailles si hautes... des fossés pleins d'eau... car nous sommes ici entourés par l'Escaut... et puis enfin... il faut tout dire, nous ne sommes que quatre de bonne volonté, et ils sont ici une trentaine de chaperons bien armés, qui nous tueraient sur-le-champ... et vous tout de même!

MARGUERITE, froidement.

Où est Dick?

PETTERSEN.

Il boit!

MARGUERITE.

Ton frère aîné?

PETTERSEN.

Il dort!

MARGUERITE.

Ton autre frère?

PETTERSEN.

Là-haut! en faction à la poterne... comme moi devant cette prison.

MARGUERITE.

Allons, tout n'est pas désespéré... et l'on pourrait, peut-être, par eux...

(On entend un roulement de tambour.)

GAUTIER, se levant ainsi que ses compagnons.

Voilà M. Berghem.

SCÈNE II.

GAUTIER et LES CHAPERONS à droite, BERGHEM, VANDER-BLAS, MARGUERITE, PETTERSEN, à gauche; PLUSIEURS CHAPERONS BLANCS armés.

BERGHEM.

Tout est tranquille dans le château, et au dehors, rien ne nous menace. (Aux Chaperons qui le suivent, leur montrant Pettersen et le factionnaire qui est au fond du théâtre.) Il y a longtemps que ce brave camarade est sous les armes, qu'on le relève et qu'il aille se reposer!

MARGUERITE, à part.

Oh! mon Dieu! plus d'espoir! (Haut.) Il n'y a donc pas moyen de voir monseigneur Gilbert?

BERGHEM.

Pourquoi cela?

MARGUERITE.

Je voulais lui demander quand je pourrais sortir de ce château... dans l'intérêt de maître Vanderblas, un de vos chefs... car enfin, il n'y a plus personne à sa boutique...

VANDERBLAS.

C'est vrai... nous voilà tous ici!...

BERGHEM.

N'avez-vous pas votre femme, madame Vanderblas, qui veille à la sûreté de votre maison? et quant à vous, ma chère enfant, quelque envie que nous ayons de vous être agréable, nul ne sortira de cette forteresse avant que nos projets aient reçu leur entière exécution...

GAUTIER.

Eh bien! qui vous empêche d'agir... et d'en finir?

BERGHEM.

Tout beau, maître Gautier! il faut attendre l'ordre des chefs.

5.

GAUTIER.

Eh! qui sont-ils, ces chefs?

BERGHEM.

On les nomme en ce moment.

GAUTIER.

J'espère bien que j'en serai.

TOUS LES AUTRES.

Et moi aussi!

GAUTIER.

Nous en sommes tous... il ne faut pas croire que, parce que vous êtes grands seigneurs... d'abord ici il n'y a plus de grands seigneurs... c'est au plus fort et au plus brave d'être le maître... et comme c'est moi qui dois frapper...

BERGHEM.

Eh! qui veut vous enlever cet honneur? Messire Gilbert vous attend pour vous consulter et prendre votre avis.

GAUTIER.

Nous y allons.

BERGHEM, à Vanderblas.

Quant à vous, maître Vanderblas, il a aussi à vous parler, mais en particulier, et vous prie de l'attendre ici...

VANDERBLAS.

Je l'attendrai.

BERGHEM, regardant Gautier et ses compagnons qui sortent.

Ah! canailles que vous êtes!... que nous n'ayons plus besoin de vous, et nous verrons.

(Il sort avec Gautier et les Chaperons.)

SCÈNE III.

VANDERBLAS, MARGUERITE.

VANDERBLAS, bas à Marguerite et d'un air tremblant.

Marguerite... nous sommes ici dans un repaire affreux... dans un véritable coupe-gorge!

MARGUERITE.

Je le sais bien!... vous avez vu le prince?

VANDERBLAS.

C'est moi qui, tantôt, ai été obligé de le conduire dans la prison du château.

MARGUERITE, montrant la porte à gauche.

Dans ce cachot humide et malsain! Pauvre jeune homme!... lui, habitué à son riche palais et à ses belles tentures de Flandre!

VANDERBLAS.

Ça n'est plus ça! et ce n'est rien encore! il y a bien d'autres dangers...

MARGUERITE, vivement.

Pour le prince?

VANDERBLAS.

Non, pour moi!... et voilà, ma pauvre Marguerite, ce qui m'inquiète horriblement... Hier, j'ai eu l'imprudence d'avouer à messire Gilbert que j'avais des fonds considérables ou que, du moins, je pouvais toujours en trouver sur ma signature...

MARGUERITE.

Je le sais... Il n'y a pas grand mal!...

VANDERBLAS.

Il y en a beaucoup. Il m'a dit ce matin : « Il nous faut de l'argent... vous êtes un des chefs de l'entreprise!... » Moi, Marguerite, un des chefs... comment ça se fait-il?... je te le demande.

MARGUERITE.

Vous le savez mieux que moi.

VANDERBLAS.

Du tout... et voilà ce qui me ferait donner au diable!... enfin... il m'a répété : « Nous avons besoin de cinquante mille piastres. » J'ai refusé, comme de juste, mon désastre et ma ruine, et alors il s'est écrié : « Vous êtes un traître!... mais je ne veux pas encore vous dénoncer à la vengeance de nos amis... je vous donne, pour réfléchir, une heure... et après cela... pendu!... »

MARGUERITE.

Eh bien?

VANDERBLAS.

Eh bien!... il y a trois quarts d'heure qu'il m'a dit cela, et tu juges si j'ai pendant ce temps rêvé aux moyens de me sauver!

MARGUERITE.

Et le prince?

VANDERBLAS.

Le prince!... c'est autre chose!... j'ai trouvé un moyen...

MARGUERITE, vivement.

De sauver le prince?

VANDERBLAS, avec impatience.

Eh! non, de me sauver moi-même! Dans ces cas-là, on a déjà bien assez de songer à soi!... mais, pour réussir, il faut que je me confie à une personne honnête... délicate, dévouée enfin... et je ne vois que toi au monde...

MARGUERITE.

Dame! si je le peux.

VANDERBLAS.

Oui, tu peux me seconder et me servir... et tu le feras, Marguerite... car j'ai toujours été un bon maître... je t'ai toujours aimée... Non que je veuille te parler ici de l'amour que j'avais pour toi... j'ai trop peur... je n'y pense plus! je ne pense qu'à moi... et à ma fortune dont ils veulent s'emparer... Car, tant qu'ils me tiendront ici, ils me feront signer tout ce qu'ils voudront... il faut donc à tout prix s'évader de cette forteresse... Il faut en sortir mort ou vivant.

MARGUERITE.

Vivant, c'est difficile!

VANDERBLAS.

Aussi... j'ai choisi l'autre manière...

MARGUERITE.

Vous voulez vous tuer?

VANDERBLAS.

C'te bêtise! autant alors les laisser faire!... je veux seulement leur persuader que je n'existe plus, afin qu'ils me laissent tranquille... et pour ça... j'ai là un de mes nouveaux philtres... un extrait de mandragore... qui, dans dix minutes, peut me donner l'aspect d'un homme mort depuis une heure!...

MARGUERITE.

Je comprends... et si nous pouvions parvenir jusqu'au prince... si vous pouviez lui donner ce breuvage...

VANDERBLAS.

Mais du tout... tu ne me comprends pas!... je le garde pour moi!...

MARGUERITE, à part, avec impatience.

O mon Dieu!...

VANDERBLAS.

Il ne peut produire d'effet que pendant peu de temps, une demi-heure tout au plus. Je vais m'en servir; et toi, avant que je sorte de cet état de léthargie... toi, en fidèle servante... avec des pleurs et des sanglots... tu leur demanderas à emmener loin d'ici... à ramener chez lui les restes inanimés de ton bon maître... qui n'oubliera jamais cette preuve de dévouement. (Tirant un papier de sa poche.) Et qui s'est déjà occupé de le reconnaître... Lis toi-même...

MARGUERITE, hésitant et regardant toujours la porte à gauche.

Et si cela se découvre... il y va de mes jours... ils me tueront...

VANDERBLAS, toujours tremblant.

C'est une petite rente viagère que je t'assure...

MARGUERITE.

O mon Dieu!... et le prince?

VANDERBLAS.

Tais-toi, c'est mon farouche collègue.

SCÈNE IV.

GAUTIER, GILBERT, BERGHEM, VANDERBLAS, MARGUERITE, Chaperons.

GILBERT.

Puisque maintenant vous êtes un de nos chefs, messire Gautier, donnez ordre qu'on amène devant nous Louis de Male, notre ancien souverain. (Gautier va parler à quelques soldats qui ouvrent la porte de la prison. Gilbert, s'approchant de Vanderblas.) Avez-vous réfléchi à ma demande, messire Vanderblas?... ces cinquante mille piastres en valeurs sur Bruges et sur Lille sont-elles prêtes?

VANDERBLAS, bas à Marguerite.

Tu vois qu'il faut se hâter... (Haut à Gilbert.) Je vous atteste, messieurs et amis, qu'il me serait impossible de vous donner cette somme...

GILBERT.

En espèces sonnantes... nous le savons. Car vous n'avez chez vous en or que dix mille nobles à la rose...

VANDERBLAS.

Qui vous l'a dit?

GILBERT.

Vous-même!...

VANDERBLAS.

C'est vrai!... et si vous voulez me permettre de les aller prendre chez moi...

GILBERT.

C'est inutile... votre femme vient de nous les envoyer...

VANDERBLAS, avec désespoir.

Ma femme!...

GILBERT.

Je lui avais fait dire par un exprès que vous aviez à l'instant même besoin de cet or pour une spéculation magnifique... et vous n'aurez qu'à signer les lettres de change nécessaires pour compléter la somme.

VANDERBLAS.

Que ma main se dessèche avant de ratifier une pareille spoliation !...

GILBERT.

Qu'entends-je? ô ciel !... vous, un de nos chefs... vous, que nous avons associé à nos desseins...

VANDERBLAS.

Et qui vous le demandait?...

TOUS.

C'est un traître !...

GILBERT.

Qu'on le plonge dans le même cachot que le prince dont il partagera le sort, à moins qu'il ne s'engage pour une somme de cent mille piastres !...

VANDERBLAS.

Moi... plutôt mourir !...

(Il regarde avec intention Marguerite.)

GILBERT, voyant Gautier qui sort avec quelques Chaperons.

Le prince va venir... il faut l'amener à ce que nous désirons par la persuasion plutôt que par la violence... éloignez-vous... toi, Marguerite, reste, tu me seconderas !

(En ce moment paraît le prince. Gilbert fait signe à Gautier et à ses soldats de s'éloigner. D'autres soldats entraînent Vanderblas qui sort en faisant à Marguerite des signes d'intelligence.)

SCÈNE V.

GILBERT, LE PRINCE, MARGUERITE.

TRIO.

LE PRINCE, qui est entré en rêvant, lève les yeux et reconnaît Gilbert.

Quoi! ce traître Gilbert, après sa perfidie,

Ose encor paraître à mes yeux !

GILBERT, au prince et à demi-voix.

Silence !... ils voulaient tous vous arracher la vie !
Je vous ai défendu contre ces furieux ;
Marguerite pourra vous le dire !...

MARGUERITE, s'approchant de lui.

Oui, seigneur !

(A voix basse.)

C'est un fourbe !... un imposteur !

GILBERT, après avoir regardé autour de lui.

Mais voici, monseigneur, en m'exposant moi-même,
A quel prix seulement j'ai racheté vos jours :
Abdiquez à l'instant la puissance suprême,
Et vous vivrez !...

MARGUERITE, avec effroi.

O ciel !

LE PRINCE, froidement.

Merci de ton secours !
Renoncer au pouvoir qu'entre vos mains je livre,
Et sur un autre front moi-même l'affermir !...
En prince jusqu'ici si je n'ai pas su vivre,
En prince au moins je veux mourir !

MARGUERITE, à demi-voix.

C'est bien ! c'est bien !

LE PRINCE.

En prince au moins je veux mourir !

Ensemble.

GILBERT.

Dans le fond de mon âme
Je crains que cette trame
Ne puisse réussir !
Mais plus tard à ce piége
Peut-être le prendrai-je !
Laissons-le réfléchir !

LE PRINCE, à part.

Oui, je le vois, l'infâme,

Dans le fond de son âme
Veut encor me trahir!
Pour déjouer leur piége,
Un ange me protége
Et m'apprend à mourir!

MARGUERITE.

Il médite en son âme
Une nouvelle trame,
Comment l'en garantir?
Pour déjouer leur piége,
Que le ciel me protége,
Et vienne l'avertir!

GILBERT, au prince.

Signez!... ou mon appui pour vous devient stérile!

LE PRINCE.

Eh bien! vous commettrez un forfait inutile
Qui doit vous perdre tous!... car Clisson va venir,
Sinon pour me sauver, au moins pour vous punir.

GILBERT.

Vous comptez vainement sur les armes de France :
Clisson ne viendra pas!

MARGUERITE, à demi-voix.

On prétend qu'il s'avance!

GILBERT.

Et la ville de Gand et celle de Tournay
Se déclarent pour nous!

LE PRINCE, troublé.

O ciel!

MARGUERITE, à demi-voix.

Ce n'est pas vrai!

Ensemble.

LE PRINCE.

Oui, je le vois, l'infâme, etc.

MARGUERITE.

Il médite en son âme, etc.

GILBERT.
Dans le fond de mon âme, etc.

GILBERT, montrant au prince plusieurs Chaperons blancs qui rentrent en ce moment.
Vous avez méprisé ce que j'ai fait pour vous!
Rien ne peut maintenant vous soustraire à leurs coups!
(Il fait signe aux Chaperons de veiller sur le prince, et sort avec Marguerite qu'il emmène.)

LE PRINCE.
Adieu, jours de bonheur promis à ma jeunesse!
Adieu, tant beau pays où j'ai donné des lois!
Adieu, rêves trompeurs, de gloire et de tendresse!
Adieu vous dis pour la dernière fois!
(Apercevant Marguerite qui rentre.)
Hélas! si dans un jour d'infortune si grande,
L'amitié peut encor conserver quelques droits,
S'il est encore un cœur qui m'aime et qui m'entende,
Adieu lui dis pour la dernière fois.

GILBERT, rentrant avec Gautier, Berghem et plusieurs Chaperons.
Oui, messieurs, rien ne peut le fléchir.

GAUTIER et BERGHEM.
Allons, qu'il s'apprête à mourir!

LE PRINCE.
O toi, ma mère! ô souvenir!
Souvenir qui vient m'attendrir;
Tu me disais dans tes adieux :
Je vais veiller sur toi du haut des cieux.

Ah! sans effroi
Je viens à toi;
Je vais te voir,
C'est mon espoir.
Et quand je vais mourir,
Daigne encor me bénir!

Ensemble.

LE PRINCE.
Oui, j'en ai l'espérance,
Oui, Clisson va venir,

Et je lègue à la France
Le soin de vous punir!

GILBERT.

Contre mon espérance
Rien ne peut le fléchir,
A la seule vengeance
Faut-il donc revenir?

GAUTIER et LES CHAPERONS.

C'est trop de patience,
Qu'il s'apprête à mourir!
A la seule vengeance
Il nous faut recourir!

MARGUERITE.

Il brave leur vengeance!
Il l'attend sans frémir!
Mon Dieu, dans ta clémence,
Daigne le secourir!

(Sur un geste de Gilbert, Gautier et quelques soldats reconduisent le prince dans la prison à gauche.)

SCÈNE VI.

BERGHEM, GILBERT, MARGUERITE, LES CHAPERONS.

BERGHEM, bas à Gilbert dans le coin du théâtre à droite.

Pourquoi le ramener en prison? pourquoi hésitez-vous encore à frapper un dernier coup?...

GILBERT.

Qui ne mènera à rien! s'il avait signé cette abdication pour lui et les siens... je ne dis pas!... on pouvait alors s'en défaire... il le fallait même... mais maintenant, sa mort ne donnera pas un titre de plus au duc de Bourgogne... au contraire, elle en donnera au prince Raymond, son frère, que soutiendront les armes de Clisson!

BERGHEM.

Et qui commencera peut-être son règne par nous punir.

GILBERT.

Il en est capable.

BERGHEM.

Il vaudrait peut-être mieux négocier, en conservant le prince pour otage...

GILBERT.

C'était bien mon dessein; faites donc comprendre cela à ces manants, à ces rustres qui nous entourent... et qui veulent toujours aller droit au fait... Silence !...

SCÈNE VII.

LES MÊMES ; GAUTIER, sortant de la prison à gauche.

GAUTIER.

En voici bien une autre... ce juif qui était si riche... Vanderblas, mon ancien maître...

TOUS.

Eh bien ?...

GAUTIER.

Eh bien ! la crainte... ou le désespoir... ou une révolution subite... que sais-je ? enfin, il est là sans pouls et sans haleine...

GILBERT.

Ce n'est pas possible !...

(Il entre dans la prison.)

GAUTIER.

Il m'a presque fait peur... quand je l'ai aperçu avec cette figure de trépassé... et puis le prince qui était là... et qui m'a regardé d'un air menaçant... je n aime pas cela...

MARGUERITE, se rapprochant de lui et lui parlant avec douceur.

Oui, cela trouble le sommeil... cela donne des remords...

GAUTIER.

Et des inquiétudes !... vaut mieux en finir tout de suite, on en est débarrassé !

(Marguerite s'éloigne de lui avec indignation.)

GILBERT, sortant de la prison.

Mort !... il n'est que trop vrai, il est mort, le vieil avare, exprès pour ne pas signer ses lettres de change.

MARGUERITE, à part.

Il ne croit pas si bien dire !

BERGHEM.

Qu'en ferons-nous maintenant ?... il est inutile qu'on le trouve ici !...

GAUTIER.

Il n'y a qu'à le jeter dans l'Escaut !

GILBERT, froidement.

A la bonne heure !

MARGUERITE, vivement.

Sans lui rendre les derniers devoirs !... c'est affreux ! car enfin, c'était mon maître... (A Gautier.) c'était le vôtre...

GAUTIER.

Il ne l'est plus !

MARGUERITE.

C'est attirer la colère du ciel sur vous et sur votre entreprise, que de laisser un chrétien sans sépulture !

PETTERSEN et QUELQUES AUTRES CHAPERONS.

Elle a raison !

MARGUERITE, à Gilbert.

On croira donc dans la ville que vous l'avez tué... tandis qu'en le transportant chez lui... dans sa maison !

GILBERT.

Est-ce que nous le pouvons !

MARGUERITE.

Est-ce donc si difficile?... en prenant cette barque qui a amené le prince et qui est amarrée dans les fossés, au pied de cette tourelle...

GILBERT, avec impatience.

Encore... et que nous importe! pourvu que tu nous laisses...

MARGUERITE.

A la bonne heure !

GAUTIER, même jeu.

Oui, parbleu! qu'il repose dans la terre ou dans les flots... il s'en portera bien mieux...

MARGUERITE.

Taisez-vous! vous êtes un méchant, un impie, et vous mériteriez qu'il revînt pour vous punir... mais vous, monsieur Pettersen, qui valez mieux que lui... venez m'aider!... vous et vos deux frères... et M. Dick...

GAUTIER, avec force.

Quatre hommes pour cela! à quoi bon ?

MARGUERITE, vivement.

Eh bien! deux suffiront... ne vous fâchez pas... mon Dieu !...

GILBERT, avec impatience.

Nous laisseras-tu ?

MARGUERITE, qui a fait passer devant elle Dick et Pettersen.

Je m'en vas... je m'en vas et vous laisse délibérer.

(Elle sort.)

SCÈNE VIII.

BERGHEM, GILBERT, GAUTIER et LES CHAPERONS BLANCS.

FINALE.

GILBERT.

Délibérer est de saison,
Car, selon moi, c'est fort utile !

GAUTIER.

Délibérer, et pourquoi donc?
Se décider est très-facile ;
Pour nous il n'est plus de pardon,
Il faut frapper !

PLUSIEURS CHAPERONS, passant du côté de Gautier.

Il a raison !

GILBERT et BERGHEM.

Il a tort !... craignons de Clisson
Et les soldats et le courage!

GAUTIER.

Ces grands seigneurs ont peur de tout !

GILBERT.

Oui, comme otage
Je veux garder le prince !

GAUTIER, à ses compagnons.

Oui, pour faire leur paix,
Pour le livrer et nous trahir après !

(Plusieurs Chaperons des gens du peuple passent du côté de Gautier, quelques autres qui sont d'un haut rang restent auprès de Gilbert et de Berghem.)

Ensemble.

GAUTIER et SES COMPAGNONS.

Mais nous aurons raison
De cette trahison !
Ici nous ne voulons
Ni grâces, ni pardons ;
Contre vos attentats
Nous armerons nos bras ;
Il n'échappera pas,
Nous voulons son trépas !

GILBERT, BERGHEM et LES SEIGNEURS.

Ah ! nous aurons raison
D'un semblable soupçon !
C'est nous qui punirons

De telles trahisons !
Vous voulez son trépas,
Et contre vous, ingrats,
Nous armerons nos bras ;
Il ne périra pas !

(A la fin de l'ensemble précédent, au moment où les deux partis sont le plus animés et se menacent mutuellement, un air de marche religieuse et funèbre se fait entendre.)

MARGUERITE, paraissant sur le perron à gauche.

Voici l'heure dernière,
Donnez une prière
A ses restes glacés !
Et que le ciel accorde
Paix et miséricorde
Aux pauvres trépassés !

(Tous les conjurés ôtent leurs chaperons et s'inclinent.)

MARGUERITE, seule sur le devant du théâtre.

Pour tromper leur colère,
En toi, Dieu tutélaire,
Mon espoir est placé !

LES CHAPERONS, murmurant une prière à demi-voix.

Requiescat in pace !

MARGUERITE, de même.

Écoute ma prière,
Que mon vœu téméraire
Par toi soit exaucé !

LES CHAPERONS, de même.

Requiescat in pace !

MARGUERITE.

Voici l'heure dernière,
Donnez une prière, etc.

TOUS.

Voici l'heure dernière,
Donnons une prière, etc.

(On voit sur le fossé plein d'eau qui ferme l'enceinte du fond voguer une barque dans laquelle sont Dick, Pettersen et le cercueil couvert d'un manteau vert.)

GILBERT.

C'est ce pauvre Vanderblas !
Oui, c'est bien lui qu'on emmène.

GAUTIER.

Sa science souveraine
Ne l'a pas sauvé du trépas !

(Le pont-levis se lève pour donner passage à la barque qui longe les remparts et disparaît. Geste de joie de Marguerite, qui entre dans la tour à gauche.)

GAUTIER.

Il s'éloigne !

(Montrant son poignard.)

Et pour moi, qui remets en ce fer
L'espoir de notre cause et de notre vengeance,
Profitons de l'instant qui seul nous est offert...

GILBERT.

Quand nous l'ordonnerons.

GAUTIER.

Et si maître Gilbert
Et ces nobles seigneurs hésitent par prudence,
Nous prendrons d'autres chefs !

PLUSIEURS CHAPERONS.

Oui, Gautier, oui, c'est toi !

GILBERT.

Qui de vous sans mon ordre oserait agir ?

GAUTIER.

Moi !
J'immolerai le prince.

(A Gilbert et aux seigneurs qui l'entourent.)
Et vous tous avec lui,
Si votre lâcheté trahit notre parti !

(Il entre dans la tour, à gauche du spectateur.)

IV. — VI.

Ensemble.

LES CHAPERONS.

Oui, nous aurons raison
De cette trahison!
(Encourageant Gautier qui entre dans la prison à gauche.)
Va l'immoler, va donc!
Pour lui point de pardon!
(A Gilbert et à Berghem.)
Contre vos attentats
Nous armerons nos bras.
Nous voulons son trépas,
Il n'échappera pas!

GILBERT, BERGHEM et LES SEIGNEURS.

Ah! nous aurons raison
D'un indigne soupçon!
C'est nous qui punirons
De telles trahisons!
(Menaçant les autres conjurés.)
Oui, perfides, ingrats,
Canailles, scélérats!
A l'effort de nos bras
Vous n'échapperez pas!

GAUTIER, sortant de la prison, à gauche, hors de lui et en désordre.

C'est mon maître!.. c'est lui!... vision infernale!
Oui, c'est lui... je l'ai vu... l'œil hagard! le front pâle!

TOUS.

Eh! qui donc?

GAUTIER, tremblant.

Vanderblas!!

TOUS.

Le défunt?

GILBERT, riant.

Allons donc!
Ce héros courageux m'a tout l'air d'un poltron,
Il a peur d'un fantôme!

GAUTIER, avec rage.

Ah! j'ai peur!

GILBERT, montrant Gautier.

Il en tremble !

GAUTIER, en fureur.

Eh bien ! fussent Satan et Lucifer ensemble,
Je frapperai tous deux !

(Il tire son poignard et s'élance de nouveau sur le perron qui mène à la prison ; en ce moment paraît sur le seuil de la porte Vanderblas pâle et défait qui étend vers lui les bras et lui crie :)

VANDERBLAS.

Arrêtez !

GAUTIER et LES AUTRES CHAPERONS.

Vanderblas ! ah ! grands dieux !

(Tous reculent effrayés et plusieurs tombent à genoux. En ce moment on entend dans le lointain une musique guerrière.)

MARGUERITE, sortant de la tour, à gauche.

Écoutez, écoutez, c'est Clisson qui s'avance,
J'ai vu du haut des tours la bannière de France.

(Tous les Chaperons en désordre veulent fuir. Gautier saisit un mousquet et veut les rallier.)

GAUTIER.

Défendons-nous avec vaillance !

GILBERT.

Nous défendre est nous perdre, hélas !

GAUTIER.

Ces murs seront notre défense.

GILBERT.

Pourront-ils résister à ces nombreux soldats ?

LES CHAPERONS.

Inutile est la résistance,
Il le faut, tombons à leurs pieds,
Ou nous mourrons tous sans défense,
Sur les débris fumants de ces murs foudroyés.

(Sur un geste de Gilbert on baisse le pont-levis. Les officiers, les pages de Clisson et les principaux chevaliers entrent dans la forteresse. Le prince Louis de Male est au milieu d'eux ; à son aspect Gilbert et les Chaperons se prosternent implorant sa clémence.)

LE PRINCE, à Gilbert et aux seigneurs qui sont près de lui.

Vous que j'eus trop longtemps le malheur d'écouter,
Par vous j'ai su comment on perd une couronne ;
Merci de la leçon !... j'espère en profiter ;
J'agirai dès ce jour en prince !

(Leur faisant signe de se relever.)

Je pardonne !

(A Marguerite.)

Et toi, qui sur mes jours n'a cessé de veiller,
Que l'on me blâme ou non d'anoblir ce que j'aime,
Tu m'appris à régner !... viens régner sur moi-même !

(A Gilbert qui fait un geste d'étonnement.)

Eh ! oui, vraiment... mon ancien conseiller !
Si c'est une folie, au moins, sans aucuns doutes,
La dernière sera la plus sage de toutes.

LE
MAUVAIS-OEIL

OPÉRA-COMIQUE EN UN ACTE

En société avec M. Gustave Lemoine

MUSIQUE DE Mme LOISA PUGET.

Théatre de l'Opéra-Comique. — 1er Octobre 1836.

PERSONNAGES.	ACTEURS.
JOSÉ, chef d'une guérilla au service des Christinos.	MM. PONCHARD.
PÉDRO, muletier	COUDERC.
GIL-POLO, alcade du village de Renteira. . .	FARGUEIL.
TONIO, valet d'écurie de Pédro.	LÉON.
TORRIBIO, sergent carliste.	VICTOR.
DIÉGO, soldat carliste.	MÉCÈNE.
INÈS, fille de l'alcade Gil-Polo.	Mme CINTI-DAMOREAU.

MULETIERS. — MONTAGNARDS. — SOLDATS.

Dans un petit village de la province de Biscaye.

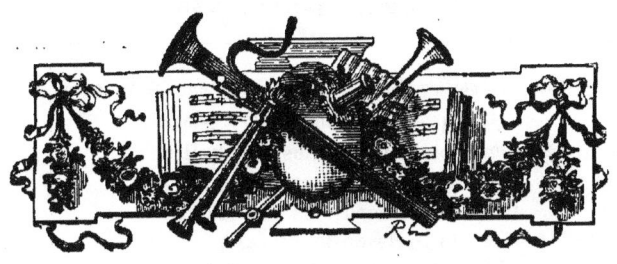

LE
MAUVAIS-ŒIL

Un site sauvage au milieu des montagnes. — A droite du spectateur, la chaumière de Pédro avec une croisée au premier étage qui fait face au public, une lucarne plus bas, et au fond de la chaumière une porte qui donne sur la montagne. — Au-dessus de la chaumière, on aperçoit une cloche dont la corde descend dans l'intérieur. A gauche une maison de plus belle apparence; c'est celle de l'alcade. Au milieu du théâtre, un gros arbre.

SCÈNE PREMIÈRE.

DES MULETIERS jouent de la guitare sous les fenêtres de la maison à gauche, qui est celle de l'alcade ; l'un d'eux frappe sur un tambourin ; puis PÉDRO. Il fait nuit.

INTRODUCTION.

LES MULETIERS.
Allons, la belle sérénade !
Allons, amis, distinguons-nous !
C'est pour la fille d'un alcade,
Dont Pédro doit être l'époux.

PÉDRO, sortant de sa maison : il est en habits de marié.
(Les muletiers témoignent leur joie.)
Amis, pendant qu'Inès sommeille,
Que la guitare à son oreille
Porte les accords les plus doux !
C'est la perle de la Biscaye !
Mais conv'nez-en de bonne foi,
Trouverait-on jusqu'à l'Andaye
Un plus galant mul'tier que moi ?

LES MULETIERS.

Oui, des mul'tiers il est le roi !

PÉDRO.

Allons, la belle sérénade, etc.

LES MULETIERS.

Allons, la belle sérénade, etc.

TONIO, dans l'intérieur.

Ah ! mon Dieu !...

SCÈNE II.

LES MÊMES ; TONIO, sortant de chez Pédro.

TONIO.

Ah ! quel malheur !

LES MULETIERS.

Que veut le camarade ?

TONIO, à Pédro.

La plus belle mule !...

PÉDRO.

Eh bien ?

TONIO.

Elle est malade !

PÉDRO.

Malade !... Eh ! mais, d'où vient cela ?
Hier, elle était si vaillante !

TONIO.

Elle est ce matin toute dolente,
Je n'ai jamais vu ce mal-là !

PÉDRO, comme frappé d'une idée subite.

Dieu ! si c'était un maléfice !...
Du Mauvais-Œil quelque malice...

TOUS.

Le Mauvais-Œil ! qu'est-ce que c'est que ça ?

PÉDRO, avec effroi.

Silence ! il est peut-être là !
(Il montre sa maison avec mystère.)
Dans le pays tous les cent ans
On en voit un, et, quand j'y pense,
Le dernier date de longtemps.

TOUS, avec mystère.

De longtemps !

PÉDRO.

Au moins cent ans.
Écoutez-moi.

TONIO.

J'en meurs d'avance !

PÉDRO.

BALLADE.

Premier couplet.

Il est un démon noir,
Le soir,
Qui dans les bois se montre,
Et qui, sans remord,
Jette un sort
Sur tout ce qu'il rencontre.
Vrai Satan, fils de la nuit,
Il lance de sa paupière
Une flamme meurtrière ;
Et donnant la mort sans bruit,
Le Mauvais-Œil, de son regard sombre,
Nous poursuit dans l'ombre.

Deuxième couplet.

Vous partez le matin
Grand train,
Monté sur votre mule,
Qui prend le trot
Et le galop,
Et jamais ne recule ;
Tout à coup, ruse d'enfer !...
Elle tremble, elle s'arrête...
Vous piquez en vain la bête,
Qui rue et vous lance en l'air...
Le Mauvais-Œil, de son regard sombre,
La poursuit dans l'ombre.

Troisième couplet.

Souvent vous voyez,
Admirez
Fillette jeune et sage :
Du printemps la fleur,
La fraîcheur
Brillent sur son visage,
Mais soudain, ô sort fatal !
Survient la mélancolie :
Tout lui déplaît, tout l'ennuie ;
Savez-vous d'où vient son mal ?

Le savez-vous, hein ?... Eh bien !

Le Mauvais-Œil, de son regard sombre,
La poursuit dans l'ombre.

SCÈNE III.

Les mêmes ; GIL-POLO, sortant de chez lui.

GIL-POLO.

Ah ! quel malheur !

LES MULETIERS, ôtant leurs chapeaux avec respect.
C'est le seigneur alcade !

GIL-POLO, à Pédro.

Ta fiancée!...

PÉDRO.

Eh bien?

GIL-POLO.

Elle est malade!

PÉDRO.

Encore! ah! c'est trop fort.

Malade!... Eh! mais, d'où vient cela?
Hier elle était si vaillante!

GIL-POLO.

Elle est toute dolente ;
Je n'ai jamais vu ce mal-là.

PÉDRO.

Eh! mais, vraiment, c'est fait exprès :
Ma mul', d'abord, ma femme après !
Et le jour de mon mariage !...

LES MULETIERS, ironiquement.

Est-il plus malheureux époux !

PÉDRO.

Ah! de ce contre-temps j'enrage !
(Regardant à gauche.)
Mais la voici... silence, vous !...

SCÈNE IV.

Les mêmes; INÈS, sortant de la maison à gauche, sans les voir.

CAVATINE.

INÈS.

Hélas! hélas! qui donc pourra me dire
Le mal si doux qui cause mes douleurs?
La nuit, le jour, je gémis, je soupire,
Et malgré moi je sens couler mes pleurs !
Qui pourra donc me dire

Le mal si doux qui cause mes douleurs ?
(Portant la main à son cœur.)
Ah !... ah !...
Qui me dira,
Ah !... ah !...
Ce que j'ai là ?
(A la fin du couplet, Pédro s'approche timidement et lui demande ce qu'elle a.)
J'essaie en vain, pour calmer ma souffrance,
Nos chants si doux, si doux qu'ils vont au cœur !
Ils ont bercé les jours de mon enfance,
Ils ont souvent endormi ma douleur...
Les chants de mon enfance
Ne peuvent rien, rien pour guérir mon cœur !
(Elle essaie de chanter.)
Ah !... ah !...
Malgré cela,
Ah !... ah !...
(Montrant son cœur.)
C'est toujours là !
(Elle va s'asseoir sur une chaise devant la maison de Pédro.)

PÉDRO.

Entendez-vous ce qu'elle vient de dire ?
C'est désolant, surtout pour un époux !
La nuit, le jour, elle pleure et soupire...
Pour un instant, mes amis, laissez-nous.

LES MULETIERS.

Allons, laissons le camarade ;
Allons, amis, retirons-nous.
(En riant.)
Un jour de noce être malade,
C'est amusant pour un époux !
(Tout le monde s'éloigne en silence, Pédro les congédie.)

SCÈNE V.

PÉDRO, INÈS.

PÉDRO.

Maintenant que nous voilà seuls... tu vas me dire ce que tu as.

INÈS.

Je n'en sais rien.

PÉDRO, à part.

Elle n'en sait rien ! Je ne sais pas si le mariage lui donnera de l'esprit à celle-là, mais jusqu'à présent, c'est bien la plus ignorante et la plus niaise du pays !... (Haut.) Est-ce que tu serais fâchée contre moi ?

INÈS.

Du tout.

PÉDRO.

Est-ce que je te déplairais aujourd'hui ?...

INÈS.

Je l'ignore... je ne t'ai seulement pas regardé.

PÉDRO.

V'là qui est étonnant! ça commence à m'inquiéter... Est-ce par hasard que tu ne voudrais plus te marier ?... hein ?

INÈS.

Moi !... si... Je veux bien.

PÉDRO, joyeux.

A la bonne heure !... tiens, voici une belle croix d'or que j'ai achetée, hier, à la ville... cela te fait-il plaisir ?...

INÈS.

Ni plaisir, ni peine...

PÉDRO.

Veux-tu que je te la donne ?

INÈS.

Ça m'est égal!

PÉDRO, la contrefaisant.

Ni plaisir, ni peine... ça m'est égal... Alors qu'est-ce que t'as donc?...

INÈS, se levant.

Est-ce que je sais, moi? je suis malade... voilà... je n'ai goût à rien, tout m'ennuie.

PÉDRO.

Comment! quand je suis là, auprès de toi?...

INÈS.

Ça m'ennuie...

PÉDRO.

Quand je te parle?...

INÈS.

Ça m'ennuie!...

PÉDRO, d'un air de compassion.

Ah! pauvre femme!... mais tu es dans un état désespéré... et depuis quand ça t'est-y venu? car il y a huit jours tu n'avais rien.

INÈS.

Ça commençait...

PÉDRO.

Ah! je t'ennuyais déjà?

INÈS.

C'est depuis le dimanche au soir... le dimanche de la Pentecôte... enveloppée dans ma grande mante de laine, je revenais à la brune par ce chemin creux... qui est bordé de rochers...

PÉDRO, tremblant.

Je connais... et ça me fait toujours un effet quand j'y passe... le soir... T'avais peur?...

INÈS.

Non vraiment !... car j'entendais derrière moi, à quelques centaines de pas, des soldats qui marchaient en bon ordre...

PÉDRO.

Les soldats carlistes qui occupent ces montagnes?

INÈS.

Justement !... lorsque j'aperçois, blotti sous un rocher... quelqu'un dont je ne pouvais distinguer les traits ; je veux crier. « Ne me perdez pas! » me dit-il d'une voix si douce... si douce... que je n'eus plus la force de crier... ni d'avoir peur... Les soldats approchaient toujours. « Vite, me dit-il, jetez votre mante sur moi, et asseyez-vous ! » Et moi, sans répondre, sans réfléchir, comme entraînée par une puissance supérieure, j'obéis... et quand les soldats furent passés... quand ils furent bien loin... je me levai... et alors j'eus peur... mais lui me dit : « Je vais maintenant vous reconduire... c'est bien le moins ! » et tout le long de la route, il me parlait avec tant de gracieuseté que ça me faisait plaisir de l'entendre et que j'écoutais encore quand il se taisait... « Qui donc êtes-vous, lui dis-je? — Vous ne pouvez le savoir, et surtout ne parlez à personne de cette rencontre, jurez-le-moi ! » Je le jurai !... et vous savez tous si j'ai tenu ma promesse. « Dans huit jours, me dit-il, au bord du torrent... » En ce moment, nous arrivions à la maison de mon père, et à la lumière qui partait d'une croisée, j'aperçus les traits de mon guide.

PÉDRO, dont la frayeur s'accroît.

Et comment étaient-ils?...

INÈS.

A peine ai-je pu les distinguer... mais ce que je me rappellerai toujours... ce qui est toujours là, c'est un grand œil noir...

PÉDRO.

Ah ! mon Dieu !

INÈS.

D'où semblait s'échapper un trait de feu... qu'il dardait sur moi et qui pénétrait jusqu'au fond de mon cœur.

PÉDRO.

Nous y voilà !...

INÈS.

Qu'as-tu donc ?

PÉDRO.

Pauvre Inès !... je ne voudrais pas être à ta place. Mais ne t'effraie pas... Et ce rendez-vous au bord du torrent ?...

INÈS.

C'était hier...

PÉDRO.

Et tu y as été ?...

INÈS.

Sans le vouloir... et comme malgré moi...

PÉDRO.

Je crois bien !... t'aurais voulu faire autrement que tu n'aurais pas pu...

INÈS.

Il était là... il m'attendait... et m'apercevant, il s'est avancé et m'a dit : « Inès, Inès, tu es à moi ! »

PÉDRO.

Ah ! ça fait frémir !...

INÈS.

Et alors je ne puis dire ce que j'éprouvais... mes mains étaient brûlantes...

PÉDRO, mort de peur.

Ah !

INÈS.

J'avais la fièvre...

PÉDRO.

Oh !

INÈS.

Cette fièvre qui depuis ne m'a pas quittée. Mon cœur battait avec violence, et je me sentais mourir !...

PÉDRO, tremblant.

Oh ! la la, c'est à faire dresser les cheveux sur la tête.

INÈS.

Quand tout à coup une explosion se fait entendre... je retourne la tête... il avait disparu.

PÉDRO, froidement.

Abîmé dans la terre.

INÈS.

C'est possible !

PÉDRO.

C'est sûr !... et tu auras senti une odeur de soufre et de salpêtre, n'est-ce pas ?

INÈS.

Je crois que oui... oui, oui, l'odeur de la poudre...

PÉDRO.

C'est cela même... Tu l'as échappé belle !

INÈS.

Comment ?

PÉDRO.

C'était un lutin, ma chère... un démon... pur démon !...

INÈS.

Jésus Maria !

PÉDRO, après avoir regardé de tous côtés, avec mystère.

Le Mauvais-Œil !

INÈS.

Est-il possible !

PÉDRO.

Le Mauvais-Œil !... dont tu as entendu parler dans le pays...

INÈS, effrayée.

Ah! ne me dis pas cela!

PÉDRO.

Oh! tu en es atteinte... et d'une fière force encore!... t'en as tous les symptômes...

INÈS, tremblante.

Tu crois?..

PÉDRO.

D'abord, tu tournes à l'idiote... c'est évident! Mon Dieu, mon Dieu, quel malheur!... et toute ma crainte à présent est que ça ne se gagne... que ça ne soit contagieux... car déjà il y a d'autres personnes dans le village...

INÈS.

Qui donc?

PÉDRO.

Ma mule... Ma capitane, qui sortait des écuries de la reine... elle est exactement comme toi; ça lui a pris en même temps... elle ne boit plus... elle ne mange plus... et puis, v'li, v'lan, des ruades, des palpitations comme toi... C'est un sort qu'on a jeté sur vous deux!

INÈS, qui s'est approchée d'un buisson à droite, s'éloigne en poussant un cri.

Ah! mon Dieu!...

PÉDRO.

Qu'as-tu donc?

INÈS.

A travers l'épais feuillage de ce buisson, j'ai cru voir...

PÉDRO, passant devant elle.

Qui donc?

INÈS.

Le Mauvais-Œil!

PÉDRO, effrayé.

Eh bien! par exemple, est-ce qu'il oserait?...

(Ils reculent tous deux, et Pédro se rapproche en tremblant du buisson.)

INÈS.

Il ne me quitte pas... il me poursuit partout... Je veux le fuir ; mais il est toujours là... devant moi... même quand je ferme les yeux !...

(Elle se cache la tête dans les mains.)

PÉDRO, en reculant.

Tiens, c'est drôle... Est-ce étonnant !

(Il va toucher le bras d'Inès, qui pousse un cri d'effroi et s'enfuit dans la maison à gauche, en fermant la porte, qui fait un grand bruit. Pédro se retourne et ne voit plus personne.)

SCÈNE VI.

PÉDRO, puis GIL-POLO.

PÉDRO, appuyé contre sa maison.

Eh ben ! elle m'a fait une peur !... Ah çà ! est-ce qu'elle va toujours être comme ça ?

GIL-POLO.

Allons, mon gendre, allons, tout est prêt pour la noce.

PÉDRO.

Excepté moi...

GIL-POLO.

Comment ! Pédro...

PÉDRO.

Non pas qu'il ne soit fort honorable d'avoir pour femme la fille d'un alcade... mais dans ce moment, voyez-vous... elle est trop contagieuse... Je n'ai pas besoin d'avoir toujours dans mon ménage un œil qui me regarde... et puis, beau-père, suivez bien mon raisonnement : si je ne fais qu'un avec ma femme, et que ma femme soit possédée du démon, qu'est-ce que je suis, moi?... qu'est-ce que je suis, hein? je vous le demande!... Tout ça, voyez-vous, ça fait des mariages à la diable... et jusqu'à ce que votre fille soit guérie...

GIL-POLO.

Et comment veux-tu qu'on la guérisse? Je me suis adressé au frater... il n'y comprend rien.

PÉDRO.

Adressez-vous à M. le curé.

GIL-POLO.

Il est malade.

PEDRO.

Lui aussi!.. je parie qu'il a un mauvais œil?

GIL-POLO.

Il en a deux, le cher homme, puisqu'il est aveugle.

PÉDRO.

Il est bien heureux!.. il ne verra pas ce que nous verrons... car nous y passerons tous, beau-père, c'est moi qui vous le dis... à moins que quelque miracle n'arrive à notre secours... Mais qui vient là?... tous nos amis qui entourent un frère quêteur.

(Il court au fond du théâtre.)

SCÈNE VII.

Les mêmes; UN FRÈRE QUÊTEUR, entouré de Paysans qui descendent de la montagne.

AIR.

LE FRÈRE, tendant une bourse.
Grâce à ma prière,
Si votre bonté
Fait à ma misère
Quelque charité,
Je paîrai, j'espère,
L'hospitalité.

LES PAYSANS.

Entrez, entrez, bon père,
Vous serez bien traité.
(Ils lui donnent des pièces de monnaie.)

LE FRÈRE.

Car je sais de pieux cantiques,
Des noëls antiques,
Saintes pratiques,
Chants liturgiques,
Canoniques,
Angéliques,
Séraphiques,
Et magiques;
J'ai des agnus et de saintes reliques,
Des chapelets... et cætera...

LES PAYSANS.

Ah! le saint homme que voilà!
Oui, son pouvoir nous sauvera.

LE FRÈRE.

Lorsque l'on a mes indulgences,
On ne fait plus de pénitences.
Oui, mes amis, une indulgence
De tous péchés absout d'avance.

LES PAYSANS.

Ah! le saint homme que voilà!
Oui, son pouvoir nous sauvera!

LE FRÈRE, d'un ton grave et solennel.

Bien plus, je veux qu'une douce ambroisie
Tombe du ciel, et coule sous vos yeux;
Ce vin plus doux que ceux d'Andalousie,
(Tous les paysans tendent leurs chapeaux en levant les yeux.)
Mes chers enfants, c'est la grâce des cieux!...
(Ils remettent leurs chapeaux.)
Car je sais de pieux cantiques, etc.

LES PAYSANS.

Ah! le saint homme que voilà!
Oui, son pouvoir nous sauvera.

LE FRÈRE, avec force.

Je puis sauver les corps, je puis sauver les âmes,
Je puis vous sauver tous.

LES PAYSANS.

Tous?

LE FRÈRE, très-doucereux.

Jusqu'aux femmes!
Mon pouvoir est si grand, qu'il s'étend jusque-là.

(Les femmes témoignent leur joie.)

LES PAYSANS.

Ah! le saint homme que voilà!
Du Mauvais-Œil il nous sauv'ra.

PÉDRO, vite à Gil-Polo.

Entendez-vous, beau-père?... Puisqu'il s'occupe aussi des femmes, ce saint homme, courons chercher ma future... il pourra peut-être la guérir... hein?...

(Il entre dans la maison à gauche avec Gil-Polo, en saluant le frère ; tous les paysans sortent par le fond.)

SCÈNE VIII.

JOSÉ, seul.

Ils sont partis!.. Ouf! respirons... (Il ôte sa barbe.) Parmi tous les habitants du village, je n'ai pas aperçu ma gentille Inès... qu'il m'a fallu quitter hier au plus doux moment... Inès qui m'a sauvé la vie... Inès que j'aime déjà comme un fou, et que je veux revoir à tout prix!... Ce costume seul peut sans danger me rapprocher d'elle... car, si j'étais surpris ou reconnu dans ce bourg de carlistes, moi José, officier de la reine, je serais fusillé, fusillé sur-le-champ, et ce serait grand dommage!... Car encore un jour, encore quelques heures... si mes soldats peuvent me rejoindre, s'ils arrivent au rendez-vous, au Val-Noir, je suis sûr du succès... Je connais les positions de nos ennemis ; et, tombant sur eux à l'improviste, j'ouvre le passage à l'armée... Et moi, simple capitaine, je puis devenir... Pourquoi pas? un bon chef de guérillas peut prétendre à tout. (Regardant du côté de la maison de l'alcade.) Mais on vient... ô bonheur! c'est Inès.

(Il remet sa barbe.)

SCÈNE IX.

PÉDRO, INÈS, GIL-POLO, JOSÉ.

GIL-POLO.

La voilà, mon révérend... voilà ma fille... elle ne voulait pas venir, parce qu'elle est si simple, la pauvre enfant!... mais son mari a fini par lui faire entendre raison.

JOSÉ.

Son mari?

GIL-POLO.

C'est tout comme... elle doit se marier aujourd'hui.

PÉDRO, s'avançant avec fatuité.

A moi Pédro, le plus galant des muletiers!...

JOSÉ, à Inès.

Est-il vrai, ma belle enfant, vous y consentez?

INÈS.

Oui, mon révérend.

JOSÉ, à part, avec humeur.

Elle l'épouse!... Faites-vous donc fusiller pour les femmes!

PÉDRO, vivement.

Un instant! entendons-nous... je l'épouse, oui... mais à une condition, c'est que le bon père va l'exorciser, attendu qu'elle a un Mauvais-Œil. (La montrant.) Tenez, voyez plutôt comme elle a l'œil mauvais...

GIL-POLO, la regardant.

C'est évident, elle a l'œil très-mauvais. (A sa fille.) Tu as l'œil très-mauvais, sans t'en douter.

JOSÉ.

Que signifie?

PÉDRO.

C'est un lutin qui, depuis huit jours, la tourmente et la poursuit... depuis une rencontre qu'elle a faite dans la montagne.

JOSÉ, à part.

Depuis huit jours!... qu'entends-je?

[PÉDRO.

Ça lui ôte le sommeil... ça lui ôte le boire et le manger... et à ma mule aussi...

INÈS.

Mais à quoi bon parler de tout cela?

PÉDRO.

Laisse-moi donc tranquille! il faut bien lui dire ton mal, si tu veux qu'il le devine.

JOSÉ, doucement.

Elle a raison... Allez, mes enfants, laissez-moi seul avec elle... je sais un moyen certain de la guérir.

PÉDRO.

Ah! le saint homme! il a un moyen!... (Il passe près du frère et lui dit par réflexion.) C'est que, si ça vous était égal, j'aimerais autant rester là, moi, pour savoir le moyen... à cause de l'autre... vous comprenez!

(Il montre l'endroit où est la mule.)

JOSÉ.

Il faut que personne ne puisse nous entendre.

PÉDRO, se grattant l'oreille.

Ah!... (A part.) C'est égal, j'ai mon idée... on ne peut rien entendre; mais de là (Montrant la fenêtre.) on peut toujours voir...

GIL-POLO, au frère.

Je vous la laisse, mon révérend... Surtout, sachez bien le

fond de sa pensée... nous y tenons beaucoup. (A sa fille qui veut se retirer.) Non, ma fille, reste... il est de toute nécessité que l'on t'exorcise... je le veux.

(Pedro vient de rentrer dans la cabane; Inès fait un geste de frayeur, Gil-Polo lui fait signe de rester près de l'ermite, et sort par le fond.)

SCÈNE X.

JOSÉ, INÈS.

DUO.

Ensemble.

JOSÉ, à voix basse.

Quoi! l'on nous laisse ensemble!
O moment enchanteur!
Et cependant je tremble
D'amour et de bonheur.

INÈS.

Quoi! l'on nous laisse ensemble!
Je sens battre mon cœur,
Et malgré moi je tremble
De trouble et de frayeur.

JOSÉ, ton nasillard, en commençant seulement.
Approchez donc, ma chère fille!
(A part.)
En ses traits quelle candeur brille!
(Haut.)
Vous souffrez donc, ma chère enfant?

INÈS.
Oui, mon père.

JOSÉ.
Où souffrez-vous?

INÈS, montrant son cœur.
Là.

JOSÉ, souriant.

Là ! Depuis quand?
Depuis cette rencontre ?...

INÈS.

Oui, mon père.

JOSÉ.

Auprès du Val-Noir?

INÈS, vivement.

Oui, mon père.

JOSÉ, souriant.

Et ce mal vous tient-il souvent?

INÈS, tristement.

Toujours ! toujours !

JOSÉ, à part, avec joie.

Ah ! c'est charmant !

INÈS.

Et, même auprès de vous, son image terrible
En ce moment me fait mourir d'effroi.

JOSÉ, étonné.

De lui vous avez peur?

INÈS, avec force.

Une frayeur horrible !

JOSÉ, à part.

Beau début !... C'est très-flatteur pour moi.

Ensemble.

INÈS, le suppliant.

De sa colère,
O mon bon père,
Sauvez-moi !
Que faut-il faire ?
O mon bon père,
En vous j'ai foi !

JOSÉ, à part.

Son cœur sincère

Ici lui parle pour moi.
Comment donc faire
Pour dissiper son effroi?
(La cajolant.)
Vous avez peur, et pourtant je vous jure
Qu'il est fort doux et n'a rien d'infernal...
Même on pourrait dire que sa figure,
Sans le flatter, est plutôt bien que mal.

INÈS, hésitant.

Vraiment!... il me fait peur... et cependant j'ignore
Pourquoi... j'ai le désir... de le revoir encore!...
(Vivement.)
Rien qu'un instant, un seul!

JOSÉ, avec joie.
Est-il possible!...

(Gravement.)
Eh bien,
Eh bien! par ce divin rosaire...
(Il va pour ôter son capuchon, mais en levant la tête il aperçoit Pédro qui paraît à la croisée de la cabane.)

SCÈNE XI.

JOSÉ, INÈS, PÉDRO, à la croisée.

PÉDRO.

Je voudrais bien connaître son moyen!

JOSÉ, à part, rabattant vivement son capuchon.

Le muletier!... O ciel! qu'allais-je faire?

PÉDRO, avec joie.

J'arrive à temps, je crois.
(Il se frotte les mains.)

JOSÉ, à part, avec colère.
Au diable le fâcheux
Qui vient pour m'empêcher de paraître à ses yeux!

Ensemble.

INÈS.

De sa colère,
O bon père,
Sauvez-moi !
Que faut-il faire ?
O bon père,
En vous j'ai foi !

JOSÉ.

Ah ! de colère
J'étouffe ici, sur ma foi !
Que faut-il faire ?
Amour, inspire-moi !

PÉDRO.

Que va-t-il faire ?
Je n'entends rien, mais je voi.
Dans le bon père
Et dans son moyen j'ai foi.

JOSÉ, à part et regardant Pédro avec impatience.

Il ne s'en ira pas !... Je ne sais plus que faire.

INÈS.

J'attends, j'attends toujours, mon père.

JOSÉ, très-bas.

Il veut bien se montrer, mais pourvu qu'en ces lieux
Vous ne regardiez pas.

INÈS.

Plutôt mourir, grands dieux !

JOSÉ, gravement.

C'est bien !... c'est bien !... A parler il s'apprête ;
Mais ne détournez pas la tête.

INÈS, passant du côté de la maison de l'alcade.

Ah !.. j'ai trop peur.. et je ferme les yeux.

(Elle cache sa tête dans ses mains. — José se place à six pas derrière Inès, de manière qu'il tourne le dos à Pédro qui fait signe pendant tout le temps qu'il n'entend rien.)

COUPLETS.

Premier couplet.

JOSÉ, avec sa voix naturelle.

Lorsque le vent caresse
Le soir, en se jouant,
La longue et noire tresse
Qui baise ton col blanc,
La brise qui soupire,
Amoureuse de toi,
C'est moi qui viens te dire :
Chère Inès... aime-moi !

(A la fin de ce premier couplet, Inès, qui peu à peu se rassure, va se retourner, lorsque José s'avançant et prenant le ton nasillard.)

N'est-ce pas ça qu'il vous disait, ma chère?

INÈS, suppliante.

Que je l'entende encor, mon père !

PÉDRO, à part, à la fenêtre.

Mais que lui dit-il donc?... sans doute une prière...

(Il se met à genoux.)

JOSÉ, a replacé Inès comme elle était et s'éloigne d'elle.

Deuxième couplet.

Lorsque ton cœur s'éveille
Dans l'ombre de la nuit,
Bien bas à ton oreille
Si douce voix gémit,
Cette voix qui soupire
Avec un doux émoi,
C'est moi qui viens te dire :
Chère Inès... aime-moi !

Ensemble.

INÈS.

Cette voix qui soupire
Avec un doux émoi,
C'est lui qui vient me dire :
Chère Inès, aime-moi !

JOSÉ.

Cette voix qui soupire
Avec un doux émoi,
C'est moi qui viens te dire :
Chère Inès, aime-moi !

(A la fin de cet ensemble, Inès, dont l'émotion redouble, tourne doucement la tête et remonte vivement le théâtre, mais José a passé rapidement à gauche.)

INÈS.

Il n'est plus là !...
     (Cherchant.)
  Quel dommage !

JOSÉ.

Il a fui devant vous comme un léger nuage.
         (Pédro écoute.)

INÈS, tristement.

Ah ! quel dommage !

JOSÉ, vivement.

Ça va donc mieux ?

INÈS, avec joie.

Bien mieux !

JOSÉ.
      Et votre cœur
Est-il guéri de sa frayeur ?

INÈS.

Oui, le calme et le bonheur
Renaissent dans mon cœur !

(Pédro, voyant Inès joyeuse, témoigne sa joie.)

Ensemble.

JOSÉ.

Divin rosaire !... à ta puissance,
Non, rien ne résiste ici-bas !
Rendons grâce à la Providence
Qui vous sauve ainsi du trépas.
 Deo gratias !

INÈS.

Plus de tourments, plus de souffrance;
Bonheur que je ne conçois pas !
Je rends grâce à votre science
Qui me sauve ici du trépas;

PÉDRO, à la fenêtre.

Ah ! quel bonheur! quelle espérance!
D'ici je ne les entends pas ;
Mais on dirait que sa souffrance
Se calme et se dissipe, hélas!
Deo gratias!

(Il fait des génuflexions. — A la fin de cet ensemble, Tonio paraît à la croisée, près de Pédro.)

PÉDRO, de la croisée criant à Inès.

Eh bien ! comment cela va-t-il?

INÈS.

Tout à fait bien !

PÉDRO.

Vivat !... et ma mule aussi! tous les bonheurs à la fois...
Je vais remercier le bon père.

(Il referme la fenêtre et disparaît.)

INÈS, se rapprochant de José.

Ainsi vous m'assurez qu'il ne me veut pas de mal?

JOSÉ, vivement.

Il vous aime trop pour cela.

INÈS.

Il m'aime !... et pourquoi?

JOSÉ.

Pour être à son tour aimé de vous.

INÈS, avec un peu de frayeur et de curiosité.

Vous croyez?

JOSÉ, vivement.

Voulez-vous le voir?

INÈS.

Ah!... non... non... pas encore... plus tard.

JOSÉ.

Ce soir... à la nuit!...

INÈS, étourdiment.

Ce soir!... (Elle réfléchit.) Et si je n'attendais pas jusque-là?

JOSÉ.

C'est comme vous voudrez.

INÈS, hésitant.

Mais... comment viendra-t-il?

JOSÉ.

Pour cela il faut que vous soyez seule, absolument seule...

INÈS, étonnée.

Ah!... s'il y avait là une personne?...

JOSÉ.

Il ne paraîtrait pas... le monde l'effraye.

INÈS.

C'est drôle!... lui qui effraye tout le monde.

JOSÉ.

Et quand vous voudrez qu'il se montre... tenez, chantez l'air que vous chantiez l'autre jour au bord de l'Andaye.

(Pédro sort de la chaumière en parlant à Tonio avec beaucoup d'action.)

INÈS.

Mina, la belle batelière... vous le connaissez?

JOSÉ.

Non... mais il le connaît, lui.

INÈS.

Et ça l'attire?

SCÈNE XII.

JOSÉ, INÈS; TONIO, PÉDRO, descendent la scène.

PÉDRO, vivement.

Ça l'attire !... qui donc ?

INÈS.

Le lutin... le Mauvais-Œil!... (Sautant de joie.) J'ai un moyen de le faire venir quand je voudrai.

(José lui fait signe de se taire.)

PÉDRO, effrayé.

Un beau secret!... je te prie de ne pas t'en servir.

JOSÉ, vivement.

Ne craignez rien; je vous jure d'être près d'elle lorsqu'il sera là.

PÉDRO.

Ah! que d'obligations je vous ai, mon père, de tout ce que vous faites pour moi! permettez-moi de vous témoigner... (Il s'avance pour l'embrasser.) Venez donc, venez donc, vous autres !... remercier avec moi le saint homme!

SCÈNE XIII.

LES MÊMES; GIL-POLO, LES PAYSANS; puis DES SOLDATS.

LES PAYSANS.

De Pédro la voix nous appelle,
Mes chers amis, accourons tous!
Eh bien, Pédro, quelle nouvelle?
A ta noce danserons-nous ?

PÉDRO, se pavanant fièrement.

Eh bien, oui... oui... nous danserons.

(Joie des paysans.)

Ma future, hier si maussade,

A présent sourit à mes vœux;
Et ma mule, encor plus malade,
(Il prend la taille d'Inès.)
Ma mule aussi va beaucoup mieux!...
Est-il un époux plus heureux!...

LES PAYSANS.

Est-il un époux plus heureux!

PÉDRO.

Et ma femme que voilà
Va vous conter tout cela!
(On fait cercle autour d'Inès.)

RONDE.

Premier couplet.

INÈS.

J'étais triste et rêveuse,
Tout me faisait souffrir;
Moi, si folle et rieuse,
Je désirais mourir!
Oui, la danse que j'aime,
La danse m'ennuyait,
Et mon futur lui-même,
Pédro me semblait laid.

PÉDRO.

Hein! fallait-il qu'elle fût malade!

INÈS.

Et pourtant le bon père
A bien su me guérir!
Le mal a fui, j'espère,
Je ne veux plus mourir!
Non, jamais la science
Du plus fameux docteur
Ne vaudra la puissance
Du bon frère quêteur.

LES PAYSANS, faisant un mouvement vers le frère.

Honneur! honneur!
Au bon frère quêteur!

Deuxième couplet.

INÈS, à une jeune fille qui a les yeux baissés.
Pourquoi donc, ma Sanchette,
Sur ton front la pâleur?...
Elle se tait, pauvrette!
Et me montre son cœur.
Ton mal, je puis le dire,
Car j'ai passé par là :
L'on gémit, l'on soupire,
Oh! oui, je connais ça...
Fillettes de mon âge,
Qui sentez doux émoi,
Vers le saint personnage
Allez, ainsi que moi,
Et vous verrez, j'espère,
Que le plus grand docteur
Ne vaut pas le bon frère,
Le bon frère quêteur.

LES PAYSANS.
Honneur! honneur!
Au bon frère quêteur!

PÉDRO.
Mais, puisque te voilà guérie,
Inès, veux-tu qu'on nous marie?

JOSÉ, à part.
Se marier! ô ciel! qu'ai-je entendu?

INÈS.
Oui, j'y consens...

JOSÉ, à part.
Je suis perdu!

PÉDRO, avec joie.
Quoi! tu consens! quoi! tu le veux!

INÈS.
Très-volontiers!...

PÉDRO, sautant de joie.

  Que j' suis heureux !
    (Il lui baise les mains.)

Va, Tonio, cours au village
Pour prévenir monsieur l' curé,
Afin que pour le mariage
Tout dans l'instant soit préparé ;
 (Tonio sort. — A Inès.)
Et puis après, suivant l'usage,
Nous danserons.

  INÈS.

  Nous danserons !

  PÉDRO.

Nous chanterons.

  INÈS.

  Nous chanterons !

  LES PAYSANS, avec joie.

Nous danserons, nous chanterons !

  INÈS, à José.

Vous y serez aussi, bon père.

  JOSÉ, à part.

Non, ça ne fait pas mon affaire,
Et, par mon saint patron, cela ne sera pas !
(Il se retourne, et, seul, il voit des soldats qui paraissent sur le haut de la montagne.)

 Ciel ! qu'ai-je vu ?... dans ce lieu des soldats !
Fuyons !
(Déjà il est près de la cabane, lorsque Pédro lui barre le passage.)

  PÉDRO.

Où courez-vous ainsi, mon père,
Et pourquoi nous quitter soudain ?
    (Tout le monde se retourne.)

  JOSÉ, devant la cabane à droite.

Je vais chez vous, mon très-cher frère,
Prier pour votre heureux hymen.
(Il entre dans la cabane à droite, et les paysans chantent sous les fenêtres.)

LES PAYSANS.

Honneur ! honneur !
Au bon frère quêteur !

PÉDRO.

Tiens, tiens... Qu'est-ce qui vient ?

(Les soldats qui sont descendus disparaissent un instant, rentrent par la droite, traversent le théâtre lentement, et disparaissent à gauche.)

PÉDRO, à Inès, qu'il vient prendre par la main.

Vois-tu venir de ce côté
Tous ces soldats qui font la ronde ?
Tout nous sourit, tout nous seconde,
J' puis t'épouser en sûreté.

(Ils les regardent et reviennent.)

Ensemble.

INÈS, qui descend la scène toute pensive.

Mais c'est étonnant !
D'où vient ce tourment
Lorsque je vais être sa femme ?
Pourquoi ce trouble dans mon âme ?
Ah ! malgré moi,
Je tremble d'effroi !

PÉDRO, au comble du bonheur.

Non, plus de tourment,
Car, dans un instant,
Inès va donc être ma femme !
Que j' sens de joie au fond de l'âme !
Je suis, ma foi,
Plus heureux qu'un roi !

GIL-POLO et LES PAYSANS.

Amis, en avant !
L' curé nous attend
Et la paroisse nous réclame.
L'heureux époux, l'heureuse femme !
Ils sont, je crois,
Mariés cette fois.

(Toute la noce s'est mise en marche pour aller à l'église, les violons et les tambours de basque en tête.)

IV. — VI.

PÉDRO.

Ah ! ce n'est pas sans peine... enfin nous y voilà !
(Prenant le bras d'Inès et tournant vers la droite.)
Allons nous marier.

INÈS, très-froide.

Allons nous marier.

JOSÉ, paraissant à la lucarne en costume de guérillero, au moment où ils vont passer devant la cabane à droite.

Je te le défends !

INÈS, poussant un cri et fuyant du côté opposé.

Ah !

(Ici finit le morceau de musique. — La noce, qui défilait, recule au cri que vient de pousser Inès, et tout le monde l'entoure.)

PÉDRO, très-vite, tout ce commencement.

Qu'est-ce que c'est ?

INÈS, toute tremblante.

Je l'ai vu !...

PÉDRO.

Qui ?

INÈS.

Lui ! le Mauvais-Œil !... Il m'est apparu et il m'a dit : « Ce mariage, je le défends. »

PÉDRO.

Et de quoi se mêle-t-il ?

INÈS.

Je n'en sais rien... Mais cela lui déplaît, et, pour rien au monde, je ne me marierais maintenant.
(Elle jette son bouquet.)

PÉDRO.

En voici bien d'une autre !... Encore un accès qui lui reprend ! Et ce Mauvais-Œil, où l'as-tu vu ?

INÈS, montrant la fenêtre de la cabane à droite.

Là !... à cette fenêtre !

PÉDRO.

Chez moi ! où se trouve le bon ermite !... Est-ce qu'il oserait s'y jouer !... Un saint homme, armé de chapelets et de rosaires, et qui l'exterminerait !...

(Dans ce moment, et par la porte de derrière de la cabane, on voit sortir, en costume de guérillero, un homme qui gagne les montagnes du fond et disparaît pendant que toute la noce est sur le devant du théâtre.)

PÉDRO, faisant signe à trois ou quatre paysans d'entrer.

Allez donc, vous autres ! (Tonio entre dans la cabane de Pédro avec deux paysans.) Tu vas voir, ma petite femme, que tu as eu une fausse peur... et que le bon ermite...

TONIO et LES DEUX PAYSANS sortant de la cabane.

C'était le diable !...

(Il jette la robe du moine au milieu du théâtre.)

TOUS, reculant avec effroi.

Le diable !!!

(Moment de stupeur.)

PÉDRO, stupéfait.

Qui s'était fait ermite ! Comment ! sous cette robe c'était encore lui ?

(Il rejette la robe avec son pied.)

GIL-POLO.

Je n'en reviens pas !... Il avait un air si respectable...

PÉDRO.

Eh ! beau-père... ces gens-là savent prendre tous les airs, toutes les formes... Il pouvait prendre la vôtre... (Montrant Inès.) la sienne... et, ce qui m'étonne, c'est qu'il n'ait pas déjà pris la mienne.

GIL-POLO.

La tienne !

PÉDRO, à voix basse.

Il en est bien capable, le scélérat! et j'en ai une peur effroyable!... pas pour moi, mais pour ma femme, qui est si simple, qu'elle ne s'y reconnaîtrait plus entre nous deux; (Vivement.) enfin, ce qu'il y a de sûr, c'est qu'il y a un Mauvais Œil dans le pays, un œil qui regarde ma femme, et ça nous regarde tous... Mes amis, mes bons amis, il faut à tout prix nous débarrasser de cet œil-là!

GIL-POLO, avec force.

Oui, sans doute, il faut nous en débarrasser; (Plus doucement.) mais comment?

TOUS.

Ah! oui, comment?

PÉDRO.

Comment?... rien de plus facile!... Il n'y a qu'à prendre un petit morceau de fer rouge, et le lui enfoncer dans l'œil... comme ça.

(Il met son doigt dans l'œil de Tonio qui l'écoutait attentivement. — Tonio recule en poussant un grand cri.)

TONIO, se frottant l'œil.

Oui, c'est un bon moyen, notre maître... Mais, d'abord, il faudrait le tenir.

PÉDRO.

Ma femme connaît un moyen de l'attirer.

INES.

Du tout!

PÉDRO.

Tu nous l'as dit... tantôt.

INÈS.

Ce serait une trahison!...

PÉDRO.

C'est ça qui t'arrête... Tu te mêles d'avoir des procédés pour des gens comme ça!... Et s'il t'arrivait malheur?

INÈS.

Ça m'est égal.

PÉDRO.

Est-elle égoïste ! elle ne pense qu'à elle. Eh ben, nous périrons tous, et c'est toi qui en seras la cause...

INÈS, très-agitée.

Ah ! mon Dieu !

PÉDRO.

Tandis qu'en le faisant prendre, tu conserveras des jours précieux... les miens, d'abord (Froidement.) et puis ceux de ton père.

(Gil-Polo supplie Inès de parler.)

INÈS, vivement.

Ceux de mon père ! ah ! je n'hésite plus ! Eh bien ! il m'a dit qu'en faisant entendre la chanson de la *Batelière*... tu sais... il apparaîtrait sur-le-champ.

PÉDRO, d'un air malin.

Ah ! il aime les chansons... c'est bon à savoir... Écoute, (Avec mystère.) nous allons nous retirer ; toi, chante, et, dès qu'il aura paru, tu sonneras la cloche pour nous avertir, et puis, sans faire semblant de rien, retiens-le jusqu'à ce que nous ayons rassemblé tous les habitants des villages environnants, et nous viendrons tous ensemble le cerner et le prendre au piége. (Aux paysans.) Ah !... il aime les chansons !

INÈS.

Mais à condition que vous ne lui ferez pas de mal.

PÉDRO.

Sois donc tranquille... nous voulons seulement l'empêcher d'en faire... Du courage, ma petite femme ! beaucoup de courage... Allons, mes amis.

TOUS.

Ah ! il aime les chansons !...

(Tous les paysans sortent avec Pédro et Gil-Polo par les montagnes. Inès paraît très-inquiète. — Le jour baisse.)

8

SCÈNE XIV.

INÈS, seule.

AIR.

Pour les préserver tous des maux les plus affreux,
J'ai promis de livrer les jours d'un malheureux ;
(Elle regarde à droite et à gauche avec crainte.)
Le ciel me l'ordonne.
D'où vient cependant
Que mon cœur frissonne
Rien qu'en y pensant ?

Lorsque sans défense
Il va se montrer,
Puis-je à leur vengeance
Ici le livrer ?
Lui qu'on dit si traître,
Le trahir ainsi,
Ah ! n'est-ce pas être
Plus méchant que lui !

Mais... le ciel l'ordonne.
D'où vient cependant
Que mon cœur frissonne
Rien qu'en y pensant ?

Allons, du courage !
Que ma voix l'engage.
Qu'il vienne en ces lieux.
Non, plus de faiblesse !
Il faut qu'il paraisse...
Chantons... je le veux.

   Mon cœur palpite...
   Ma voix hésite...
   Est-ce d'effroi ?
   Non, il me semble,
   Pour lui je tremble,
   Et non pour moi !

Allons, du courage !
Que ma voix l'engage,
Qu'il vienne en ces lieux.
Non, plus de faiblesse !
Il faut qu'il paraisse.
Chantons...

(Se désolant.)
Je ne peux...
Non !... je ne peux !...
(Elle chante en regardant avec inquiétude autour d'elle.)
Mina, la belle batelière,
Chantait en passant la rivière :
Ah !... ah !... gentille batelière,
Ah !... ah !... au bateau si léger,
Ah !... ah !... ne touche pas la terre ;
Ah !... ah !... à terre est le danger !

Elle chantait... Mais un jour, ô surprise !
Elle distingue une autre voix
Que vers elle apportait la brise,
Et qui semblait sortir des bois...

Ah !... ah !... gentille batelière,
Ah !... ah !... au bateau si léger,
Ah !... ah !... approche de la terre ;
Ah !... ah !... la terre est sans danger.
(Regardant autour d'elle.)
Ah ! que j'ai peur !
(Reprise.)
Allons, du courage ! etc.
Elle chante du côté des montagnes. — Très-haut.)
Mina, d'abord pâle et craintive,
Se dit : C'est l'écho de la rive...
Ah !... ah !... et puis ainsi la belle,
Ah !... ah !... s'amuse tout le jour,
Ah !... ah !... à l'écho qui l'appelle,
Ah !... ah !... répondant à son tour.

Mais comme le soir au rivage,
Toujours chantant, elle abordait,

Elle aperçoit dans le feuillage
Un grand œil qui la regardait !

Ah !... ah !... lors la pauvre petite,
Ah !... ah !... pour éviter la mort,
Ah !... ah !... voulut prendre la fuite :
Ah !... ah !... mais l'œil courut plus fort !

(José paraît sur la montagne.)

SCÈNE XV.

INÈS, JOSÉ, sur la montagne. — Il fait tout à fait nuit.

INÈS, l'apercevant.

Le voilà ! ah ! je n'ai pas une goutte de sang dans les veines...

(Elle fait un pas vers la maison de l'alcade.)

JOSÉ, à voix basse du haut de la montagne.

Inès !... mon Inès !... c'est moi, fidèle au rendez-vous !...

INÈS, revenant.

C'est bien lui... Allons, il faut sonner la cloche... il faut appeler tout le monde... (Elle redescend.) Mais si je sonne, il est perdu !

JOSÉ, descendant sur la scène.

J'ai entendu ta voix et j'accours. Eh bien ! tu détournes les yeux !... tu n'oses me regarder ?

INÈS.

M'en préserve le ciel ! ah ! mon Dieu ! me voilà comme ce matin... ah ! c'est quelque sortilége... ils avaient raison.

JOSÉ.

Inès, pourquoi cette frayeur ?...

(Il lui prend la main.)

INÈS, éperdue.

Ah ! sa main me brûle !... (Courant à la cloche qu'elle sonne.) Au secours ! au secours !

JOSÉ.

Imprudente ! que fais-tu?

INÈS, lui tournant le dos.

Satan ! laisse-moi !...

JOSÉ.

Mais je ne suis pas ce que tu supposes; on t'a trompée, te dis-je !...

INÈS, se retournant, et avec le plus grand étonnement.

Qui donc êtes-vous ?

JOSÉ.

Tu vas le savoir... Mais, au nom du ciel, écoute-moi.

DUO.

JOSÉ.

Je suis pauvre soldat, pauvre soldat qui t'aime,
Proscrit la nuit, proscrit le jour,
Qui brave les dangers, qui brave la mort même
Pour te parler de son amour.

INÈS, sans le regarder.

Vous, un soldat? A peine je respire !
Vous un proscrit?... Mais n'est-ce pas encor
Piége nouveau pour me séduire
Et puis pour me donner la mort?

JOSÉ.

La mort à toi !... toi que j'adore!

INÈS, sans le regarder.

Ne me trompez-vous pas encore?

JOSÉ.

Non, mon Inès, car je t'adore!

INÈS, de même.

Pourquoi, si vous avez pour moi quelque tendresse,
Me faire ainsi mourir d'effroi?
Pourquoi ce mal si doux, qui m'agite et m'oppresse,
Que je sens là quand je vous vois?

JOSÉ *lui prend la main et ils descendent la scène.*

Ce tourment
Si charmant,
Si cruel tour à tour,
Mon Inès, c'est de l'amour!
Oui, vraiment,
Ce tourment
Que j'éprouve à mon tour,
Ce tourment, c'est de l'amour!

INÈS, *sans le regarder.*

Ma main est tremblante... et mon cœur palpite...

JOSÉ, *lui prenant la main, et l'appuyant sur son cœur.*

C'est comme ma main... c'est comme mon cœur...

INÈS, *sans le regarder et avec joie.*

Mais, c'est pourtant vrai!... son cœur bat plus vite.
Depuis qu'il tremble, ici je sens que j'ai moins peur!

Ensemble.

JOSÉ.

Tu le vois,
Cet effroi
Je l'éprouve à mon tour,
Cet effroi, c'est de l'amour!

INÈS.

Je le vois,
Comme moi
Il éprouve à son tour
Cet effroi; c'est de l'amour!

Comment, c'était de l'amour! Oh! comme ils m'ont trompée!... (On entend une cloche très-éloignée.) Ah! mon Dieu!...

JOSÉ.

Qu'as-tu donc?

INÈS, *avec désespoir.*

Malheureuse! qu'ai-je fait? Entends-tu cette cloche d'alarme?...

JOSÉ.

Eh bien?

INÈS, très-vite.

Elle vient d'avertir nos paysans que tu étais ici... ils se sont rassemblés... ils se sont armés...

JOSÉ.

N'importe... je puis encore leur échapper...

INÈS.

Aucun moyen! ils ont fermé toutes les issues...

JOSÉ.

Est-il possible?

INÈS, avec désespoir.

Et c'est moi, moi qui t'ai livré!...

JOSÉ.

Si je pouvais, par quelque secret passage, parvenir jusqu'au Val-Noir...

INÈS.

Le Val-Noir, dis-tu?

JOSÉ.

Oui, c'est le rendez-vous que j'ai indiqué à mes soldats.

INÈS.

Ah! tu es sauvé!...

JOSÉ.

Comment?

INÈS, vite.

Il y a là, derrière notre jardin, un petit sentier que je prends quand je vais à la ville, et qui descend à pic jusqu'au Val-Noir... je t'y conduirai... Viens, oui, je t'y conduirai, (Avec élan.) ou je mourrai.

JOSÉ.

Est-ce toi que j'entends?

INÈS.

Oui ; oh ! je n'ai plus peur... car à présent je t'aime ! (Elle court à la cabane de Pédro et en rapporte un manteau et un chapeau.) Tiens, couvre-toi de ce manteau, c'est celui de Pédro.

JOSÉ, se couvrant du manteau.

Le manteau de Pédro !

(Il rit.)

INÈS.

Et son chapeau pour dérober tes traits.

JOSÉ.

Le chapeau de Pédro ! (En riant.) Je ne demande pas mieux que de prendre la place de Pédro.

INÈS.

Partons !

(Au moment où ils vont pour sortir, se présentent, à gauche, plusieurs soldats qui leur barrent le passage.)

SCÈNE XVI.

INÈS, JOSÉ, QUATRE SOLDATS commandés par TORRIBIO.

(Il fait nuit.)

TORRIBIO.

Halte-là !... on ne passe pas.

JOSÉ, à part.

Des soldats de Carlos !... Je suis perdu !

TORRIBIO.

Où allez-vous ?... Me répondra-t-on ?...

INÈS.

Mon Dieu !... monsieur le sergent, vous nous avez fait peur !... que ça m'en a coupé la parole... Est-ce que vous ne me reconnaissez pas ?... Quand vous avez passé ce matin

par ici, c'est moi qui vous ai donné du vin du val de Peñas?...
(Souriant.) c'est moi Inès, la fille de l'alcade...

TORRIBIO.

Eh! c'est juste! je te reconnais à présent, quoiqu'à peine il fasse jour... et ce jeune gaillard?

INÈS.

Est-ce que mon père ne vous a pas dit ce matin que je me mariais aujourd'hui?

TORRIBIO.

Si fait... il nous a même invités à la noce... parce qu'il a peur du Mauvais-Œil.

INÈS, hésitant.

Eh bien, ce jeune gaillard, c'est... (Très-vite.) c'est Pédro!... mon fiancé...

JOSÉ.

Oui... c'est moi Pédro!

INÈS.

Et vous venez ainsi nous déranger... Ah! ce n'est pas bien!

JOSÉ, à part.

Eh! mais, je ne la reconnais plus!... L'amour est un bon maître!...

TORRIBIO, regardant.

Ce Pédro est bien heureux!

INÈS.

Pas trop, car nous attendions M. le curé qui n'arrive pas.

JOSÉ, à part.

Où va-t-elle prendre tout ce qu'elle leur conte?

INÈS, avec volubilité.

Et Pédro s'impatiente; n'est-ce pas, Pédro, que tu t'impatientes?

JOSÉ.

Sans doute.

INÈS.

Écoutez donc, c'est bien naturel!... et nous allions le chercher ensemble... si toutefois vous voulez le permettre, monsieur le sergent.

(Elle fait la révérence.)

TORRIBIO.

Allez, mes enfants, la consigne n'est pas pour vous.

(Il retourne causer avec ses soldats.)

INÈS.

Merci, commandant!...

JOSÉ, bas à Inès.

Chère Inès, que tu as d'esprit!

INÈS, de même.

N'est-ce pas que je suis gentille?

JOSÉ, de même.

Un ange!...

(Il l'embrasse et lui donne le bras.)

INÈS, à Torribio.

Adieu, commandant; si vous rencontrez le Mauvais-Œil prenez garde, parce qu'on dit qu'il a un charme.

(Ils sortent à gauche.)

TORRIBIO.

Chut!... j'entends du bruit qui vient de ce côté... Eh! oui, quelqu'un s'avance... silence!

(Il passe avec ses soldats du côté de l'arbre, qui les masque.)

SCÈNE XVII.

TORRIBIO et SES SOLDATS, puis PÉDRO, descendant la montagne.

PÉDRO, tremblant.

Et nos paysans qui n'arrivent pas... sont-ils longs à gravir la montagne!... je suis sûr qu'ils ont peur... moi j'ai du cou... rage... beaucoup de courage; mais je ne puis cependant pas, moi tout seul, arrêter le sorcier.

TORRIBIO.

Qui va là?

PÉDRO, très-effrayé.

Tiens... des soldats...

TORRIBIO.

Qui va là?

PÉDRO.

Eh! parbleu... moi, Pédro!...

TORRIBIO, très-étonné.

Pédro!... lequel?

PÉDRO.

Pédro... le gendre de l'alcade.

TORRIBIO.

Le prétendu de la gentille Inès?

PÉDRO, cherchant autour de lui.

Lui-même!... et je venais près d'elle surprendre un imposteur.

TORRIBIO.

Qu'ici même j'arrête... car l'imposteur, c'est toi.

PÉDRO.

Moi! m'arrêter!... perd-il la tête?

TORRIBIO, menaçant.

Tais-toi... ou c'est ton dernier jour.

PÉDRO, entre deux soldats.

Ah çà! ne jouons pas, sergent... pas de mauvaise plaisanterie!...

SCÈNE XVIII.

PÉDRO, que tiennent LES SOLDATS; GIL-POLO, TONIO, PAYSANS qui descendent des montagnes armés de bâtons et de lanternes, puis INÈS.

FINALE.

LES PAYSANS, descendant la montagne avec précaution.

Prenons bien garde!

Soyons en garde!
C'est un sorcier,
Faut s'en méfler,
Prenons bien garde!
C'est un sorcier!

PÉDRO, à Gil-Polo.

A moi, beau-père! venez me défendre;
Dites donc qui je suis...

GIL-POLO, s'avançant et le regardant sous le nez, avec sa lanterne.

Eh parbleu! c'est mon gendre!

PÉDRO.

La!... voyez-vous!

TORRIBIO, bas, et d'un air profond.

Seigneur alcade, en êtes-vous bien sûr?

GIL-POLO.

Si j'en suis sûr!...

TORRIBIO.

C'est que, dans l'instant même,
Je viens ici de voir Inès et son futur.

INÈS, rentrant par la gauche, à part.

Ah! quel bonheur, celui que j'aime
Sera bientôt hors de danger.
Daigne, mon Dieu, le protéger!

TORRIBIO, montrant Inès.

Et ce Pédro, près d'Inès, que voici,
Allait chez le curé.

INÈS.

Mais oui;
Je viens de l'y laisser!

PÉDRO et LES PAYSANS.

O ciel!

TORRIBIO, à Gil-Polo, montrant Pédro.

Et celui-ci?

INÈS, à part.

Que leur dire?... je tremble!...

TORRIBIO, à Inès, qu'il prend par le bras.
Et celui-ci?... que vous en semble?
PÉDRO.
Inès... Inès... c'est moi!... n'est-ce pas?...
INÈS, feignant un grand étonnement, et s'approchant de Pédro.
C'est étonnant comme il lui ressemble!
On dirait que c'est lui!...
PÉDRO.
Parbleu! c'est moi, c'est sûr.
(Avec colère.)
Finirez-vous? car à la fin j'enrage!
INÈS, feignant de trembler, et passant entre son père et Torribio.
Mais ce lutin qui change à son gré de visage,
S'il avait pris celui de mon futur!...
TOUS, s'éloignant avec terreur.
Vade retro!... vade retro!...
PÉDRO.
Je le jure, je suis Pédro!...
TORRIBIO.
Nous le tenons; qu'en faut-il faire?
GIL-POLO, gravement.
Il faut le mener en prison.
PÉDRO, avec effroi.
Hein?...
TORRIBIO.
Ou l'assommer à coups de bâton.
PÉDRO, exaspéré
Par exemple!
INÈS, à part.
Et dire ici qu'il faut me taire!
TONIO, s'avançant.
Le vrai Pédro disait c' matin...
PÉDRO.
Qu'est-ce que je disais?

TONIO.

Que si l'on prenait l'Œil-Malin,
Le vrai moyen de s'en défaire,
Était de lui crever les yeux.

(Il fait mine de lui crever les yeux avec sa fourche.)

PÉDRO.

Me crever les yeux!... malheureux!...

INÈS, à part.

Et dire ici qu'il faut me taire!

PÉDRO, se débattant en faisant des grimaces de possédé à Tonio qui lui présente sa fourche.

Je suis doux par caractère,
Je suis doux comme un mouton;
Mais lorsque l'on m'exaspère,
Je deviens un vrai démon.

(Il donne des coups de pied à la fourche qui le poursuit, et tâche de la saisir.)

GIL-POLO.

Il en convient, c'est un démon!

LES PAYSANS, s'avançant tous sur lui.

Frappons! frappons!

INÈS, se jetant devant lui.

Arrêtez!... ma voix vous en prie.

(A part.)

Inspire-moi, vierge Marie!

(Haut.)

Peut-être a-t-il quelques remords
De nous avoir jeté des sorts...

PÉDRO, que les deux soldats lâchent un moment.

Je n'ai jamais jeté de sorts.
Aussi simple que la nature,
Je n'ai pas d'autres talismans
Que les charmes de ma figure.
Voilà tous mes enchantements.

Ensemble.

INÈS.

Viens le sauver, vierge Marie,
Car je ne puis parler encor;
Et si Pédro perdait la vie,
C'est moi qui causerais sa mort!

(Suppliant tantôt les soldats, tantôt les paysans.)

PÉDRO.

Calmez, calmez votre furie,
Je n'ai jamais jeté de sort.
Pour mes deux yeux, je vous supplie,
Je ne veux pas les perdre encor.

GIL-POLO et LES PAYSANS, voulant lui crever les yeux.

En vain, en vain ta voix nous prie,
Ne crois pas nous tromper encor.
Un' fois, deux fois, veux-tu la vie?
Ote mon sort, ou bien la mort!...

(A la fin de ce morceau, Pédro se réfugie aux genoux d'Inès; tous les paysans le menacent de leurs fourches et de leurs bâtons et, malgré les efforts d'Inès qui veut les en empêcher, ils vont frapper, lorsqu'on entend le son de la trompette. Tous s'arrêtent étonnés. Le jour commence à poindre.)

SCÈNE XIX.

LES MÊMES; DIÉGO, entrant par la gauche.

INÈS, avec joie.

C'est le signal! Il est sauvé!

(Elle court à Pédro qu'elle reconnaît.)

TORRIBIO.

Diégo!... Sachons ce qu'il nous veut!

DIÉGO, du haut de la montagne.

Alerte! mon sergent!

TORRIBIO.

Quelle frayeur te gagne?

DIÉGO, avec force.

Voici les christinos qui grimpent la montagne.

TORRIBIO et LES QUATRE SOLDATS.

Les christinos!... Sauve qui peut!

(Torribio s'enfuit par la gauche avec Diégo et ses soldats.)

PÉDRO, lâché par les soldats, court sur le devant de la scène.

Quel que soit le vainqueur qui s'avance en ces lieux,
Je suis pour lui s'il protége mes yeux!

(Inès court au-devant de José avec toutes les paysannes.)

SCÈNE XX.

LES MÊMES; JOSÉ, en brillant costume de guérillero; SOLDATS christinos, en costume de guérillas.

LES SOLDATS.

La victoire nous accompagne,
Fils de l'Espagne!
Ah! que par nous soit répété
Cri de gloire et de liberté!

PÉDRO, regardent José qui descend la montagne, et le montrant à son beau-père.

O ciel! encore une nouvelle forme!...
Le respectable ermite en brillant uniforme!

(Aux paysans.)

Le scélérat se déguise en vainqueur!

(A Gil-Polo.)

Mais, c'est bien lui!

GIL-POLO.

Qui donc?

PÉDRO.

Eh! parbleu, l'imposteur!

JOSÉ, à Inès, qu'il ramène par la main.

Inès, j'ai tenu ma parole;
L'amour me ramène vers toi.

Tu m'as sauvé, ma gentille Espagnole !
Du vainqueur accepte la foi !

PÉDRO, tirant Inès par le bras.

Refuse, Inès, refuse, Inès, crois-moi !
Si c'était un démon !...

INÈS, riant.

N'importe !
Et si c'est un démon, je consens qu'il m'emporte !

(Donnant la main à José, qu'elle présente à son père, en lui disant qu'elle l'aime ; le père la lui accorde, malgré Pédro qui est furieux.)

LES SOLDATS.

La victoire nous accompagne,
Fils de l'Espagne !
Et que par nous soit répété
Cri de gloire et de liberté !

9.

L'AMBASSADRICE

OPÉRA-COMIQUE EN TROIS ACTES

En société avec M. de Saint-Georges

MUSIQUE DE D.-F.-E. AUBER.

Théatre de l'Opéra-Comique. — 21 Décembre 1836.

PERSONNAGES.	ACTEURS.
LE DUC DE VALBERG............ MM.	Moreau-Sainti.
FORTUNATUS, entrepreneur de spectacles.	Roy.
BÉNÉDICT, premier ténor...........	Couderc.
UN VALET..................	—
LA COMTESSE AUGUSTA DE FIERS-CHEMBERG................ Mmes	Monsel.
Mme BARNEK, ancienne duègne, tante d'Henriette..................	Boulanger.
HENRIETTE, prima donna.........	Cinti-Damoreau.
CHARLOTTE	Jenny-Colon.

A Munich au premier acte; à Berlin aux actes suivants.

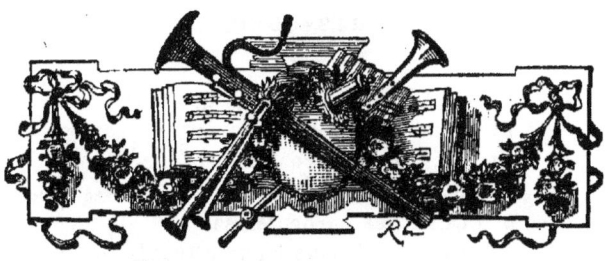

L'AMBASSADRICE

ACTE PREMIER

Une chambre fort simplement meublée. — Porte au fond, deux portes latérales. Une croisée au second plan, à droite; à gauche, une table et ce qu'il faut pour repasser.

SCÈNE PREMIÈRE.

Mme BARNEK, seule.

(Au lever du rideau, elle est assise à droite, regardant plusieurs lettres qu'elle tient à la main.)

INTRODUCTION.

Moi qui surveille de ma nièce
Et les talents et la jeunesse,
A ce beau papier satiné
Facilement j'ai deviné
Billet d'amour et de tendresse...
En voilà-t-il! Lisons toujours
Et leurs soupirs et leurs amours!
   (Prenant ses lunettes.)
J'ai peu de lecture et d'étude;

Mais j'ai du moins quelque habitude...
Et de mon temps le sentiment
Se lisait toujours couramment.
(Elle décachette un billet qu'elle épelle avec peine.)
« O cantatrice enchanteresse!
« Fauvette qui nous charme tous!... »
(S'interrompant.)
C'est bien cela!... c'est à ma nièce
Que s'adresse ce billet doux.

SCÈNE II.

Mme BARNEK, occupée à lire, HENRIETTE, entrant par la porte à gauche, portant un réchaud et des fers à repasser.

HENRIETTE.

CHANSONNETTE.
Premier couplet.

Il était un vieux bonhomme
Aussi vieux que Barrabas,
Avec son habit vert pomme
Et sa perruque à frimas,
Contant sa flamme amoureuse
A Nancy la repasseuse
Qui, fredonnant soir et matin,
Lui répétait pour tout refrain :
(Elle repasse.)
Repassez demain.

Mme BARNEK.

Que faites-vous donc, Henriette?

HENRIETTE.

Je viens repasser sans façon
Et mon rôle et ma collerette.

Mme BARNEK.

Cet air n'est pas dans votre rôle?...

HENRIETTE.

Eh non!
C'est une vieille chansonnette!

Mme BARNEK.
User sa voix à ces bêtises-là,
Lorsque l'on a l'honneur de chanter l'opéra!

HENRIETTE.
Raison de plus... ça me délassera!

Deuxième couplet.

Je veux te plaire, et j'y compte;
Ce front qui paraît caduc,
Ma chère, est celui d'un comte...
— Eh! fût-il celui d'un duc!
J'admire, mon gentilhomme,
Vous et votre habit vert pomme;
Mais, hélas! mon cœur inhumain
N'est pas sensible ce matin.
(Elle repasse.)
Repassez demain.

Mme BARNEK, avec impatience.
Mais tais-toi donc! tais-toi, tu m'empêches de lire!
(Lisant.)
« Belle Henriette! je soupire,
« Je brûle d'un tendre délire,
« Hélas! quand prendrez-vous enfin
« Pitié de mon cruel destin? »

HENRIETTE, qui s'est mise devant la table à repasser sa collerette.
Tra, la, la, la, la, la...
Repassez demain, repassez demain.

Mme BARNEK, ouvrant un autre billet.
« Sans biens et sans richesses,
« Je n'ai que ce cœur qui gémit.. »
(S'interrompant.)
Mon Dieu! comme c'est mal écrit!
(Lisant.)
« Mais je vous offre, ma déesse,
« D'un baron le titre et la main. »

HENRIETTE, de même.

Tra, la, la, repassez demain de bon matin.
(A Mme Barneck.)
Que lisez-vous?

Mme BARNEK.

Des billets doux.
Écoute bien !

HENRIETTE.

Je les connais d'avance :
Soupirs... amour... éternelle constance...
Voilà, voilà, comme ils sont tous !

Ensemble.

HENRIETTE.

Aussi, loin de croire
Leur style flatteur,
Mon art fait ma gloire
Et mon seul bonheur !
Travail et folie,
Succès et gaîté,
Voilà de ma vie
La félicité !

Mme BARNEK.

Hélas ! loin de croire
Mon âge et mon cœur,
Une vaine gloire
Fait son seul bonheur !
Misère et folie,
Chansons et gaîté,
Voilà de sa vie
La félicité !

(Après avoir parcouru un dernier billet.)
Écoute, écoute cependant,
Voici quelqu'un de sage et de prudent :
« A vos pieds j'offre, mon enfant,
« Quarante mille écus de rente !
« A votre respectable tante

« Je prétends assurer un sort! »
C'est du vieux comte de Montfort!...

HENRIETTE, sans lui répondre, et reprenant sa chansonnette.

Il était un vieux bonhomme,
Aussi vieux que Barrabas,
Avec son habit vert pomme
Et sa perruque à frimas...

Mme BARNEK.

Quoi! cette lettre intéressante....

HENRIETTE.

Tra, la, la, la, la...

Mme BARNEK.

Cette lettre si pressante...

HENRIETTE, la prenant, ainsi que les autres, et les jetant dans le fourneau.

Tenez! voilà ce que j'en fais :
Cela ne vaut pas un succès.

Ensemble.

HENRIETTE.

Aussi, loin de croire, etc.

Mme BARNEK.

Hélas! loin de croire, etc.

Avoir brûlé un pareil billet!... voilà les fruits de l'excellente éducation que je vous ai donnée!

HENRIETTE, souriant.

Que vous avez tout au plus continuée, ma tante... car sans la mort de ma bonne marraine, cette femme si noble, si distinguée, qui m'a élevée, je ne serais peut-être jamais entrée au théâtre... mais je me trouvai alors sans appui... sans fortune... vous m'avez recueillie!... (Lui tendant la main avec affection.) et je ne l'oublierai jamais !...

Mme BARNEK.

Ma nièce... vous m'attendrissez!... mais qui vient là?...

SCÈNE III.

Les mêmes; CHARLOTTE.

HENRIETTE.

Ah! c'est Charlotte.

Mme BARNEK.

La jolie chanteuse.

HENRIETTE.

Et ma meilleure amie.

Mme BARNEK, à part.

La plus mauvaise langue du foyer.

CHARLOTTE.

Bonjour, Henriette, bonjour, madame Barnek... mon Dieu! qu'elle est grande, cette maudite ville de Munich... je n'en puis plus!... avec ça que vous demeurez si haut, madame Barnek!

Mme BARNEK.

Un étage de moins que vous, mademoiselle, pas davantage.

CHARLOTTE.

Au fait, c'est possible, je ne compte pas avec mes amis ! (A Henriette à demi-voix.) A propos, Henriette... j'avais à te parler.

HENRIETTE.

Sur quoi donc?

CHARLOTTE, de même.

A toi, à toi seule.

HENRIETTE.

Oh! ne te gêne pas avec ma tante, je lui dis tout.

CHARLOTTE.

Eh bien! ma chère, comme je suis ton amie, et que toutes deux nous tenons à notre réputation, parce que la réputation avant tout ! je venais te prévenir qu'il court des bruits sur ton compte.

HENRIETTE.

Et qu'est-ce qu'on peut dire?

CHARLOTTE.

Ah ! d'abord on dit toujours, même quand il n'y a rien ; à plus forte raison...

HENRIETTE.

Et qu'est-ce qu'il y a donc ?

CHARLOTTE.

Ce qu'il y a !...

COUPLETS.

Premier couplet.

Il est, dit-on, un beau jeune homme
Qui, de très-près, lui fait la cour,
J'ignore comment on le nomme ;
Mais pour elle il se meurt d'amour.

Voilà ce qu'on dit.
Ce que l'on dit, car...
Dans tous nos foyers, on est si bavard !
Chacun y médit,
Du matin au soir,
Sur les amoureux que l'on peut avoir.
Là, c'est un amant
Que l'une vous donne ;
Là, c'est un amant
Que l'autre vous prend.
Leurs discours méchants n'épargnent personne,
Moi-même j'en suis victime souvent.
Aussi, moi je hais
Les moindres caquets,
Et, je le promets,
Je n'en fais jamais.

Deuxième couplet.

Absent sitôt qu'elle est absente,

Pour l'admirer il vient exprès.
Il l'applaudit quand elle chante
Et lui jette après des bouquets...

Voilà ce qu'on dit, etc.

Mme BARNEK.

Eh bien ! quand ce serait vrai... c'est un homme qui aime la musique... un amateur désintéressé.

CHARLOTTE.

Désintéressé ?... Hier encore, il a demandé l'adresse d'Henriette à la portière du théâtre.

Mme BARNEK.

Cela prouve qu'il n'est jamais venu ici.

CHARLOTTE.

Mais qu'il veut y venir.

HENRIETTE.

Où est le mal ?... c'est un ami... il m'applaudit toujours, et cela me fait plaisir.

CHARLOTTE.

Voilà comme on se compromet... car depuis hier il n'est question que de cela : d'où vient cet amateur ?... quel est-il ? moi, je n'en sais rien... je ne l'ai pas vu... sans cela, je l'aurais signalé... Tant il y a, et je dois t'en prévenir, que ce pauvre Bénédict est furieux.

Mme BARNEK.

Bénédict !

CHARLOTTE.

Notre jeune premier... notre ténor qui est amoureux d'elle.

Mme BARNEK.

Amoureux !

HENRIETTE, à Charlotte.

Tais-toi donc.

CHARLOTTE, à Mme Barnek, sans écouter Henriette.

C'est de droit... le ténor est toujours amoureux de la première chanteuse ; c'est de l'emploi... et celui-là le remplit en conscience... il en perd le sommeil, il en perd l'esprit, il en perdrait la voix, s'il en avait jamais eu.

HENRIETTE.

Est-elle méchante !

CHARLOTTE.

Du tout... car je le plains... un gentil garçon, un bon camarade... que nous aimons toutes... et lui qui n'est pas bien avancé, toi qui n'as encore que deux mille florins d'appointements... c'était bien, c'était un mariage sortable... car maintenant dans les arts, on épouse toujours, tant il y a de mœurs... il n'y a même plus que là où l'on en trouve... Aussi, tout le monde approuvait Henriette... et voilà qu'elle va s'amouracher d'un inconnu...

HENRIETTE.

Moi !

CHARLOTTE.

Laisse donc !

HENRIETTE.

Je te l'assure...

CHARLOTTE.

Mon Dieu ! ma chère, c'est assez visible... je me connais en passion romanesque... moi-même, j'en ai inspiré une terrible.

HENRIETTE.

Vraiment ?

CHARLOTTE.

Oui, un étranger de distinction, que j'ai rencontré quelquefois.

HENRIETTE.

Il t'a parlé ?

CHARLOTTE.

Jamais... Et ma réputation ! mais il me regardait avec des

yeux... ah! ma chère, quels yeux! puis tout à coup, je ne l'ai plus revu... mon indifférence l'aura guéri de son amour... Il en est peut-être mort! Ainsi, tu vois, je suis franche, et tu ferais bien de l'être avec moi qui suis ta meilleure amie.

Mme BARNEK.

Par exemple!

CHARLOTTE.

Oui, madame, oui, je l'aime... quoiqu'elle ait du talent, parce qu'elle n'est ni méchante, ni intrigante comme les autres... et moi, tant qu'on ne m'enlève pas mes adorateurs ou mes rôles, je suis la bonté et la douceur en personne.

HENRIETTE, souriant.

C'est trop juste.

CHARLOTTE.

N'est-il pas vrai?... et, pour te le prouver... nous avons ce soir, entre amis, entre camarades, une petite fête, une réunion, qui ne peut avoir lieu sans toi... et je viens t'inviter.

HENRIETTE.

Ça ne se peut pas... nous donnons une pièce nouvelle.

CHARLOTTE.

N'est-ce que cela? j'ai fait dire à Bénédict d'être enrhumé... il me l'a promis... il est si bon enfant!... de sorte qu'il y a relâche... et rien ne nous empêchera de nous amuser.

HENRIETTE.

C'est très-mal.

CHARLOTTE.

Tiens! ce scrupule!

Mme BARNEK, écoutant au fond.

Silence, mesdemoiselles... j'entends une voiture... c'est celle de notre directeur, M. Fortunatus, pour le renouvellement de l'engagement d'Henriette.

CHARLOTTE, à Henriette.

Ah! tu renouvelles?... à de belles conditions au moins?

HENRIETTE.

Je n'en sais rien... je ne me mêle jamais de ça.

Mme BARNEK, à Charlotte.

C'est moi que ça regarde, mademoiselle ; les engagements sont de la compétence des grands-parents... quant aux conditions, ça sera magnifique, surtout après notre succès d'hier au soir.

CHARLOTTE, riant.

Ah ! oui, les couronnes !... je les avais vu faire le matin.

Mme BARNEK, piquée.

Ça prouve qu'on ne doutait pas du succès du soir.

CHARLOTTE.

Comment donc ! la veille d'un engagement, est-ce qu'on doute jamais de ça ? A propos, madame Barnek, dites donc à votre petit-cousin de ne pas redemander Henriette si fort... on n'entendait que lui hier au soir au parterre.

Mme BARNEK.

Mademoiselle, mon cousin fait ce qu'il veut... je ne m'en mêle pas. (Allant écouter à la fenêtre.) Voici notre directeur ; laissez-nous, mesdemoiselles, laissez-nous.

HENRIETTE.

A la bonne heure... je vais m'occuper de mon costume.

CHARLOTTE.

Je t'y aiderai... tout en causant du bel inconnu, sans oublier ce pauvre Bénédict.

(Elles entrent dans la chambre à droite.)

Mme BARNEK.

Voilà M. le directeur... Eh bien ! ce réchaud qu'elles ont oublié... de quoi ça a-t-il l'air ici ?... comme c'est rangé !... ah ! et notre engagement ? qu'est-ce que j'en ai fait ?... il doit être là-dedans, courons le chercher.

(Elle sort en emportant le réchaud.)

SCÈNE IV.

FORTUNATUS, entrant.

AIR.

Che guesto, que mon destin est beau!
Oun director comme moi
Est un sultan, est un petit roi
Qui soumet tout à sa loi.
Bravo son contento!
Richesse, honor,
Voilà le sort
D'un adroit director.

Plus d'un seigneur, plus d'une altesse,
En cachette chez moi viendra
Afin de placer sa maîtresse
Dans les nymphes de l'Opéra.
Tel ambassadeur m'est propice,
Tel autre me prône toujours,
Afin d'avoir dans la coulisse
Accès auprès de ses amours.
Là, c'est une mère, une tante,
Humble, qui vient se prosterner ;
Et là, c'est un vrai dilettante
Qui vient m'inviter à dîner.
Pour débuter, beauté novice
Vient chez moi ; quels doux attributs!
C'est toujours à mon bénéfice
Que se font les premiers débuts.

Che guesto, que mon destin est beau! etc.

Il n'est point de chance fâcheuse
Pour les habiles directors.
Signor, la première chanteuse,
A sa migraine et ses vapors :
Vite j'achète un cachemire,
Ou d'un diamant je fais choix,
Aussitôt la migraine expire,
Armide a retrouvé sa voix

Chaque matin, chez moi j'ordonne
Les bravos, les vers et les *bis*,
Et même jusqu'à la couronne
Qui doit tomber du paradis.
J'entoure de mes soins fidèles
　　Les amateurs influents,
　　Toutes mes pièces sont belles,
Tous mes acteurs sont excellents.

Che guesto, que mon destin est beau ! etc.

SCÈNE V.

Mme BARNEK, FORTUNATUS.

Mme BARNEK.

Pardon, monsieur, de vous avoir fait attendre si longtemps, je ne pouvais pas trouver cet engagement. (A part.) Il était dans mon carton à bonnets.

FORTUNATUS.

Bonjour, ma zère madame Barnek... comment va votre charmante nièce ?...

Mme BARNEK.

Très-bien, monsieur Fortunatus, nous sommes même très en voix ce matin.

FORTUNATUS.

Tant mieux !... car nous zouons ce soir notre opéra nouveau, le *Sultan Misapouf !*... si Dieu et les rhumes de cerveau le permettent !

Mme BARNEK.

Vous donnez donc tous les jours des nouveautés ?

FORTUNATUS.

Il le faut bien ; nous ne sommes point ici, à Munich, comme à Paris ! où le public italien il est toujours content et crie *braua* avant que la toile se lève ; mais ici... les Allemands sont étonnants... ils n'aiment pas qu'on se moque d'eux ! et si ze ne leur donnais pas ce soir le *Sultan Misapouf*, qu'ils attendent depuis un mois... ils me zetteraient les contre-basses à la tête.

Mme BARNEK.

Mais cela pourra bien vous arriver... car on dit que Bénédict ne peut pas parler.

FORTUNATUS.

Bah! le zèle, il n'est zamais enrhoumé. Ze viens de le voir, ce cher ami, il était chez lui... à dézeuner avec des côtelettes et une bouteille de bordeaux... Z'ai zeté la bouteille par la fenêtre et ze loui ai fait prendre devant moi deux verres de tisane.

Mme BARNEK, riant à part.

Pauvre garçon, lui qui se porte à merveille !

FORTUNATUS.

Il m'a même promis de venir ici répéter son duo avec votre zère nièce, mia diva, mia carissima prima donna...

Mme BARNEK.

Certainement, ma nièce est tout ça, comme vous dites... elle est même déjà très-*célébra !* mais voilà son engagement qui expire... heureusement pour nous... Deux mille florins !... et nous déclarons que nous en voulons huit mille... ou nous allons chanter ailleurs...

FORTUNATUS.

Cette bonne madame Barnek, elle a la tête vive... elle veut me quitter... moi, son ancien ami... car ze souis un ancien ami... vi l'avez oublié, ingrate que vous êtes !...

Mme BARNEK.

Il ne s'agit pas de ça, mais de l'engagement de ma nièce ; il nous faut huit mille florins.

FORTUNATUS, avec terreur.

Huit mille florins !... allons, allons, ma zère amie, pas d'exagération... il ne s'agit pas ici de folie... ce sont des affaires qu'il faut traiter de sang-froid et avec raison...

Mme BARNEK.

Eh bien ! monsieur, huit mille florins, c'est raisonnable.

FORTUNATUS.

Mais sonzez donc qu'elle ne savait pas chanter quand ze l'ai engagée !... c'est moi qui loui ai fait acquérir son talent... à ce compte-là, c'est elle qui me devrait quelque chose... mais ze souis zénéreux !... ze ne réclame rien.

Mme BARNEK.

Huit mille florins !... c'est notre dernier mot, ou nous ne chantons pas ce soir !

FORTUNATUS.

Allons, allons, ne nous fâchons pas... je me résigne. (A part.) Elle est insupportable !... on devrait bien, dans les arts, supprimer les mères... et les tantes !

SCÈNE VI.

FORTUNATUS, à la table, écrivant. BÉNÉDICT, paraissant à la porte du fond, tenant dans ses bras une corbeille de fleurs. A droite, Mme BARNEK.

BÉNÉDICT.

Me voilà !

Mme BARNEK.

C'est Bénédict.

FORTUNATUS.

Il est de parole !

BÉNÉDICT.

Moi-même... avec un jardin tout entier ; c'est là, j'espère, un joli cadeau.

Mme BARNEK.

Qui vient de vous ?...

BÉNÉDICT.

Non pas !... c'était à votre adresse chez la portière... je

lui ai proposé de vous le monter... et cela vient sans doute de notre galant directeur...

FORTUNATUS.

Moi ! du tout !... c'est de quelque adorateur de la belle Henriette...

Mme BARNEK, avec indignation.

Un adorateur !...

BÉNÉDICT, posant la corbeille sur la table où écrit Fortunatus.

Et moi qui l'ai apportée... qui l'ai montée dans mes bras pendant quatre étages !

Mme BARNEK, de même.

Un adorateur !... je voudrais bien voir cela.

FORTUNATUS.

Perdié !... il ne tient qu'à vous... car ze vois une lettre parmi les roses.

BÉNÉDICT, avec colère, et voulant la prendre.

Une lettre !

Mme BARNEK, le retenant.

Cela me regarde... à chacun ses attributions.

BÉNÉDICT, regardant le billet qu'elle ouvre.

Un billet doux !... et c'est moi qui en étais le facteur !

FORTUNATUS, continuant à écrire.

Il est touzours bon enfant.

Mme BARNEK, lisant avec peine.

« J'ai vu, madame, votre charmante nièce... »

BÉNÉDICT.

Quelle trahison !

Mme BARNEK, lisant.

« Et, chargé par le directeur de Londres de lui offrir la
« valeur de quarante mille florins d'appointements... »

FORTUNATUS, qui écoute.

O ciel !

Mme BARNEK, continuant à lire.

« Je vous demande la permission de me présenter aujour-
« d'hui chez vous, sur les trois heures, pour terminer cette
« affaire... » Est-il possible !... Signé : « Sir Blake. »

FORTUNATUS, se levant et lui présentant un papier à signer.

Z'ai fait tout ce que vi voulez... et vi n'avez plus qu'à signer.

Mme BARNEK, avec dédain.

Comment, mon cher, un engagement de huit mille florins !

FORTUNATUS.

Et de plus... j'y joindrai pour vous tous les jours deux
amphithéâtres des troisièmes ; il faut bien s'immoler, perché
c'était votre dernier mot.

Mme BARNEK.

Ce ne l'est plus maintenant... Il m'en faut quarante... on
me les offre... voyez plutôt.

FORTUNATUS, avec embarras.

On vi les offre... en Angleterre... où tout est hors de
prix !... mais ici, à Munich...

BÉNÉDICT, à Fortunatus.

Vous laisseriez partir Henriette !... mais c'est l'idole du
public... c'est elle qui fait la fortune de votre théâtre.

FORTUNATUS.

Eh ! che diavolo, laissez-moi respirer.

BÉNÉDICT.

Non, morbleu... vous signerez !

FORTUNATUS.

Eh ! vous y mettez oune chaleur que vous allez vi érail-
ler la voix et me faire manquer ma représentation de ce soir !

BÉNÉDICT.

C'est ce qui arrivera, si vous ne signez pas ! je m'enroue
par désespoir.

10.

FORTUNATUS, avec fureur.

Ma ze zouis donc dans oune enfer ! c'est donc oune conzuration zénérale contre ma caisse ?...

Mme BARNEK, à Fortunatus.

Monsieur, votre servante.

FORTUNATUS, à madame Barnek qui veut sortir.

Eh bien ! elle s'en va... Ze vous demande au moins le temps de réfléchir avant de signer ma rouine.

Mme BARNEK.

Je vais chez M. Bloum, notre homme d'affaires, et dans deux heures je vous attends ici !

(Elle sort.)

FORTUNATUS, à part.

O vecchia maledetta !... si zamais tu t'engages pour jouer les douègnes... ze serai sans pitié à mon tour... Ze vais voir... examiner... et s'il faut en finir rondement... tâcher encore de marchander. (A Benédict.) Vous, mon zer ami, ze vous laisse... répétez toujours votre duo... songez à moi... et... surtout à notre recette de ce soir... (A part.) ce sera touzours cela de sauvé.

(Il sort.)

SCÈNE VII.

BÉNÉDICT, puis HENRIETTE.

BÉNÉDICT.

Il a beau dire, nous ne la laisserons pas partir... Je mettrais plutôt le feu au théâtre... Je suis mauvaise tête, moi !... sans que ça paraisse ! Ah ! c'est elle.

HENRIETTE.

Vous voilà, monsieur Bénédict, vous venez pour notre duo ?

BÉNÉDICT.

Oui, mademoiselle.

HENRIETTE.

Je vais appeler Charlotte qui est là... elle attache quelques pierreries à mon costume.

BÉNÉDICT.

C'est inutile... nous n'avons pas besoin d'une troisième personne, puisque c'est un duo.

HENRIETTE.

C'est égal... elle nous donnera des conseils... (Poussant un cri.) Ah ! la jolie corbeille ! savez-vous d'où elle vient ?

BÉNÉDICT, timidement.

C'est moi qui l'ai apportée.

HENRIETTE.

Elle est charmante, Bénédict, et je vous en remercie.

BÉNÉDICT.

Il n'y a pas de quoi... au reste, c'est à qui cherchera à vous plaire... tout le monde vous admire, tout le monde est à vos pieds ! et vous en êtes ravie !

HENRIETTE.

C'est vrai !... je ne croyais pas que les succès, les hommages, cela dût faire autant de plaisir !... C'est une si douce vie que celle d'artiste... une vie d'émotions auprès de laquelle toute autre existence doit paraître si triste et si monotone....

BÉNÉDICT.

Oui, ça serait bien... s'il n'y avait que les couronnes et les bravos qu'on vous prodigue... mais ça ne s'arrête pas là...

HENRIETTE.

Que voulez-vous dire ?

BÉNÉDICT.

Ce jeune homme dont on parlait hier au foyer... l'avez-vous remarqué ?

HENRIETTE.

Oui.

BÉNÉDICT, tristement.

Je m'en doutais... c'est un milord... un grand seigneur.

HENRIETTE, gaiement.

Je l'ignore... je ne me suis jamais fait ces demandes-là.

BÉNÉDICT.

Et pourtant vous pensez à lui ?

HENRIETTE.

Quelquefois.

BÉNÉDICT.

Sans le connaître...

HENRIETTE.

Écoutez, Bénédict... à vous qui êtes mon ami je dirai franchement ce que j'éprouve : malgré moi, le soir, je le cherche des yeux... et quand je ne le vois pas, la salle me semble vide.

BÉNÉDICT.

C'est que vous l'aimez.

HENRIETTE.

Non... mais c'est que quand il est là, au balcon, il me semble que je chante mieux... et puis, un applaudissement de lui me fait plus de plaisir que tous ceux de la salle entière.

BÉNÉDICT, tristement.

Ah ! c'est de l'amour.

HENRIETTE.

Eh bien ! je crois que vous vous trompez... je n'ai d'amour ni pour lui...

BÉNÉDICT, avec joie.

Tant mieux !

HENRIETTE.

Ni pour personne.

BÉNÉDICT, tristement.

Tant pis !

HENRIETTE, gaiement.

Je n'aime que le théâtre, je n'aime que la musique; le bonheur et les applaudissements qu'elle procure... et pour cela, monsieur, (Souriant.) il faut penser pour ce soir à notre duo, que vous oubliez.

BÉNÉDICT.

Vous croyez ?

HENRIETTE.

Certainement... vous n'êtes venu ici que pour cela.

BÉNÉDICT.

C'est juste... c'est que je ne suis plus en train de chanter.

DUO.

HENRIETTE.

Et pourquoi donc?... c'est la musique
Qui vous rendra votre enjouement.

BÉNÉDICT, montrant son papier.

Joliment!... un rôle tragique !

HENRIETTE.

Tant mieux ! c'est bien plus amusant.
Je suis la malheureuse esclave
Que veut épouser le sultan,
Et vous, officier jeune et brave,
Et vous... vous êtes mon amant!

BÉNÉDICT, vivement.

Ah! c'est bien vrai !

HENRIETTE, souriant.

Dans le duo...
Allons, commençons le morceau.
(Prenant son cahier de musique.)
« Tous deux réduits à l'esclavage,
« Le sort a trahi nos amours,
« Du soudan la jalouse rage
« Veut nous séparer pour toujours. »

BÉNÉDICT, l'écoutant chanter avec admiration.

Ah! que c'est bien!...

HENRIETTE.

A vous, monsieur !

BÉNÉDICT, prenant son cahier.

« Quels destins sont les nôtres !

HENRIETTE, de même.

« Je le jure ici par l'amour... »

BÉNÉDICT, l'écoutant.

Ah ! bravo !

HENRIETTE, de même.

« Je ne serai jamais à d'autres ! »

BÉNÉDICT, vivement et s'approchant d'elle.

Vous ne serez jamais à d'autres !

HENRIETTE, souriant.

Eh ! oui, monsieur !

(Montrant le papier.)

Dans le duo !

BÉNÉDICT, revenant à lui.

C'est juste !... où donc ai-je la tête ?

HENRIETTE.

Allons, allons, disons la strette.

(Tous deux prennent leur cahier et chantent sur un mouvement animé.)

Ensemble.

HENRIETTE.

« Tyran farouche,
« Quand ton œil louche
« S'adresse à moi,
« La mort cruelle,
« Qu'en vain j'appelle,
« Est bien plus belle
« Encor que toi.
« Monstre terrible,
« Monstre d'horreur !
« Ta vue horrible
« Glace mon cœur !

BÉNÉDICT, chantant et parlant à part à la fois.

(Chantant.)
« O sort funeste,
« O fier sultan,
« Je te déteste,
« Comme un tyran!
« Ta vue horrible,
« Glace mon cœur,
« Monstre terrible,
« Monstre d'horreur. »

(Parlant, en regardant Henriette.)
O bonheur même,
Qui me ravit ;
Hélas je l'aime
Je perds l'esprit!
Grâce nouvelle
Orne ses traits,
Oh! qu'elle est belle!
Qu'elle a d'attraits!

HENRIETTE.

Mais, mon Dieu! que dites-vous là?
Tout ça n'est pas dans l'opéra!

BÉNÉDICT.

C'est que je regardais, hélas!

HENRIETTE.

Chantez, monsieur, et ne regardez pas.
(Reprenant le papier.)
« Eh bien! que la mort nous rassemble!

BÉNÉDICT, de même.

« Que la mort nous rassemble!

HENRIETTE.

« Fuyons ainsi le déshonneur,
« Et si ma main hésite et tremble,
« Que la tienne perce mon cœur! »

BÉNÉDICT, l'écoutant avec transport, et battant des mains.

Brava! brava! comme on applaudira !

HENRIETTE, souriant.

Si vous applaudissez, monsieur, qui me tuera?

BÉNÉDICT.

Pardon... pardon, c'est vrai, je suis là pour cela !

Ensemble, avec force.

HENRIETTE.

« O sort funeste !
« O fier sultan !
« Je te déteste
« Comme un tyran !
« Ta vue horrible
« Glace mon cœur,
« Monstre terrible,
« Monstre d'horreur ! »

BÉNÉDICT, à part.

O bonheur même
Qui me ravit,
Hélas ! je l'aime,
J'en perds l'esprit.
Grâce nouvelle
Orne ses traits,
Oh ! qu'elle est belle !
Qu'elle a d'attraits !

(Levant le poing.)

« Frappons ! frappons !... »

HENRIETTE, voyant qu'il reste le bras levé.

Qui peut arrêter votre bras?
Tuez-moi donc ! et surtout en mesure !

BÉNÉDICT.

« Frappons... »

(S'arrêtant.)

Eh bien ! je ne peux pas,
C'est plus fort que moi, je le jure !

HENRIETTE.

Mais c'est pourtant dans l'opéra.

BÉNÉDICT, lui montrant le papier.
C'est vrai !... mais aussi je vois là
Qu'entre ses bras d'abord elle se jette...

HENRIETTE.
A quoi bon ?...

BÉNÉDICT.
Dam !... quand on répète
Il faut bien répéter.

HENRIETTE.
On peut passer cela !

BÉNÉDICT, lui montrant le papier.
Ah ! c'est pourtant dans l'opéra !

HENRIETTE, se jetant dans ses bras.
« Eh bien ! donc, cher Oscar !

BÉNÉDICT.
« O ma chère Amanda !

Ensemble.

BÉNÉDICT.
« Mon cœur bat et palpite;
« Le trouble qui m'agite,
« Me ravit à la fois
« Et la force et la voix. »
Ah ! ce que je sens là
Est-il dans l'opéra ?

HENRIETTE.
« Son cœur bat et palpite;
« Le trouble qui l'agite,
« Lui ravit à la fois
« Et la force et la voix. »
(Se dégageant de ses bras.)
Prenez garde... cela
N'est pas dans l'opéra.
Allons à la fin de la scène.

BÉNÉDICT.
Eh ! mais, j'y suis...

« Délire qui m'entraîne,
« Mon cœur y résiste à peine,
« Et, quand la mort est prochaine,
« Pourrais-tu refuser
« Un baiser, un seul baiser ? »

HENRIETTE, voulant s'éloigner.

Monsieur !...

BÉNÉDICT, la retenant.

C'est dans l'opéra !

Ensemble.

BÉNÉDICT.

« Mon cœur bat et palpite, etc.

HENRIETTE.

« Son cœur bat et palpite, etc. »

(A la fin de cet ensemble, Bénédict embrasse Henriette et tombe à ses genoux.)

SCÈNE VIII.

LES MÊMES ; LE DUC, entrant par la porte du fond avec Mme BARNEK.

Mme BARNEK, au duc.

Oui, monsieur, c'est ici... (Apercevant Bénédict aux pieds d'Henriette, à part.) Ah! mon Dieu !... qu'est-ce que je vois ?

LE DUC, s'avançant.

Mademoiselle Henriette ?

HENRIETTE, à part, en l'apercevant.

C'est lui !... (Haut.) Nous étions à répéter notre duo de l'opéra nouveau.

Mme BARNEK.

Oui, monsieur, le *Sultan Misapouf*, que nous donnons aujourd'hui.

BÉNÉDICT.

Nous en étions à la scène du désespoir.

LE DUC, riant.

La situation ne m'a cependant pas semblé des plus désespérées..., (A Henriette.) et cet amant à vos genoux...

HENRIETTE, vivement.

C'est dans la scène.

LE DUC.

Et ce baiser !

BÉNÉDICT.

C'est dans la scène.

Mme BARNEK.

Certainement, monsieur, c'est dans la scène ; nous ne nous permettons jamais de rien ajouter à nos rôles... nous ne sommes pas comme tant d'autres : la scène avant tout.

HENRIETTE.

Et celle-ci n'a même pas été trop bien.

BÉNÉDICT, vivement.

Nous pouvons la recommencer.

Mme BARNEK.

Pas dans ce moment... j'ai rencontré, au troisième, monsieur qui s'était trompé d'étage, et qui demandait mademoiselle Henriette.

LE DUC.

Ou plutôt madame Barnek.

Mme BARNEK.

C'est la même chose, et puisque vous venez, dites-vous, pour affaire...

LE DUC.

Oh ! une affaire bien importante... pour moi du moins... Vous avez reçu ce matin une lettre où l'on propose à votre charmante nièce un engagement de quarante mille florins pour Londres ?

HENRIETTE, vivement, et avec étonnement.

Quarante mille florins !

Mme BARNEK.

Oui, ma nièce; c'est à moi que vous devez ce bonheur-là.

BÉNÉDICT, s'efforçant de sourire.

Certainement... c'est heureux... (A part.) Maudit homme ! de quoi se mêle-t-il?

LE DUC.

J'ai vu chaque soir mademoiselle Henriette au théâtre... je lui ai même parlé... quelquefois...

Mme BARNEK.

Ah ! tu connais monsieur ?

HENRIETTE.

Oui, ma tante.

BÉNÉDICT.

Vous lui avez parlé ?

HENRIETTE.

Le matin, en allant à la répétition.

BÉNÉDICT, avec colère.

Il n'y a rien d'ennuyeux comme les répétitions.

LE DUC, souriant.

Vous ne disiez pas cela tout à l'heure... (Haut.) Mademoiselle était seule...

Mme BARNEK.

Comment, seule?

HENRIETTE, vivement à madame Barnek.

C'est pendant la semaine qu'a duré votre indisposition.

LE DUC.

Et un jour, j'ai été assez heureux pour la défendre, la protéger contre des indiscrets qui voulaient la suivre... j'ai osé lui offrir mon bras...

HENRIETTE, vivement.

Avec un empressement... une bonté...

BÉNÉDICT, à part.

Le grand mérite !

Mme BARNEK.

Ah! c'est ainsi que vous vous êtes connus?

LE DUC.

Oui, madame... et cette heureuse rencontre m'a enhardi à vous écrire ce matin... au nom du directeur de Londres... dont je suis le correspondant.

Mme BARNEK.

Quoi! cette lettre... signée sir Blake?

BÉNÉDICT.

Sir Blake?

LE DUC.

C'est moi-même.

BÉNÉDICT.

Cet inspecteur anglais... cet agent des théâtres?...

LE DUC, froidement.

Oui, monsieur...

BÉNÉDICT.

Elle est bonne, celle-là!... moi qui ai vu avant-hier M. Blake.

LE DUC, à part.

O ciel!

BÉNÉDICT.

A telle enseigne qu'il est venu me proposer, pour l'année prochaine, un engagement de trois cents livres sterling... avec des feux.

Mme BARNEK et HENRIETTE.

Eh bien! qu'est-ce que ça prouve?

BÉNÉDICT.

Ça prouve que ce n'est pas monsieur.

Mme BARNEK et HENRIETTE.

Est-il possible?

BÉNÉDICT, avec chaleur.

Qu'il est venu ici sous un faux nom... sous un prétexte... pour parler d'affaires de théâtre et pour nous séduire... non, nous... je veux dire séduire mademoiselle Henriette... et la preuve... demandez-lui ce qu'il a à répondre.

Mme BARNEK.

Oui, monsieur, que répondrez-vous?

LE DUC, froidement.

Rien du tout, madame; et monsieur m'a rendu un grand service en dévoilant lui-même une ruse que j'allais vous avouer.

Mme BARNEK.

Quoi! vous n'êtes pas sir Blake?

LE DUC.

Non, madame.

HENRIETTE, à part.

Il nous trompait!

Mme BARNEK.

Vous n'êtes point chargé de m'offrir quarante mille florins?

LE DUC.

Non, madame.

Mme BARNEK, à part.

Et moi qui ai refusé les huit mille de M. Fortunatus... s'il allait revenir en ce moment... (Haut.) Et de quel droit, monsieur?...

BÉNÉDICT.

Oui, monsieur, de quel droit?

LE DUC.

Quant à vous, monsieur, cela ne vous regarde pas, c'est à mademoiselle que je veux avouer toute la vérité... Oui, Henriette, vous le savez... m'enivrant tous les soirs du plaisir de vous admirer...

BÉNÉDICT.

Quoi! cet habitué du balcon?...

HENRIETTE, avec émotion.

C'était lui!

LE DUC.

Vous ne pouvez comprendre quel charme vous fascine et vous séduit à jouir du triomphe de ce qu'on aime, à entendre ceux qui vous entourent partager votre admiration, que leurs transports rendent encore plus vive... Loin d'en être jaloux, on en est fier... et dès ce moment j'ai juré que vous seriez à moi, que vous partageriez mon sort.

BÉNÉDICT, avec colère.

Monsieur !

LE DUC, avec chaleur.

Pour y parvenir, il n'est point de sacrifices dont je ne sois capable... et quand je devrais vous offrir tout ce que je possède...

Mme BARNEK.

Monsieur, nous ne recevrons rien que de la main d'un époux.

HENRIETTE, d'un ton de reproche.

Ah ! ma tante... monsieur ne peut avoir d'autres intentions.

LE DUC, troublé.

Qui, moi?... non, certainement... et croyez que les motifs les plus nobles, les plus purs...

Mme BARNEK.

Alors, monsieur, qui êtes-vous ?

LE DUC, avec embarras.

Un ami des arts... un artiste... enthousiaste, comme vous, de la musique... un jeune compositeur, peu connu encore.

BÉNÉDICT, à part.

Il n'a rien fait.

HENRIETTE, de même.

Qu'importe ? avec du courage et du talent... on parvient toujours.

BÉNÉDICT, de même.

Quand je vous disais que vous l'aimiez !

HENRIETTE, de même.

Pourquoi pas? je puis l'avouer en ce moment, puisqu'il n'a rien... puisqu'il est artiste comme nous...

SCÈNE IX.

Les mêmes; CHARLOTTE, sortant de la chambre à gauche.

QUINTETTE.

CHARLOTTE, apercevant le duc.

Grand Dieu! que vois-je?

(A madame Barnek et à Henriette.)

Et pour vous quel honneur!

(Faisant au duc une révérence gracieuse.)

Vous, dans ces lieux!... vous, monseigneur!

Mme BARNEK, HENRIETTE et BÉNÉDICT.

Monseigneur!... que dit-elle?...

LE DUC, à part.

O fâcheuse rencontre!

HENRIETTE, à Charlotte.

Tu te trompes!

CHARLOTTE.

Non pas; l'aimable conquérant!
Pour les belles toujours sa tendresse se montre :
Il m'avait fait la cour...

HENRIETTE.

O ciel!

CHARLOTTE, riant.

Pour un instant...
Moi, je ne donne pas dans la diplomatie.

BÉNÉDICT.

Qui? lui?... c'est un compositeur...

HENRIETTE.

Un artiste!

CHARLOTTE.

Tu crois...
(Riant.)
Mais c'est l'ambassadeur
De Prusse.

TOUS.

O ciel!...

CHARLOTTE, de même.

Eh oui! ma chère amie.

LE DUC, voulant s'approcher d'Henriette.

Écoutez-moi!

HENRIETTE, s'éloignant de lui avec mépris.

Pour vous!... j'en rougis, monseigneur!

Ensemble.

HENRIETTE, à part.

Ah! c'en est fait, sa perfidie
Change mon cœur, et sans retour;
Il vient de perdre pour la vie
Et mon estime et mon amour!

LE DUC, à part.

La pauvre enfant! de perfidie
Elle m'accuse dans ce jour!
Je sens ici que pour la vie
Son cœur obtint tout mon amour!

CHARLOTTE.

Oui, c'est charmant! la perfidie
De monseigneur va dans ce jour,
Contre une chanteuse jolie,
Voir échouer tout son amour!

BÉNÉDICT.

Que je bénis sa perfidie!
Sans elle, hélas! et sans retour,
Celle que j'aime pour la vie
Pouvait lui donner son amour!

11.

Mme BARNEK.

Ces grands seigneurs, leur perfidie
Tient toujours prêt quelque bon tour !
Mais je serai, nièce chérie,
Ton égide contre l'amour.

LE DUC, à Henriette.

Pardonnez-moi cette innocente ruse
Pour pénétrer dans ce séjour.
Ma faute n'est que de l'amour,
Et vos charmes sont mon excuse !

HENRIETTE.

COUPLETS.

Premier couplet.

Le ciel nous a placés dans des rangs,
Hélas ! différents,
Vous avez pour vous gloire et grandeur..
Moi je n'ai que mon cœur...
Et pour défendre ce cœur
D'un dangereux séducteur,
Adieu vous dis, monseigneur,
Monseigneur l'ambassadeur.

Deuxième couplet.

Jugez donc ce que je deviendrais,
Si je vous aimais !
Peut-être, hélas ! j'en étais bien près,
Pour vous quels regrets !
Mais grâce à leurs soins prudents...
Puisqu'il en est encor temps
Adieu vous dis, monseigneur,
Monseigneur l'ambassadeur !

LE DUC, à Henriette.

Je ne vous verrai plus ! pour moi quelle douleur !

HENRIETTE, avec effort.

De votre loge, monseigneur,
Vous pourrez chaque soir éprouver ce bonheur !

Ensemble.

HENRIETTE.
Ah! c'en est fait, sa perfidie, etc.

LE DUC.
La pauvre enfant! de perfidie, etc.

CHARLOTTE.
Oui, c'est charmant! la perfidie, etc.

BÉNÉDICT.
Que je bénis sa perfidie! etc.

Mme BARNEK.
Ces grands seigneurs, leur perfidie, etc.

(Le duc sort, reconduit par Charlotte qui lui fait force révérences en se moquant de lui.)

SCÈNE X.

LES MÊMES, excepté le duc; puis UN VALET.

BÉNÉDICT, à Henriette.
Vous le renvoyez... vous le congédiez... ah! que c'est bien à vous!

HENRIETTE, avec douleur.
Un duc, un ambassadeur... qui se serait attendu à cela

CHARLOTTE.
Ils n'en font jamais d'autres, ma chère; fais comme moi... ne t'y fie pas.

Mme BARNEK, avec un soupir.
Ah! c'est dommage pourtant...

HENRIETTE, sévèrement.
Quoi donc?

Mme BARNEK.
Que les principes soient là!... mais il le faut!... moi, j'ai toujours été la victime des principes.

BÉNÉDICT, à Henriette.

Pourvu que vous n'ayez pas de regrets.

HENRIETTE, essuyant une larme.

Moi !... aucun ! (Prenant la main de Bénédict et de Charlotte.) L'amitié est là qui me consolera.

BÉNÉDICT.

Oui, oui, l'amitié... vous avez raison...

Mme BARNEK.

Et M. Fortunatus... et cet engagement... moi qui ai refusé des conditions superbes !

BÉNÉDICT.

Il les offrira toujours.

Mme BARNEK.

Eh ! non, vraiment... s'il apprend qu'il n'y a plus concurrence.

HENRIETTE, avec impatience.

Eh bien ! qu'importe ?

Mme BARNEK.

Ce qu'il importe... tout nous manque à la fois !...

BÉNÉDICT.

Je cours chez notre directeur... et s'il ne vous engage pas... je ne joue pas ce soir, ni de toute la semaine.

CHARLOTTE.

Et moi, je suis malade pour trois mois !

HENRIETTE, attendrie.

Mes amis... mes chers amis !...

Mme BARNEK.

Qui vient-là ?... est-ce lui ? non, un valet.

CHARLOTTE.

La livrée de l'ambassadeur.

UN VALET, entrant.

Avant de remonter en voiture, monseigneur a écrit en bas ce billet pour madame de Barnek.

TOUS.

De Barnek !

Mme BARNEK.

Je déclare d'avance que mes principes me défendent de rien entendre.

CHARLOTTE.

Comment donc! mais on peut toujours lire... (A part.) quand on peut...

Mme BARNEK.

Si vous le pensez... (Elle ouvre le billet qu'elle lit, et pousse une exclamation de surprise.) O mon Dieu ! ô mon Dieu !... ce n'est pas possible !

(Le valet sort.)

TOUS.

Qu'est-ce donc ?

Mme BARNEK, à Charlotte et à Bénédict d'un ton de protection.

Laissez-nous, mes amis, laissez-nous !

CHARLOTTE.

Expliquez-nous au moins...

Mme BARNEK, avec dignité.

Je vous prie, mademoiselle Charlotte, de me laisser.

CHARLOTTE.

Eh bien! on vous laissera ; (A part.) je n'y comprends rien !

BÉNÉDICT, à Charlotte.

Eh ! oui... allons chez Fortunatus, pour cet engagement.

Mme BARNEK, vivement.

Gardez-vous-en bien !... n'allez pas nous compromettre à ce point.

CHARLOTTE.

Quoi ! ces vingt mille florins ?

Mme BARNEK, d'un air de dédain.

Quand il en donnerait quarante, croyez-vous que je voudrais pour une pareille somme...

CHARLOTTE.

Qu'est-ce qui lui prend donc ?

HENRIETTE.

Mais, ma tante... ce qu'on vous écrit là...

Mme BARNEK, avec fierté.

C'est un secret qui me regarde... qui me regarde personnellement.

BÉNÉDICT, riant.

Vous ?

Mme BARNEK.

Moi-même !

BÉNÉDICT, de même.

Ça me rassure.

CHARLOTTE, de même.

Une note diplomatique...

Mme BARNEK.

Comme vous dites !... et je désire être seule pour y répondre.

CHARLOTTE, à part.

Elle ne sait pas écrire. (Haut.) On s'en va... on s'en va... on ne demande pas à savoir... (Bas à Henriette.) Tu nous diras ce que c'est.

BÉNÉDICT, bas à Henriette.

Prenez bien garde, au moins !...

HENRIETTE.

Soyez tranquilles, mes amis, rien ne me fera changer.

(Bénédict et Charlotte sortent.)

SCÈNE XI.

HENRIETTE, Mme BARNEK.

HENRIETTE.

Ah çà! ma tante, qu'est-ce que ça signifie? ce mystère avec nos amis, et puis cet air rayonnant que je vous vois...

Mme BARNEK, avec transport.

Je n'y tiens plus... j'étouffe de joie et de bonheur... ma chère nièce, ma chère enfant... embrasse-moi. Je te disais bien qu'avec de l'ordre... de la conduite et une bonne tante... Mon châle, mon chapeau...

HENRIETTE.

Qu'avez-vous donc ?

Mme BARNEK.

Je reviens, ma chère amie... je reviens dans l'instant... J'ai toujours eu l'idée que ça ne pouvait pas nous manquer, et que je finirais par être quelque chose.

HENRIETTE, avec impatience.

Mais quoi donc?

Mme BARNEK, lui donnant la lettre.

Tiens, tiens... lis... lis cette lettre... quel bruit ça ferait... si on ne nous demandait pas le secret!... Embrasse-moi encore... car j'en mourrai de joie, et eux tous en mourront de dépit.

(Elle sort très-vivement.)

SCÈNE XII.

HENRIETTE, seule.

Qu'est-ce que cela signifie?... (Lisant.) « Madame, depuis
« qu'Henriette m'a banni de sa présence et m'a défendu de
« la revoir, je sens que je ne puis vivre sans elle ; un seul
« moyen me reste de ne la quitter jamais... elle eût accepté
« la main du pauvre artiste... refusera-t-elle celle du grand
« seigneur ? » (Parlant.) O mon Dieu ! (Continuant.) « Je devine
« d'avance les reproches du monde et de ma famille, et je
« les brave. Mon souverain pourrait seul s'opposer à ce ma-
« riage... j'espère bien le fléchir, mais s'il me refusait son
« consentement, je n'hésiterais point entre la faveur du
« prince et le bonheur de ma vie... » (Parlant.) Quel sacrifice! (Continuant.) « D'ici là, cependant, que ce projet soit
« secret. J'exige de plus qu'Henriette ne signe aucun nouvel
« engagement... qu'elle quitte sur-le-champ le théâtre...
« et pour le reste... venez me trouver... je vous attends. Le
« duc DE VALBERG. »

AIR.

Dieu ! que viens-je de lire... en croirai-je mes yeux?
A moi !... moi, pauvre artiste, un sort si glorieux !

> Jusqu'à lui son amour m'élève !
> Au premier rang je vais briller...
> C'est un prestige... c'est un rêve,
> Je crains encor de m'éveiller !...

(Regardant la lettre.)
Mais non... voici les mots tracés par sa tendresse !

> Être sa femme ! être duchesse !...
> Duchesse !... une prima donna !
> Quel triomphe pour l'Opéra !

> Jusqu'à lui son amour m'élève,
> Au premier rang je vais briller.
> Ah ! si mon bonheur est un rêve,

Amour! ne viens pas m'éveiller!
(Gaiement.)
J'aurai des titres, des livrées,
A la cour j'aurai mes entrées,
J'aurai ma loge à l'Opéra,
Où de loin on me lorgnera!
Des diamants, un équipage;
Et la foule, sur mon passage,
En m'apercevant s'écrîra :
« Voilà notre prima donna!!! »

Puis l'on dira : « Dieu! quel dommage!
« N'entendre plus cette voix-là! »
Ils ont raison, c'est grand dommage
De renoncer à tant d'éclat!
C'est qu'il était beau mon état!

  Là j'étais reine
  Et souveraine,
  Et sous ma chaîne
  Qu'on adorait,
  Doux esclavage,
  Nouvel hommage,
  A chaque ouvrage,
  M'environnait.

J'entends encor les transports du théâtre,
 J'entends un public idolâtre,
  S'écrier : Brava !
C'est un moment bien doux que celui-là...
Mais ce bonheur l'amour me le rendra.
  Et près de lui,
  Près de mon mari...

J'aurai des titres, des livrées, etc.

Mme BARNEK, *entrant vivement par la porte à gauche.*

Allons, ma nièce, allons; il est en bas!... il nous attend dans une voiture à quatre chevaux...

HENRIETTE.

Quatre chevaux !

Mme BARNEK.

Dame!... pour nous enlever!... vous et moi... un équipage magnifique!

HENRIETTE.

Un équipage!...

(Madame Barnek l'entraîne par la porte à gauche.)

ACTE DEUXIÈME

Un salon de l'hôtel du duc, à Berlin. Porte au fond. Deux portes latérales. A droite, une table. A gauche, un piano. Une vaste fenêtre avec balcon de côté. Un sopha, une table à thé, etc.

SCÈNE PREMIÈRE.

HENRIETTE, seule, richement habillée.
(On entend rouler, puis s'arrêter une voiture.)

HENRIETTE, à la fenêtre.

C'est lui... c'est lui... le voilà... il revient enfin. (Quittant la fenêtre.) Ah! mon Dieu! j'ai cru que j'allais mourir de saisissement, de joie, en le voyant descendre de voiture. (Gaiement.) Tâchons de nous calmer... il faut le punir de ses trois mois d'absence... s'il me voyait ainsi, il serait trop content.

SCÈNE II.

HENRIETTE, LE DUC.

UN VALET, annonçant.

Monseigneur!

LE DUC, entrant et courant à Henriette.

Henriette... ma chère Henriette!

HENRIETTE, d'un air froid.

Ah! vous voici, monsieur le duc?

LE DUC, surpris.

Quel accueil!... Henriette! ne m'aimez-vous plus?

HENRIETTE, s'oubliant.

Si, monsieur... on vous aime... on vous aime toujours. Ah! je n'ai pas le courage de vous cacher mon bonheur.

LE DUC.

Ma bonne Henriette... combien ces trois mois d'absence m'ont semblé longs! combien j'ai maudit cette ennuyeuse ambassade qui me retient depuis si longtemps loin de vous!

HENRIETTE.

Bien vrai? (Lui tendant la main.) Vous le dites si tendrement qu'il faut vous croire... Et puis, monsieur, (Montrant son cœur.) il y a quelqu'un qui plaide si bien pour vous!

LE DUC.

Pauvre Henriette! à peine vous eus-je conduite ici, à Berlin, dans mon hôtel, il y a trois mois, en quittant Munich, qu'il fallut m'éloigner, me séparer de vous, le lendemain de notre arrivée... un ordre du roi m'envoyait à Vienne, en mission extraordinaire... et dans ma position, je suis tout à Sa Majesté.

HENRIETTE, souriant.

J'aimerais mieux un mari qui fût tout à sa femme.

LE DUC, riant.

Que voulez-vous? quand on est ambassadrice!...

HENRIETTE, avec malice.

Prenez garde, monsieur... je ne le suis pas encore!

LE DUC.

Cela revient au même... je vous ai présentée comme ma femme à toute ma famille; le contrat qui vous assure la moitié de ma fortune est irrévocablement signé... et si notre mariage n'est pas encore célébré, mon voyage seul en est la cause.

HENRIETTE.

Et si le roi refuse... car vous m'avez dit que notre mariage ne peut avoir lieu sans son consentement... comme si les rois devaient se mêler de ces choses-là!

LE DUC.

J'obtiendrai ce consentement, Henriette, j'en suis sûr... je l'ai réclamé comme le prix des services que je viens de lui rendre à Vienne... Et demain, aujourd'hui peut-être, il me l'accordera... mais d'ici là, je craindrais, sur la résolution du roi, les reproches et les récriminations de ma famille, de tous ces grands seigneurs d'Allemagne qui ne comprennent pas comme moi que le talent est aussi une noblesse... voilà pourquoi je leur ai caché qui vous êtes; voilà pourquoi, aux yeux de tous, je vous ai fait passer pour une personne de noble extraction... c'est indispensable... il le faut... il y va de mon bonheur et du vôtre.

HENRIETTE.

Du mien... ah ! mon ami, je l'aurai bien gagné !

LE DUC, surpris.

Que voulez-vous dire?

HENRIETTE.

Si vous saviez comme je me suis ennuyée en votre absence !

LE DUC, vivement.

Oh ! que c'est aimable à vous !

HENRIETTE.

Pas tant... et si j'avais pu faire autrement... mais le moyen? vous me laissez, dans cet hôtel, sous la surveillance et la garde de votre illustre sœur, la comtesse Augusta de Fierschemberg, qui n'est pas si amusante que mon ancienne camarade Charlotte.

LE DUC.

Y pensez-vous !... Ma sœur est une femme distinguée, qui ne voit que des personnes de rang ou de naissance.

HENRIETTE.

Eh bien ! justement... c'était à périr de naissance et d'ennui ! passer la journée entière à recevoir ou à rendre des visites, rester droite et immobile sur un fauteuil doré, moi qui aimais tant à sauter et à courir... ne plus oser parler de mes anciens succès, de mon beau théâtre, que j'oublie quand vous êtes là, mais auquel, malgré moi, je pensais en votre absence... et puis surtout, m'avoir défendu... non... priée en grâce... c'est la même chose... de m'abstenir ici de toute musique, ma consolation... mon plus vif plaisir.

LE DUC.

Vous m'avez mal compris... quand vous êtes seule chez vous, que personne ne peut vous entendre...

HENRIETTE, riant.

Bien obligé !

LE DUC.

Mais vous sentez que devant ma sœur, devant ces dames... dans un salon nombreux... c'est trop bien... l'étonnement, l'admiration que vous causeriez, feraient bientôt reconnaître l'artiste... le grand talent.

HENRIETTE, avec malice.

Et le talent est défendu à une duchesse ?

LE DUC, riant.

On n'y est pas habitué, du moins... (Avec tendresse.) Aussi, ma bonne Henriette... ma jolie duchesse... je vous demande encore, pendant quelques jours seulement, et jusqu'au consentement du roi, d'éloigner des soupçons...

HENRIETTE.

Que chaque instant peut faire naître. Ma pauvre tante est si heureuse d'avoir un cachemire et des plumes, de s'entendre appeler madame la baronne de Barnek ! que si je n'avais pas été là pour la surveiller... et venir à son aide... vingt fois déjà votre sœur aurait découvert la vérité.

LE DUC.

Silence donc ! étourdie... voici la comtesse.

SCÈNE III.

Les mêmes; LA COMTESSE.

LA COMTESSE.

Enfin, monsieur le duc, vous voilà de retour dans votre hôtel ?

LE DUC.

Oui, ma chère sœur, après trois mois d'absence.

LA COMTESSE.

Trois mois ! et qu'avez-vous fait pendant ce temps ?

HENRIETTE.

Oui, monsieur, vous qui m'interrogez, vous ne m'avez pas rendu compte de votre séjour à Vienne.

LE DUC.

Une vie si triste, si monotone !... le matin aux affaires...

LA COMTESSE.

Et tous les soirs au spectacle.

HENRIETTE, vivement.

Au spectacle

LE DUC.

Moi ?

LA COMTESSE.

Vous me l'avez écrit... c'est du reste votre habitude. (A Henriette.) Il y a toujours quelque talent lyrique pour lequel il se passionne...

LE DUC.

Ma sœur...

LA COMTESSE.

Une idée, un caprice qui ne dure qu'une semaine, ou souvent même qu'un jour...

HENRIETTE.

Comment, monsieur, il serait vrai ?

LA COMTESSE.

Oui, ma chère amie, mon frère est un peu jeune, un peu léger ; mais, grâce à vous...

HENRIETTE, bas au duc.

Vous ne m'aviez pas dit cela, monsieur...

LE DUC, de même.

N'en croyez rien.

LA COMTESSE.

Sortez-vous ce matin, monsieur le duc ?

HENRIETTE, vivement.

Je l'espère bien... vous m'emmènerez, n'est-ce pas ?

LA COMTESSE, sévèrement.

Comment, mademoiselle ?

HENRIETTE, se reprenant.

Avec ma tante.

LA COMTESSE.

A la bonne heure !

HENRIETTE.

Où vous voudrez... hors de la ville... à la campagne... (A demi-voix.) pouvu que nous soyons ensemble.

LE DUC, de même.

Je le désire autant que vous ! mais un rapport au roi, que je dois lui donner ce soir...

LA COMTESSE, à Henriette.

J'ai des projets pour vous et moi, ma chère Henriette... je viens de recevoir une invitation... des billets...

HENRIETTE, vivement et avec joie.

Pour un concert ?

LA COMTESSE.

Non... pour le chapitre noble qui se tient aujourd'hui, et auquel votre naissance vous donne le droit d'assister.

HENRIETTE, avec terreur.

Le chapitre noble !

LE DUC, lui prenant la main.

Qu'avez-vous ?

HENRIETTE, bas au duc.

Ah ! j'en tremble de peur... faites que je n'y aille pas, je vous en prie.

LE DUC, à sa sœur.

Henriette est un peu souffrante, et je désire qu'elle reste.

LA COMTESSE.

A la bonne heure... je ne la quitterai pas.

HENRIETTE, bas au duc.

La belle avance ! je crois que j'aimerais mieux le chapitre noble.

LE DUC.

Il faut chercher ici quelques moyens de la distraire...

LA COMTESSE.

Si elle savait la musique, nous pourrions en faire toutes les deux.

HENRIETTE, riant.

Moi, madame !... (Un geste du duc l'arrête.) A peine si je sais déchiffrer.

LA COMTESSE.

Je m'en doute bien... ce n'est pas dans le fond de la Bavière... dans le château de votre tante que l'on aurait pu soigner votre éducation musicale... mais si vous voulez que ce matin je vous donne une leçon...

LE DUC, avec humeur.

Une belle idée !

HENRIETTE.

Moi ! madame, je n'oserais...

LA COMTESSE.

Pourquoi pas?... je serai indulgente... (Elle sonne, deux domestiques entrent.) J'ai là des airs nouveaux que l'on m'a envoyés, des airs du *Sultan Misapouf*.

HENRIETTE, vivement.

Du *Sultan*...

LA COMTESSE.

Vous ne connaissez pas cela... un opéra qui vient d'être donné en Allemagne avec quelque succès. (Aux domestiques.) Avancez ce piano. (Se mettant au piano.) C'est l'air que chante la Parisienne au premier acte.

LE DUC.

Mais, ma sœur... c'est trop de complaisance...

LA COMTESSE.

Occupez-vous de votre rapport au roi, mon frère... et laissez-nous.

LE DUC, bas à Henriette.

Refusez, je vous en supplie!

HENRIETTE, bas.

Est-ce possible? (Riant.) Elle veut me donner une leçon!

LE DUC, de même.

Au moins, prenez garde, et chantez mal... si ça se peut.

TRIO.

LA COMTESSE, au piano.

Écoutez bien.

(Chantant.)
Tra, la, la, la, la, la.

HENRIETTE, l'imitant avec gaucherie et timidité.
Tra, la, la, la, la, la.
(Regardant le duc.)
Êtes-vous content?

LE DUC, l'approuvant.
C'est cela!

LA COMTESSE.

Non vraiment, ce n'est pas cela!

HENRIETTE, de même.

Tra, la.

LA COMTESSE, la reprenant.
C'est un sol !

HENRIETTE, lui montrant le papier.
C'est un la !

LA COMTESSE.
C'est vrai !
(Chantant.)
Tra, la, la, la, la, la.

HENRIETTE, répétant, mais un peu mieux.
Tra, la, la, la, la, la, la, la.

LE DUC, bas.
Prenez donc garde !... ah ! je tremble d'effroi !

LA COMTESSE, cherchant à déchiffrer avec peine.
Tra, la, la, la, la, la, la, la...

HENRIETTE, avec un air d'admiration.
Quelle facilité !

LE DUC, bas à Henriette.
Vous nous raillez, traîtresse.

HENRIETTE, de même.
Comme vous le disiez, c'est chanter en duchesse.

LA COMTESSE.
Répétez avec moi.
(Déchiffrant avec peine.)
« Le divin Mahomet,
« Pour mieux charmer nos âmes,
« Dans les cieux vous promet
« Un paradis secret ;
« Mais il vous trompe, hélas !
« Surtout n'y croyez pas,
« Aux cieux ne cherchez pas
« Ce paradis des femmes ;
« Car le vrai paradis,
« Messieurs, est à Paris. »

HENRIETTE, reprenant l'air qu'elle chante couramment.
« Le divin Mahomet,
« Pour mieux charmer nos âmes,

« Dans les cieux vous promet
« Un paradis secret :
« Mais il vous trompe, hélas !
« Surtout n'y croyez pas,
« Aux cieux ne cherchez pas
« Ce paradis des femmes;
« Car le vrai paradis,
« Messieurs, est à Paris. »

LA COMTESSE.

Pas mal pour la première fois.

LE DUC, à part, et regardant Henriette.

Ah ! je crains qu'elle ne se lance !
(A la comtesse.)
Vous feriez mieux d'y renoncer, je crois.

LA COMTESSE.

Non, non, j'ai de la patience,
J'en ferai quelque chose, et nous la formerons
Avec le temps...

HENRIETTE.

Et grâce à vos leçons..

Ensemble.

LA COMTESSE.

Écoutez... écoutez cela !
Tra, la, la, la, la, la, la,
Tra, la, la, la, la, la, la.
Faites bien ce que je fais là !

HENRIETTE.

Brava, brava ! c'est bien cela !
Quelle méthode enchanteresse !
C'est chanter comme une duchesse,
Ah ! quel talent vous avez là !

LE DUC.

C'est bien, c'est bien, finissons là !
Je cède à la peur qui m'oppresse,
Je crains sa voix enchanteresse
Qui tous les deux nous trahira !

LA COMTESSE.
Continuez.

HENRIETTE.
« Voguez, sultan joyeux,
« Vers les bords de la Seine,
« Là, s'offrent à vos yeux
« Les délices des cieux;
« Et jour et nuit c'est là
« Qu'amour vous sourira.
« Là, des jeux et des ris
« La troupe vous enchaîne,
« Car le vrai paradis
  « Est à Paris. »

Ensemble.

LA COMTESSE.
Ah! c'est bien mieux, bien mieux déjà.
Moi, sa maîtresse... je suis fière
De voir que mon écolière
Fait des progrès comme ceux-là!

HENRIETTE.
Oui, cela va bien mieux déjà,
Et j'en rends grâce à ma maîtresse.
Merci, madame la comtesse,
Merci de cette leçon-là!

LE DUC.
C'est bien, c'est bien, finissons là.
Je cède à la peur qui m'oppresse,
Je crains sa voix enchanteresse;
Qui tous les deux nous trahira.

LA COMTESSE, l'écoutant.
J'en suis encor toute saisie
Et ne comprends rien à cela!

LE DUC, bas à Henriette.
Prenez garde, je vous en prie;
En écoutant... je tremble, hélas!

HENRIETTE, de même.
Eh bien! monsieur, n'écoutez pas!

LA COMTESSE.

Un talent
Aussi grand,
C'est vraiment
Surprenant !
Ah ! combien je suis flère !
En un instant, je croi,
Voilà mon écolière
Aussi forte que moi !

HENRIETTE, s'oubliant.

« Buvons au sultan Misapouf,
« Au descendant du grand Koulouf !
« Il règne dans Maroc
« Par droit de naissance,
« Au combat aussi ferme qu'un roc,
« Et des amours bravant le choc,
« Il est l'aigle et le coq
« Des rois de Maroc.
« Versez-lui les vins de France,
« Versez le champagne et le médoc,
« Buvons tous au sultan Misapouf,
« Au descendant du grand Koulouf ! »

LE DUC.

Ce talent
La surprend
Et me rend
Tout tremblant !
Ah ! la voilà partie,
Comment la retenir ?
Arrêtez, je vous prie !
Elle me fait frémir !

Ensemble.

LE DUC, LA COMTESSE, HENRIETTE.

« Buvons au sultan Misapouf, » etc.

SCÈNE IV.

Les mêmes; Mme BARNEK, en grand costume, chapeau à plumes.

Mme BARNEK, au fond du théâtre, apercevant sa nièce.

Brava! brava! bravi! bravo!

LE DUC, à part.

Allons! la tante!... pourvu qu'elle ne nous trahisse pas!

LA COMTESSE.

Venez donc, madame la baronne, venez recevoir mes compliments... saviez-vous que votre nièce eût de pareilles dispositions?...

HENRIETTE, bas au duc en riant.

Je croyais avoir mieux que ça.

Mme BARNEK, se rengorgeant.

Mais, Dieu merci, madame, c'est assez connu...

LE DUC, à demi-voix.

Y pensez-vous?

Mme BARNEK.

C'est assez connu dans notre famille... c'est moi qui l'ai élevée.

LA COMTESSE.

Et pourquoi ne m'en disiez-vous rien?

Mme BARNEK, avec embarras.

Pourquoi?

LE DUC.

Madame la baronne est si modeste!...

Mme BARNEK.

Oh! oui... c'est mon défaut... modeste et surtout timide... c'est ce qui m'a nui... j'avais toujours des peurs quand je chantais...

LA COMTESSE.

Ah! vous chantiez aussi?

Mme BARNEK, avec volubilité.

Les Philis avec quelque succès!

HENRIETTE, à part.

Voyez-vous l'amour-propre d'artiste!

LA COMTESSE, étonnée.

Vous avez joué?

LE DUC, vivement.

En société, dans son château... madame la baronne est de mon avis... c'est ce qu'on peut faire de mieux à la campagne.

Mme BARNEK.

Certainement, monsieur mon neveu, car ici... à la ville... ce n'est pas moi qui voudrais... au contraire... si vous saviez à présent combien je méprise tout cela!...

LE DUC.

C'est bien!

Mme BARNEK.

Parce que notre rang... notre dignité...

LA COMTESSE.

Et le décorum.

Mme BARNEK.

Oui, le décor...

LE DUC, l'interrompant.

C'est bien, vous dis-je... (A part.) Heureusement, voilà le déjeuner, elle ne parlera plus. (Donnant la main à Henriette.) Bonne Henriette, vous m'avez fait une peur...

HENRIETTE.

Comment, monsieur?

LE DUC.

Je veux dire un plaisir.

(Ils s'asseyent autour de la table à thé; deux domestiques apportent un plateau.)

Mme BARNEK.

Voici le journal de la cour qui vient d'arriver.

LA COMTESSE.

Notre lecture de tous les matins.

HENRIETTE, à part.

En voilà pour une heure... comme c'est amusant !

LA COMTESSE.

Voyons les présentations et les réceptions d'hier... (Lisant.) « Ont eu l'honneur d'être reçus par Sa Majesté, le comte et « la comtesse de Stolberg, le baron de Lieven... » (Parlant.) C'est de droit... Voilà de la haute et véritable noblesse... (Lisant.) « La duchesse de Stillmarcher... » (Parlant.) Tenez, continuez, Henriette.

(Elle lui donne le journal.)

HENRIETTE, lisant au bas de la page.

Ah ! mon Dieu ! qu'ai-je vu ?

TOUS.

Qu'est-ce donc ?

HENRIETTE.

« Théâtre royal... notre nouvel impressario... le signor « Fortunatus, a ouvert la saison par un opéra nouveau... » Fortunatus est ici, à Berlin...

LE DUC.

Oui, ma chère... depuis quatre ou cinq jours...

HENRIETTE, continuant à lire.

En effet ! « Il arrive de Vienne, où sa troupe a obtenu le « plus grand succès... surtout la prima donna, la signora « Charlotte, qui a fait fureur, qui y était adorée... » (Au duc.) Et vous ne m'en disiez rien, monsieur, vous qui êtes resté trois mois à Vienne ?

LE DUC, avec embarras.

J'ai oublié de vous en parler...

LA COMTESSE, à Henriette.

Au haut de la page.

HENRIETTE, lisant au haut de la page.

« Le prince Pukler-Muskau... la maréchale de Buken-
« dorf... (Regardant au bas de la page.) La signora Charlotte,
« première chanteuse, et Bénédict, premier ténor... »

LA COMTESSE.

Une chanteuse, un ténor?

HENRIETTE, avec joie.

Ce pauvre Bénédict... vous vous le rappelez, ma tante?

Mme BARNEK.

Certainement...

HENRIETTE.

Il a été applaudi... on en dit beaucoup de bien... J'étais sûre qu'il aurait un jour du talent, de la réputation... qu'il ferait son chemin.

LA COMTESSE.

Et comment connaissez-vous tous ces gens-là, ma chère belle-sœur?

LE DUC.

C'est tout simple... Quand nous étions à Munich, madame la baronne et sa nièce allaient tous les soirs au théâtre.

HENRIETTE, avec malice.

C'est vrai... monsieur le duc nous y a vues souvent.

LE DUC.

Une troupe excellente... des voix admirables...

HENRIETTE, souriant.

La prima donna surtout... n'est-ce pas, monsieur le duc?
(A la comtesse.) Nous recevions même quelques artistes.

LA COMTESSE.

Qu'entends-je? des comédiens?

Mme BARNEK.

Bien malgré moi, je vous jure... c'est ma nièce qui le voulait.

HENRIETTE.

Eh ! pourquoi pas ? des artistes de mérite... valent bien des comtesses qui n'en ont pas...

LE DUC, lui faisant signe.

Henriette...

LA COMTESSE.

Ah ! ma chère, quel langage !

Mme BARNEK.

Ah ! ma nièce... quel propos !

LA COMTESSE.

C'est du libéralisme tout pur !

Mme BARNEK, répétant.

Certainement c'est du... comme dit madame... tout pur !...

LE DUC, avec impatience.

C'en est trop sur ce sujet... qu'il n'en soit plus question, de grâce !

UN VALET, annonçant.

Un seigneur italien demande à parler à monsieur le duc.

LE DUC.

Qu'il entre... qu'il entre !... (A part.) cela du moins fera diversion.

LE VALET, qui a fait un signe à la cantonade, revient près du duc.

Et voici de la part du roi un message pour monseigneur.

LE DUC, prêt à décacheter la lettre.

Qu'est-ce donc ? (Apercevant Fortunatus qui entre.) Dieu ! Fortunatus !... (Bas à Henriette.) Je ne veux pas qu'il vous voie avant que je l'aie prévenu.

HENRIETTE, bas au duc.

Comme vous voudrez... je m'éloigne... mais pas pour longtemps.

(Elle sort.)

SCÈNE V.

LE DUC, FORTUNATUS, LA COMTESSE, Mme BARNEK.

FORTUNATUS, *se courbant jusqu'à terre et saluant le duc.*

Ze zouis le servitor humilissime de monseigneur.

LE DUC, *à demi-voix.*

Pas un mot de ce que vous savez devant ma sœur ou devant d'autres personnes.

FORTUNATUS, *saluant les dames et reconnaissant madame Barnek.*

Ah! mon Dieu!

Mme BARNEK.

Bonjour, mon cher Fortunatus, nous parlions de vous tout à l'heure.

FORTUNATUS, *à demi-voix.*

Elle a oun air de protection aussi étonnant que son costume.

LE DUC, *de même.*

Silence!

Mme BARNEK.

Parlez, mon cher, que voulez-vous? nous aimons à protéger les arts.

FORTUNATUS, *au duc.*

Ze venais vous supplier, monseigneur, de prendre à mon théâtre une loge per la saison... nous en avons de six et de huit personnes... ma ze l'engazerai à prendre celle de huit per lui et per sa famille, *(Regardant madame Barnek.)* qui tient de la place.

LE DUC.

Comme vous voudrez.

FORTUNATUS.

Nous avons ce soir oune superbe représentation... la seconde du *Sultan Misapouf*, opéra.

LA COMTESSE.

Dont nous chantions un air tout à l'heure.

LE DUC.

C'est bien, cela suffit.

FORTUNATUS, se courbant.

Ze remercie infiniment monseigneur, et ze m'en vas... d'autant que z'ai en bas, dans ma voiture, notre prima donna, la signora Charlotte, qui m'attend... et qui n'est point patiente... (A demi-voix.) vi la connaissez!

LE DUC, vivement.

Hâtez-vous alors.

FORTUNATUS.

Monseigneur gardera-t-il aussi la petite loge grillée qui donne sur le théâtre, et que les autres années il avait, dit-on, l'habitude de louer?... C'est souvent très-commode per l'incognito.

LE DUC, avec impatience.

Je la prends aussi... mais l'on vous attend.

FORTUNATUS.

Ze vous les enverrai toutes les deux per ce soir... et il est bien entendu que c'est per tous les jours...

LE DUC.

C'est dit.

FORTUNATUS.

Excepté per les représentations extraordinaires... et celles à bénéfice... et nous en aurons une prochainement... celle de notre premier ténor, le signor Bénédict... qui fait dézà ses visites pour cela.

LE DUC, sans écouter Fortunatus, a décacheté la dépêche qu'il tenait à la main et y jette les yeux.

Qu'ai-je vu?

LA COMTESSE.

Qu'est-ce donc?

LE DUC, apercevant Charlotte qui entre, et serrant le papier.

Ah! mon Dieu!

SCÈNE VI.

LE DUC, CHARLOTTE, FORTUNATUS, LA COMTESSE et Mme **BARNEK**, assises à droite et causant; **BÉNÉDICT**, à la fin de la scène.

CHARLOTTE.

A merveille! c'est aimable... et très-gentil!... voilà deux heures, monsieur Fortunatus, que vous me faites attendre dans votre voiture... Moi, un premier sujet!

FORTUNATUS.

Signora, mille pardons!

CHARLOTTE.

C'est moi qui dois en demander à monsieur le duc, de venir ainsi chercher mon directeur jusque dans cet hôtel.

FORTUNATUS.

C'est, z'ose le dire, ma zère enfant, oune inconséquence...

CHARLOTTE.

Que j'ai faite exprès, et dont je suis enchantée. (Avec malice.) J'avais un instant d'audience à demander à monseigneur...

LE DUC, troublé, à demi-voix.

Ici!... Charlotte, y pensez-vous?... et Henriette?

CHARLOTTE, à demi-voix.

N'est-ce que cela? je m'adresserai à elle-même pour faire apostiller ma pétition... il me faut mon audience, monseigneur!

LE DUC, de même.

De grâce... prenez garde!...

CHARLOTTE, de même.

Vous me l'accorderez...

LE DUC, de même, très-embarrassé.

Oui, Charlotte, oui, mais plus tard.

LA COMTESSE, se levant.

Eh! quelle est donc cette femme?

Mme BARNEK.

Ne faites pas attention, madame la comtesse, c'est une comédienne.

CHARLOTTE, se retournant avec fierté.

Une comédienne!

(Apercevant madame Barnek en grande parure avec une toque à plumes, elle part d'un éclat de rire.)

QUINTETTE.

CHARLOTTE, riant aux éclats.

Ah! ah! ah! ah! ah! ah!

TOUS.

Qu'a-t-elle donc?

CHARLOTTE, riant plus fort et se soutenant à peine.

Ah! ah! ah! ah! ah! ah!
Je n'en puis plus! un fauteuil... ou j'expire!

FORTUNATUS, lui apportant un fauteuil.

Elle se trouve mal!

CHARLOTTE, se jetant sur le fauteuil et se roulant à force de rire.

Ah! ah! ah! ah!
Je n'ai rien vu de pareil à cela!

TOUS.

Et qui donc ainsi vous fait rire?

CHARLOTTE, montrant madame Barnek.

Madame... avec sa toque à plumes!... ah! ah! ah!

LA COMTESSE.

Outrager à ce point madame la baronne!...

CHARLOTTE, riant plus fort.

Baronne!... ah! ah!

LE DUC et FORTUNATUS, bas à Charlotte.

Au nom du ciel! vous tairez-vous?

CHARLOTTE, se tenant les côtes.

Que madame me le pardonne!...
Je ne puis pas!...

Mme BARNEK.

Redoutez mon courroux!
Insolente!

CHARLOTTE, se levant.

Ah! vraiment! madame était moins fière
Lorsqu'autrefois elle jouait
Les Philis!

TOUS.

Les Philis!

LE DUC et FORTUNATUS, bas à Charlotte.

Voulez-vous bien vous taire!...

CHARLOTTE.

Les Philis, et les Dugazons... corset!

Ensemble.

LE DUC, FORTUNATUS et Mme BARNEK.

Elle ne peut se taire,
Sa langue de vipère
Ici nous désespère
Et va tout découvrir!
Non, non, rien ne l'arrête,
C'est pis qu'une tempête!
N'écoutant que sa tête,
Elle va nous trahir!

CHARLOTTE.

Je ne veux pas me taire.
Lorsqu'avec moi, ma chère,
On veut faire la fière,
On doit s'en repentir!
Non, non, rien ne m'arrête,
Redoutez la tempête!

Je n'en fais qu'à ma tête
Et veux tout découvrir !

LA COMTESSE.

Qu'entends-je ? et quel mystère !
O soudaine lumière
Qui malgré moi m'éclaire
Et me fait tressaillir !
De surprise muette,
Je reste stupéfaite !
(A Charlotte.)
Que rien ne vous arrête,
Je veux tout découvrir !

CHARLOTTE.

Eh bien ! vous saurez tout, madame la comtesse.
(Montrant madame Barnek.)
La noble dame que voilà
Au théâtre a gagné ses quartiers de noblesse !

TOUS.

O ciel !

CHARLOTTE.

Et comme moi, sa séduisante nièce,
Avant d'être duchesse, était prima donna !

LA COMTESSE.

Vit-on jamais d'affront pareil à celui-là !
(Avec force.)
Un tel hymen est un outrage...
Nous ne pouvons l'accepter sans rougir :
Le roi doit s'opposer à votre mariage !
Nous l'en supplirons tous...

LE DUC, montrant le papier qu'il tient à la main.

Il vient d'y consentir !
(A madame Barnek.)
Tenez, portez à votre nièce
Cet écrit qui contient sa royale promesse.
(Souriant.)
Pour cet hymen je crois qu'il ne manque plus rien.

LA COMTESSE.

Que mon consentement...

CHARLOTTE, à demi-voix.

Et peut-être le mien!...

Ensemble.

LA COMTESSE.

Jamais, jamais ce mariage
N'aura l'aveu de votre sœur!
Jamais, jamais! d'un tel outrage
Je n'oublìrai le déshonneur!

LE DUC.

Pour vous ce n'est point un outrage.
Calmez, calmez votre fureur;
J'espère qu'à ce mariage
Bientôt consentira ma sœur.

FORTUNATUS et Mme BARNEK, montrant la comtesse.

Voyez!... voyez! quelle est sa rage!
Rien ne saurait fléchir son cœur!

(Montrant Charlotte.)

Et c'est pourtant son bavardage
Qui vient d'exciter sa fureur!

CHARLOTTE.

Voyez! voyez quelle est leur rage!
Pour moi, j'en ris au fond du cœur!
De tout ce bruit, de ce tapage,
C'est pourtant moi qui suis l'auteur.

LE DUC, à la comtesse.

Cette colère opiniâtre
Se calmera...

Mme BARNEK, s'approchant de la comtesse.

Sans doute!

LA COMTESSE, avec mépris.

Éloignez-vous!
Une baronne de théâtre!

CHARLOTTE, s'approchant de madame Barnek.

Voyez pourtant ce que c'est que de nous !

Mme BARNEK, avec mépris.

Laissez-moi ! laissez-moi ! redoutez mon courroux.

Ensemble.

LA COMTESSE.

Jamais, jamais ! ce mariage, etc.

LE DUC.

Pour vous ce n'est point un outrage, etc.

FORTUNATUS et Mme BARNEK, montrant la comtesse.

Voyez !... voyez quelle est sa rage ! etc.

CHARLOTTE.

Voyez, voyez quelle est leur rage ! etc.

(La comtesse sort par la droite avec le duc qui cherche à l'apaiser ; Fortunatus et Charlotte vont pour sortir par le fond au moment où paraît Bénédict.)

FORTUNATUS.

Tou viens, mon pauvre garçon, per ton bénéfice ?

BÉNÉDICT.

Oui, pour offrir une loge à monseigneur l'ambassadeur...

CHARLOTTE.

Monseigneur est mal disposé... vous n'aurez pas bon accueil, mon cher Bénédict, mais adressez-vous à sa tante, à madame la baronne.

BÉNÉDICT, s'approchant.

Quoi ! madame Barnek !

Mme BARNEK, le reconnaissant.

Encore un comédien ! mais on ne voit donc que cela aujourd'hui !... Votre servante, mon cher, je n'ai pas le loisir de vous écouter, et je vous salue.

(Elle sort par la porte à gauche.)

CHARLOTTE, montrant Mme Barnek.

La tante est étourdissante de majesté !

(Elle sort en riant, avec Fortunatus, par la porte du fond.)

SCÈNE VII.

BÉNÉDICT, seul.

Elle n'a pas le loisir de reconnaître ses anciens amis... et sans doute, tous ceux qui demeurent ici seraient comme elle... Ça m'a fait un effet... quand je suis entré dans ce bel hôtel, quand j'ai demandé au suisse : « M. l'ambassadeur y est-il? — Oui. » Et j'ai hésité, j'ai tremblé de tous mes membres en ajoutant : « Et madame l'ambassadrice?... — Elle y est; mais elle n'est pas visible. » Et ça m'a donné un peu de cœur... et je me suis dit : « Je ne crains rien, je ne la verrai pas !... » Car si le malheur avait voulu que je l'eusse rencontrée... je ne sais pas ce que je serais devenu... (Apercevant Henriette.) Ah! mon Dieu! c'est fait de moi!

SCÈNE VIII.

HENRIETTE, BÉNÉDICT.

HENRIETTE, entrant avec joie.

Cette permission du roi, que vient de me remettre ma tante, c'est donc vrai!... il n'y a donc plus d'obstacle!...

BÉNÉDICT, à part.

Si je pouvais m'en aller sans être vu!

(Il heurte un fauteuil.)

HENRIETTE, se retournant et l'apercevant.

Bénédict!

DUO.

BÉNÉDICT, timidement.

Oui... c'est moi qui viens ici,
Madame l'ambassadrice,
Offrir pour mon bénéfice
Une loge que voici.

HENRIETTE.
Ah ! si je puis aujourd'hui
Vous servir de protectrice,
Je rends grâce au sort propice,
Qui m'offre un ancien ami.

BÉNÉDICT.
De cet ami, malgré votre opulence,
Le nom n'est donc pas effacé ?

HENRIETTE.
Ah! dans ces lieux, votre seule présence
Me rend tout mon bonheur passé !

HENRIETTE et BÉNÉDICT.
De l'aurore de notre vie
Comment perdre les souvenirs ?
Je le sens, jamais on n'oublie
Premiers chagrins, premiers plaisirs !

HENRIETTE.
Je vois encor l'humble mansarde
Où nous répétions tous les deux !

BÉNÉDICT.
Où parfois, sans y prendre garde...

HENRIETTE.
Nous chantions faux à qui mieux mieux !
Et cette sérénade
Que me donnait un camarade...

BÉNÉDICT.
Quoi ! vous n'avez rien oublié ?

HENRIETTE.
Non, non, je n'ai rien oublié,
Ni les succès, ni l'amitié.

HENRIETTE et BÉNÉDICT.
De l'aurore de notre vie, etc.

HENRIETTE, gaîment.
Et puis, comme aux moindres caprices...

13.

BÉNÉDICT.
On était vite à vos genoux !
HENRIETTE.
Et puis le soir dans les coulisses...
BÉNÉDICT.
Joyeux propos et billets doux.
HENRIETTE.
Sans or et sans richesse aucune...
BÉNÉDICT.
Toujours gais et de bonne humeur !
HENRIETTE.
Tout en attendant la fortune...
BÉNÉDICT.
On avait déjà le bonheur !

HENRIETTE et BÉNÉDICT.
Ah ! le bon temps !
Quels doux instants !
Ah ! qu'on est bien
Quand on n'a rien !
Ah ! l'heureux temps que celui-là !
Toujours mon cœur s'en souviendra

BÉNÉDICT.
D'abord comme la salle entière...
HENRIETTE.
En silence nous écoutait !
BÉNÉDICT.
Et quand s'élançait du parterre...
HENRIETTE.
Un bravo qui nous enivrait !
BÉNÉDICT.
Et lorsque pleuvaient sur la scène...
HENRIETTE.
Les bouquets aux mille couleurs.

BÉNÉDICT.
Ah! ces jours-là vous étiez reine...
HENRIETTE.
Avec ma couronne de fleurs!
HENRIETTE et BÉNÉDICT.
Ah! le bon temps! etc.
BÉNÉDICT.
Et vous rappelez-vous encore?...
A peine le rideau tombait,
L'écho de la salle sonore
De votre nom retentissait...
C'est vous... c'est vous qu'on demandait!
HENRIETTE.
C'est vrai!... c'est vrai!...
BÉNÉDICT.
Devant le public idolâtre,
C'est moi... moi qui sur le théâtre
(Lui prenant la main.)
Vous ramenais ainsi... je tenais votre main
Que dans mon transport soudain
Malgré moi je serrais... ainsi!
HENRIETTE, retirant sa main.
Bénédict!...
BÉNÉDICT.
Ah! pardon, j'oubliais qu'aujourd'hui...
(Reprise de la première phrase du duo.)
Aujourd'hui, je viens ici,
Madame l'ambassadrice,
Offrir pour mon bénéfice,
La loge que voici...
(La lui donnant.)
La voici! la voici!
HENRIETTE, avec émotion et prenant le coupon de loge.
Merci, Bénédict, merci!

Ainsi donc, Bénédict... vous avez un bénéfice?...

BÉNÉDICT.

Oui, madame... qu'on me devait depuis longtemps... depuis Vienne.

HENRIETTE.

Où vous avez eu de grands succès?

BÉNÉDICT.

A ce qu'ils disent... et alors M. Fortunatus a doublé mes appointements.

HENRIETTE.

Ah! tant mieux! vous êtes donc heureux?

BÉNÉDICT.

Non, madame... mais je suis riche.

HENRIETTE.

Et nos anciens amis, et Charlotte?

BÉNÉDICT.

Ah! celle-là, elle est au pinacle!... elle a eu, à Vienne, un succès de rage... Tous les soirs, des vers, des bouquets et des bravos... tous les journaux retentissaient de ses éloges... il n'était question que d'elle... comme de vous autrefois!

HENRIETTE.

Oh! moi... l'on n'en parle plus!

BÉNÉDICT.

C'est ce que je me disais : C'est étonnant... on ne parle donc pas des duchesses!... tandis que Charlotte la cantatrice... et puis... ce n'est rien encore... Là-bas, à Vienne, elle avait tourné toutes les têtes... c'était à qui lui ferait la cour. M. le duc, votre mari, a dû vous le dire.

HENRIETTE.

Non, vraiment, il ne m'a rien dit.

BÉNÉDICT.

Ah!... c'est différent!... tous les grands seigneurs étaient à ses pieds... Ces nobles d'Allemagne, si fiers et si hautains, se disputaient à qui serait reçu chez elle... à qui l'entourerait de soins et d'hommages... Enfin, tout comme vous... dans votre temps... avant votre bonheur.

HENRIETTE, à part.

Oui, vraiment.

BÉNÉDICT.

Mais vous avez un si bel emploi maintenant... je veux dire un si bel état ! Et puis, tant d'éclat... tant d'estime... tant de considération surtout !

HENRIETTE.

Silence !... c'est la sœur de mon mari.

SCÈNE IX.

BÉNÉDICT, HENRIETTE, LA COMTESSE.

LA COMTESSE, s'avançant gravement près d'Henriette.

Mademoiselle... vous savez que le roi, par une faiblesse que le respect m'empêche de qualifier, a consenti à approuver une union...

HENRIETTE, l'interrompant.

J'ai lu la lettre de Sa Majesté.

LA COMTESSE.

Ou plutôt une mésalliance dont, pour l'honneur de la famille, nous sommes tous indignés !

HENRIETTE.

Madame... (Montrant Bénédict.) il y a ici un étranger...

LA COMTESSE.

Ce que je dis... je le dirais devant tout le monde... J'avais déclaré à mon frère qu'aucun pouvoir ne me forcerait à vous reconnaître, et je parlais au nom de tous nos parents... qui viennent de protester.

HENRIETTE, à part.

Qu'entends-je? ah! quelle humiliation ! (Regardant Bénédict.) et devant lui encore !

LA COMTESSE.

Mais, vaincue par les prières et les supplications de M. le duc, qui, après tout, est le chef de la famille, je lui ai promis de venir vous trouver, et voici les concessions que je puis me permettre... Je ne m'oppose plus à ce mariage, puisqu'il n'y a pas moyen de faire autrement... je consens même à vous voir ici, chez mon frère... ou chez moi, le matin... le matin seulement.

BÉNÉDICT.

Eh bien ! par exemple !...

HENRIETTE, lui faisant signe de se taire.

Bénédict...

LA COMTESSE.

C'est vous dire assez que le soir, en public, et à l'Opéra, il n'est pas convenable que l'on nous voie ensemble... Voici deux loges que le signor Fortunatus vient d'envoyer... vous êtes ici chez vous... choisissez.

HENRIETTE, défaisant une des enveloppes.

Le choix sera facile... la belle loge à la grande dame... l'autre à l'humble artiste.

BÉNÉDICT.

L'humble artiste !... elle qui, à Munich, était respectée et honorée... elle... que les grandes dames étaient trop heureuses d'avoir dans leurs salons !

HENRIETTE, voulant l'arrêter.

Silence !

BÉNÉDICT.

Elle à qui le roi lui-même est venu faire des compliments, après une pièce nouvelle !

LA COMTESSE, le toisant de la tête aux pieds.

Quel est cet homme ?

BÉNÉDICT, avec fierté.

Bénédict, premier ténor...

LA COMTESSE.

Un chanteur ici!... sortez!

HENRIETTE.

Bénédict, restez. (A la comtesse.) Madame, par égard pour M. le duc de Valberg, que j'aime, et dont je suis tendrement aimée, j'ai dû consentir à cacher la vérité à tout le monde, et à vous-même, jusqu'à l'adhésion du prince à notre mariage; mais maintenant que je n'ai plus de semblables ménagements à garder, je puis avouer avec orgueil ce que j'étais quand votre frère m'a offert sa main.

BÉNÉDICT.

Très-bien !

HENRIETTE, avec hauteur.

Quant aux discours que je viens d'entendre, je ne les supporterai pas davantage... je suis duchesse de Valberg, madame, femme de l'ambassadeur, votre frère, et je prouverai que je suis digne de mon titre et de mon rang en ne souffrant plus qu'on les oublie devant moi.

LA COMTESSE.

C'est d'une audace!

HENRIETTE, lui faisant une révérence.

Je ne vous retiens plus, madame.

(La comtesse sort en faisant un signe de colère.)

SCÈNE X.

BÉNÉDICT, HENRIETTE.

BÉNÉDICT, regardant sortir la comtesse.

Bravo! c'est bien... aussi bien que si vous le lui aviez dit en musique. (Voyant qu'Henriette s'est assise et pleure.) Eh! mais qu'avez-vous donc? vous pleurez?

HENRIETTE, avec une vive émotion.

Ah! mon Dieu! que cette scène m'a fait mal!

BÉNÉDICT.

Moi qui la croyais si heureuse!

HENRIETTE.

Est-ce donc là le sort qui m'attend? Est-ce pour de pareils outrages que j'ai échangé mon indépendance, que j'ai renoncé à cet art, à ce talent qui faisaient ma gloire et mon bonheur?

BÉNÉDICT.

Vous qui aviez chez nous les honneurs, la fortune et l'amitié, car nous vous aimions tous... je ne parle pas de moi, c'est tout simple... mais les autres... il n'y a pas de jours où l'on ne pense à vous, où l'on ne dise : Cette pauvre Henriette! qu'elle était bonne! qu'elle était aimable! qu'elle avait de talent, avant d'être duchesse!

HENRIETTE.

Ah! duchesse... je n'y tiens pas... mais du moins, son amour me reste, et me tiendra lieu de tout... car tant qu'il m'aimera, Bénédict, je ne regretterai rien.

BÉNÉDICT, secouant la tête.

Certainement, tant qu'il vous aimera... mais ces grands seigneurs, ça aime tous les succès, toutes les renommées.

HENRIETTE.

Que voulez-vous dire?

BÉNÉDICT.

Oh! rien. On ne peut pas empêcher les propos, quelque absurdes qu'ils soient... et on a prétendu, à Vienne, comme si c'était possible, qu'un instant séduit par les triomphes de Charlotte...

HENRIETTE.

Qui? M. le duc?

BÉNÉDICT.

Je n'ai pas dit cela... je ne l'ai pas dit.

HENRIETTE.

Et vous avez raison, il ne me tromperait pas, lui... c'est

impossible... (A part.) et pourtant, cette légèreté dont me parlait sa sœur... son embarras, ce matin, quand on a prononcé le nom de Charlotte... ah! j'irai ce soir au spectacle... le duc y sera aussi... (Décachetant l'enveloppe de la lettre.) Et de cette loge... j'examinerai. (Regardant le papier qui est sous l'enveloppe.) Ah! mon Dieu! ce n'est point un coupon de loge, c'est une lettre, une lettre de Charlotte! c'est son écriture. « Non, monsieur le duc, vous ne trouverez point ici la loge « grillée que Fortunatus vous envoyait, et que j'ai prise. Je « vous ai demandé, ce matin, une audience que vous n'avez « pas voulu m'accorder... il n'en était pas de même à « Vienne... »

BÉNÉDICT.

C'est assez clair.

HENRIETTE.

« J'ai une pétition à vous présenter, et vous aurez la bonté « de me recevoir et de m'écouter dans votre loge grillée... « sinon, c'est à Henriette que je m'adresserai... et l'expli-« cation que j'aurai avec elle sera moins amusante que celle « de ce matin avec sa respectable tante. » (Avec douleur.) Ah! plus de doute, maintenant... moi qui avais en lui tant d'amour, tant de confiance! c'est affreux!

SCÈNE XI.

Les mêmes; FORTUNATUS.

TRIO.

FORTUNATUS.

Ze souis rouiné... ze souis perdu!
Mon savoir-faire est confondu!

BÉNÉDICT et HENRIETTE.

Eh! mais quelle fureur vous guide?

FORTUNATUS.

Ah! ze souis, vi pouvez le voir,

Dans un état de désespoir
Presque voisin du suicide !
BÉNÉDICT et HENRIETTE.
Qu'avez-vous donc ?
FORTUNATUS.
Je viens pour prévenir
Monsieur l'ambassadeur et sa charmante épouse...
Le spectacle annoncé, ce soir ne peut tenir,
Ze le change.
BÉNÉDICT et HENRIETTE.
Pourquoi ?
FORTUNATUS.
La fortune zalouse
Vient d'envoyer un rhume à ma prima donna !
Elle me le fait dire !
BÉNÉDICT, bas à Henriette.
Ah ! je comprends cela !
Et c'est une ruse, entre nous...
HENRIETTE, de même.
Pour se trouver au rendez-vous.

Ensemble.
FORTUNATUS.
Fortune dont la main m'accable,
Adoucis pour moi ta rigueur,
Et jette un regard secourable
Sur un malheureux directeur !
HENRIETTE.
Forfait dont la preuve m'accable
Et qui détruit tout mon bonheur !
Je saurai punir le coupable
De l'outrage fait à mon cœur !
BÉNÉDICT.
La trahison est véritable,
Tous deux outrageaient votre cœur,
Vous devez punir le coupable,
Vous devez venger votre honneur.

FORTUNATUS, au désespoir.
Le *Sultan Misapouf*, chef-d'œuvre des plus beaux,
Qui faisait par la foule envahir nos bureaux,
Ne sera pas donné !

BÉNÉDICT.
Calmez-vous, je vous prie !

FORTUNATUS.
M'enlever ma recette !... ah ! c'est m'ôter la vie !

HENRIETTE, s'asseyant près de la table et remettant la lettre dans la première enveloppe qu'elle recachette.
Rendons-lui, je le doi,
Ce billet... qui n'est pas pour moi.

FORTUNATUS.
Ze vais changer l'affiche... et de rage ulcéré,
Leur donner du Mozart aux doublures livré !

HENRIETTE, à un domestique, à qui elle remet la lettre.
Ce billet pour monseigneur
L'ambassadeur.

FORTUNATUS.
Ah ! quel malheur ! ah ! quelle perte !
Je vois d'ici les bancs de ma salle déserte ;
Je compte avec effroi les rares spectateurs,
Bien moins nombreux ! hélas ! que mes acteurs !

Ensemble.

FORTUNATUS.
Fortune dont la main m'accable, etc.

HENRIETTE.
Forfait dont la preuve m'accable, etc.

BÉNÉDICT.
La trahison est véritable, etc.

HENRIETTE, à part et réfléchissant.
C'est mon talent qui faisait ma puissance,
En le perdant j'ai perdu tous mes droits,
Et chaque jour il faudrait, je le vois,
Gémir de sa froideur ou de son inconstance...

Non, non, le dessein en est pris,
Je saurai me soustraire à de pareils mépris...

FORTUNATUS, saluant.

Adieu donc !

HENRIETTE, le retenant.

Arrêtez !

FORTUNATUS.

Que veut Son Excellence ?

HENRIETTE, lentement et réfléchissant.

Donnez ce soir votre opéra...

FORTUNATUS.

Par quel moyen ?

HENRIETTE.

Le ciel l'inspirera.

Ensemble.

FORTUNATUS.

Une douce espérance
Fait palpiter mon cœur,
D'une recette immense
J'entrevois le bonheur !
Ah ! oui, j'aime à le croire,
O jours tant désirés
De fortune et de gloire,
Pour moi vous reviendrez !

HENRIETTE.

Une noble vengeance
Vient enflammer mon cœur !
Punissons qui m'offense
En retrouvant l'honneur !
A lui seul je dois croire ;
Beaux jours tant désirés,
Jours d'ivresse et de gloire,
Pour moi vous reviendrez !

BÉNÉDICT.

Une noble vengeance
Vient enflammer son cœur !

Punissez leur offense,
Et vengez votre honneur !
A lui seul il faut croire.
Moments si désirés,
Jours d'ivresse et de gloire,
Enfin vous reviendrez !

FORTUNATUS, à Henriette.

Quel est votre dessein ?

HENRIETTE.

Du secret !

(A Bénédict.)
Du silence !

FORTUNATUS.

J'en frémis de bonheur !

BÉNÉDICT.

Je tremble d'espérance !

HENRIETTE.

O vous, mes seuls amis, je me fie à vous deux !...
Venez, venez, sans bruit quittons ces lieux !

Ensemble.

HENRIETTE.

Une noble vengeance
Vient enflammer mon cœur !
Punissons qui m'offense
En retrouvant l'honneur !
A lui seul je veux croire.
Beaux jours que j'ai perdus,
Jours d'ivresse et de gloire,
Vous voilà revenus !

BÉNÉDICT et FORTUNATUS.

Une noble vengeance
Vient enflammer son cœur !
Je tremble d'espérance !
Je tremble de bonheur !
Marchons à la victoire !

Beaux jours qu'elle a perdus,
Jours d'ivresse et de gloire,
Vous voilà revenus!

(Ils sortent tous trois par la porte du fond.)

ACTE TROISIÈME

L'intérieur d'une loge grillée. Petite décoration d'un plan. Au fond, l'ouverture de la loge fermée par des stores. Quand les stores sont levés, on aperçoit, au fond, le haut des décorations du théâtre que l'on est censé voir de la loge où se passe cet acte. Petites portes latérales : celle de droite donne sur le théâtre, celle de gauche dans la salle.

SCÈNE PREMIÈRE.

CHARLOTTE, seule, enveloppée d'une mante rabattue sur les yeux, et entrant par la petite porte du théâtre.

Personne ne m'a vue! me voici dans la loge grillée de M. le duc! et m'y voici incognito... non pas que je ne sois rassurée par ma conscience et par le motif qui m'amène; mais on est si méchant au théâtre, et puis ils sont tous si jaloux de moi! parce que j'ai du talent, de la figure... Quels propos on ferait au foyer si l'on me savait ici! — « Avez-vous vu Charlotte? — Non. — Elle est dans la petite loge de l'ambassadeur. — Bah! en tête-à-tête? — précisément. — Ah! c'est une inconvenance qui n'est pas permise... » Avec ça, qu'elles ne s'en permettent pas, mes camarades! mais, moi, je suis trop bonne, je vois tout et je ne dis rien, pas même que la seconde chanteuse a deux amants, et que la troisième n'en trouve plus. (Allant au fond près de l'ouverture de la loge.) Ah! mon Dieu! voilà qu'on arrive dans la salle, on allume les lampes... tout le monde doit être sur le théâtre; heureusement je m'y suis prise de bonne heure, et, sans rencontrer personne, j'ai pu entrer par cette porte dérobée qui donne sur la scène. (Examinant la loge.) Quel luxe! quelle élégance! c'est drôle, tout de même... une loge grillée... vue à l'intérieur!

COUPLETS.

Premier couplet.

Que ces murs coquets,
S'ils n'étaient discrets,
Que ces murs coquets
Diraient de secrets!...
La grille légère
Dérobe avec art
Plus d'un doux mystère,
Plus d'un doux regard!
La pièce commence,
On risque un aveu;
Mais l'ouvrage avance,
On s'avance un peu!...
Puis, sans qu'on approuve
Un hardi dessein,
Une main se trouve
Dans une autre main!
Ah! ah! ah!
Que ces murs coquets,
S'ils n'étaient discrets,
Que ces murs coquets
Diraient de secrets!...

Deuxième couplet.

« Ah! de ma tendresse
« Écoutez les vœux!...
« — J'écoute la pièce,
« Cela vaut bien mieux! »
Mais la mélodie
A tant de douceur!
L'oreille ravie
Est si près du cœur!
La beauté sauvage
S'émeut, et bientôt
L'on maudit l'ouvrage
Qui finit trop tôt!

Ah! ah! ah!
Que ces murs coquets,
S'ils n'étaient discrets,
Que ces murs coquets
Diraient de secrets !

(Le duc entre par la porte de gauche.)

SCÈNE II.

CHARLOTTE, LE DUC.

CHARLOTTE.

Ah ! vous voilà enfin, monsieur le duc !

LE DUC.

Oui, mademoiselle; je suis entré par la porte de la salle... (A part.) où Henriette n'est pas encore arrivée!

CHARLOTTE, riant.

Quand je vous disais, monseigneur, que j'aurais mon audience !

LE DUC.

Il l'a bien fallu!... après ce qui s'est passé ce matin !... avec une tête comme cela, on est capable de tout !

CHARLOTTE, riant.

Même de la perdre pour être agréable à monseigneur... c'est du moins ce que voulait Son Excellence... il y a un mois, à Vienne !

LE DUC, contrarié.

Ne parlons plus de cela, Charlotte; je fus un instant bien fou, bien étourdi.

CHARLOTTE.

Certainement!... m'avoir laissé croire que votre amour pour Henriette n'existait plus...

LE DUC.

J'eus tort, j'en conviens... je fus entraîné... charmé, malgré moi, par des talents, des grâces, des succès, qui me rappelaient ceux que j'adorais dans Henriette.

CHARLOTTE.

Et monseigneur voulut me séduire par amour pour une autre.

LE DUC.

Pas précisément !...

CHARLOTTE.

Tenez, monsieur le duc, je me suis dit souvent que ce que vous aimez en nous, vous autres grands seigneurs, c'était moins la femme que l'actrice... vous adorez chaque soir Ninette, Desdémone; mais, par malheur, votre passion finit souvent avec la pièce, et la plus grande artiste du monde ne sera pas plus aimée qu'une femme ordinaire le jour où, comme Henriette, elle descendra du trône... Eh! mais Dieu me pardonne, je crois qu'il ne m'écoute pas!

LE DUC, avec distraction.

Si vraiment, j'admirais votre raison.

CHARLOTTE.

Écoutez donc, on ne peut pas toujours être folle, quand ce ne serait que pour changer!

LE DUC.

Sans doute, Charlotte; mais l'objet de votre demande? car vous en aviez une à me faire...

CHARLOTTE.

Oui, j'ai besoin de votre crédit... vous m'aviez promis à Vienne un dévouement éternel...

LE DUC, embarrassé.

C'est-à-dire, Charlotte...

CHARLOTTE.

Comment, monsieur? est-ce que vous l'auriez oublié?

LE DUC.

Non vraiment... mais c'est que...

CHARLOTTE, avec malice.

C'est qu'on est sujet à manquer de mémoire parmi nous autres comédiens...

LE DUC, avec fierté.

Vous parlez de vous...

CHARLOTTE.

De vous aussi, messieurs les diplomates... Le théâtre est plus grand... voilà tout... nous jouons le soir, et vous toute la journée... voilà la différence... Si bien que vous m'avez dit : Charlotte... disposez de moi, de mon crédit...

LE DUC.

Et je le dis encore.

CHARLOTTE.

A la bonne heure... je vous reconnais... Et, comme vous êtes tout-puissant auprès du roi... il s'agit seulement, et à ma recommandation, de faire un colonel.

LE DUC.

Y pensez-vous?

CHARLOTTE.

Quelqu'un qui a des droits... un jeune homme charmant...

LE DUC.

Que vous protégez?

CHARLOTTE, riant.

Vous le voyez bien.

LE DUC.

Que vous aimez peut-être?...

CHARLOTTE.

Et quand il serait vrai! si je veux me marier aussi!... Fallait-il donc rester insensible, et garder toujours son cœur ici... à Berlin, pour qui?... pour le roi de...? Ah! ma foi non... Ainsi, monsieur, quant à mon protégé... je vais vous conter cela, nous avons le temps!

LE DUC, avec embarras.

Non, Charlotte, non!... en restant ici... plus longtemps... je craindrais...

CHARLOTTE.

Pour vous... monseigneur?

LE DUC.

Pour vous, Charlotte... le spectacle va commencer, et vous chantez ce soir.

CHARLOTTE.

Ne craignez rien, je me suis arrangée... un enrouement tout exprès à votre intention, et ce qui m'étonne, c'est qu'on n'ait pas encore changé le spectacle... on donne toujours le *Sultan Misapouf*... (Vivement.) Je vois ce que c'est... pour ne pas perdre la recette, on a laissé l'affiche; on fera une annonce, et ce sera la troisième chanteuse, la petite Angéla, qui dira mon rôle.

LE DUC.

Mais cela va causer un tapage!...

CHARLOTTE.

Je l'espère bien!... et nous l'entendrons d'ici, en loge grillée, c'est délicieux! et puis Angéla est une bonne enfant, que j'aime bien... mais elle sera mauvaise! ah! ce sera amusant! vous verrez!

LE DUC, à part.

C'est singulier... elle ne m'a jamais paru si jolie. (Haut.) Il est donc vrai, Charlotte, que vous allez vous marier, sans hésiter, sans réfléchir?

CHARLOTTE.

Si on réfléchissait, on ne se marierait jamais.

LE DUC, soupirant.

Ah! il est bien heureux!

CHARLOTTE.

Qui? le colonel?

LE DUC.

Il ne l'est pas encore.

CHARLOTTE.

C'est tout comme, vous l'avez promis.

LE DUC.

Je n'ai rien dit.

CHARLOTTE.

Oh! c'est convenu, ou sinon...

DUO.

CHARLOTTE.

Je m'en vais
Pour jamais.
A vous fuir je mets ma gloire,
Et je pars... Laissez-moi,
Non, je n'ai plus de mémoire.
Voyez pourtant,
Voyez comment
On veut toujours ce qu'on défend.

LE DUC.

Non, vraiment,
Un instant !
A me fuir tu mets ta gloire ;
Non, ma foi,
Souviens-toi,
Ah ! tu n'as plus de mémoire !
Jamais son œil vif et piquant
N'eut plus d'attraits qu'en ce moment.

CHARLOTTE.

Allons, finissez, ou sinon...

LE DUC.

Crier ainsi...

CHARLOTTE.

Mais il le faut.

LE DUC.

Vit-on jamais crier si haut ?

CHARLOTTE.

Finissez, ou sinon
Je m'en vais, etc.

LE DUC.

Il faut franchement qu'on s'explique ;
C'est héroïque,
Servir un rival ?...

CHARLOTTE.
C'est très-bien !

LE DUC.
Mais en ce monde, rien pour rien.

CHARLOTTE.
Monsieur est toujours diplomate ?

LE DUC.
Je suis généreux.

CHARLOTTE.
J'entends bien.

LE DUC.
Mais vous...

CHARLOTTE.
Moi, je suis très-ingrate !

LE DUC.
Rien qu'un baiser, je vous prie...

CHARLOTTE.
Non, non, de vous je me défie...
Et puis, le monde en parlera !

LE DUC.
Le monde ! eh ! qui donc le saura ?

CHARLOTTE, riant.
Voyez donc comme il s'humanise !

LE DUC, voulant l'embrasser.
Je brave tout en cet instant !

CHARLOTTE, riant.
Vous ne craignez plus qu'on médise ?

LE DUC.
Rien qu'un baiser !

CHARLOTTE.
Non, pas en ce moment.
Monseigneur, votre femme attend !
(On entend un grand bruit au fond, accompagnant le chœur suivant.)

LES SPECTATEURS, dans la salle.

La pièce! la pièce!
C'est attendre assez.
La pièce! la pièce!
Allons, qu'on se presse!
Allons, commencez!

CHARLOTTE, au duc.

Écoutez! écoutez! silence!
Nous allons rire, ça commence!

LE DUC.

Rire de quoi?

CHARLOTTE.

Mais du début,
Et de l'annonce qu'on va faire!
De Bénédict c'est l'attribut;
Et le public, qui gronde et qui menace,
Pauvre garçon! va bien le recevoir
En apprenant, ce soir,
Quelle est celle qui me remplace.

LES SPECTATEURS.

La pièce! la pièce!
Allons, paraissez!
La pièce! la pièce!
Allons, qu'on se presse!
Allons, commencez!

(Le duc et Charlotte s'approchent du fond pour écouter. Le duc baisse les stores et l'on voit Bénédict haranguer le public.)

BÉNÉDICT, au fond, parlant sur la ritournelle.

« Messieurs, mademoiselle Charlotte se trouvant subite-
« ment indisposée...

DES SPECTATEURS.

A bas! à bas!

D'AUTRES SPECTATEURS.

Écoutez! silence!

BÉNÉDICT, de même, parlant.

« On vous prie d'agréer, pour la remplacer...

DES SPECTATEURS.
A bas ! à bas !
Nous n'en voulons pas !
D'AUTRES SPECTATEURS.
Laissez parler ! faites silence !
BÉNÉDICT, répétant, et continuant.
« On vous prie d'agréer, pour la remplacer...
DES SPECTATEURS.
A bas ! à bas !
Nous n'en voulons pas !
D'AUTRES SPECTATEURS.
Écoutez ! silence, silence !
UN PLAISANT, du parterre.
Laissez donc parler l'orateur !
UN PLAISANT, du paradis.
Un chanteur n'est pas orateur !
PLUSIEURS PLAISANTS.
Qu'il parle ou qu'il chante,
Qu'il parle ou qu'il chante !
CHARLOTTE, au duc.
Ah ! vraiment, la scène est charmante !
BÉNÉDICT, répétant, et continuant.
« On vous prie d'agréer, pour la remplacer, une célèbre
« cantatrice qui arrive de Paris. »
LES SPECTATEURS.
Bravo ! bravo !
C'est du nouveau.
CHARLOTTE et LE DUC.
Que dit-il ? une autre chanteuse !
CHARLOTTE, furieuse.
Ah ! vraiment, voilà du nouveau !
C'est affreux !... je suis furieuse !
LES SPECTATEURS.
La pièce ! la pièce !

Nous sommes pressés !
La pièce ! la pièce !
Allons, qu'on se presse !
Allons, commencez !

(Le duc relève les stores de la loge.)

CHARLOTTE.

Ah! par exemple ! une nouvelle débutante qui arrive de Paris, c'est ce que nous allons voir ! Mais par où sortir maintenant ? du monde sur le théâtre, le public dans la salle... n'importe, je préfère encore la salle au théâtre, on y est moins mauvaise langue.

(Elle va pour sortir.)

LE DUC, l'arrêtant et se moquant d'elle.

Que faites-vous, Charlotte ? Si l'on vous voit sortir de ma loge, que dira-t-on ?

CHARLOTTE.

On dira tout ce qu'on voudra, monseigneur, mais je ne laisserai certainement pas débuter dans mon emploi; la nouvelle venue n'aurait qu'à avoir du talent !

LE DUC, l'arrêtant.

Arrêtez, Charlotte, arrêtez, je vous en prie.

(On frappe à la porte de la loge.)

CHARLOTTE.

On vient.

LE DUC, très-ému.

J'espère bien qu'on n'ouvrira pas.

CHARLOTTE.

Écoutez... on met la clef dans la serrure.

LE DUC.

Ah! mon Dieu ! la porte s'ouvre !

CHARLOTTE.

On entre... c'est madame Barnek.

LE DUC, avec embarras.

La tante d'Henriette... que lui dire ?

SCÈNE III.

Les mêmes ; Mme BARNEK, entrant.

(Charlotte, assise au fond, tourne le dos et se tient à l'écart.)

Mme BARNEK.

C'est moi, monseigneur, c'est moi; on ne voulait pas m'ouvrir votre loge; on avait même avec moi un petit air de mystère; par bonheur, j'ai rencontré une ouvreuse de loges de Munich, qui m'a reconnue, madame Frédéric, une brave et digne femme qui a presque fait sa fortune en petits bancs; je lui ai appris que c'était la loge de mon neveu l'ambassadeur. « Est-il possible? » Et j'ai été obligée de lui conter comme quoi j'étais votre tante ; je lui ai dit que je la protégerais, que ma porte ne lui serait jamais fermée, ce qui fait qu'elle m'a ouvert celle de cette loge.

LE DUC, avec embarras.

Fort bien, madame... et qu'est-ce qui vous amène ?

Mme BARNEK.

Une nouvelle, monseigneur, une nouvelle fort extraordinaire ; j'ai perdu ma nièce.

LE DUC.

Comment ? que voulez-vous dire ?

Mme BARNEK, toujours sans voir Charlotte.

Je veux dire que je ne sais plus ce qu'est devenue cette chère enfant; je l'ai cherchée dans tout l'hôtel ; pas plus d'Henriette que si elle avait été enlevée !

LE DUC.

Enlevée ?

Mme BARNEK.

Alors je suis accourue à votre loge des premières... je me suis trouvée face à face avec madame la comtesse, votre sœur, qui m'a dit d'un air fier : « Elle n'est pas avec moi, je vous prie de le croire ; voyez aux baignoires, loge de l'avant-scène, n° 1; c'est là qu'elle doit être avec M. le duc; » et elle a dit vrai... (Apercevant Charlotte qui a le dos tourné.) La voici, cette chère Henriette.

CHARLOTTE, se détournant.

Pas précisément, madame Barnek.

Mme BARNEK.

Qu'est-ce que je vois là ?... mademoiselle Charlotte, ici ! en tête-à-tête avec M. le duc !

CHARLOTTE.

Eh bien ! où est le mal ?

Mme BARNEK.

Je le dirai à ma nièce.

LE DUC, voulant l'apaiser.

Madame Barnek, y pensez-vous ?

Mme BARNEK.

Oui, monsieur... oui, mademoiselle... moi, j'ai toujours été pour les principes.

CHARLOTTE.

Vous voyez bien qu'elle radote... mais à son âge on n'a plus de mémoire.

Mme BARNEK, furieuse.

Mademoiselle, vous oubliez qui je suis !

CHARLOTTE.

C'est vrai, vous êtes à présent dans les baronnes.

Mme BARNEK.

Et vous, dans les grandes coquettes, à ce que je vois.

LE PARTERRE.

Silence dans la loge !

LE DUC.

Mesdames, mesdames, je vous prie, ne parlez pas si haut, la pièce est commencée depuis longtemps.

(A ce moment, des bravos éclatent dans la salle.)

CHARLOTTE, avec colère.

C'est la débutante !

(Le duc, madame Barnek et Charlotte s'élancent pour regarder. Le duc baisse un store.)

LE DUC, avec fureur.

Qu'ai-je vu ?... c'est Henriette !!

(Il relève le store.)

CHARLOTTE et Mme BARNEK.

Henriette !

Mme BARNEK, hors d'elle-même.

Une ambassadrice sur les planches !

Ensemble.

LE DUC.

Henriette, que faut-il faire ?
Quelle honte ! quelle douleur !
Ah ! la surprise et la colère
Ici se disputent mon cœur !

Mme BARNEK.

Henriette ! que dois-je faire ?
Quelle honte ! quelle douleur !
Ma nièce, dont j'étais si fière,
Compromettre ainsi son bonheur !

CHARLOTTE.

Henriette ! étrange mystère !
La femme d'un ambassadeur !
De son rôle elle était si fière...
Et prend le mien, c'est une horreur !

HENRIETTE, sur le théâtre, chantant le motif de l'air du trio du second acte.

« C'est en vain que votre puissance
« Veut me retenir en ces lieux.
« Vers les rives de la France
« Malgré moi se tournent mes yeux.
« Voguez, sultan joyeux,
« Vers les bords de la Seine.

« Là s'offrent à vos yeux
« Les délices des cieux ;
« Et jour et nuit, c'est là
« Qu'amour vous sourira.
« Là, des jeux et des ris
« La troupe vous enchaîne,
« Car le vrai paradis
   « Est à Paris.

« Buvons au sultan Misapouf,
« Au descendant du grand Koulouf ;
   « Il règne dans Maroc
   « Par droit de naissance.
« Au combat aussi ferme qu'un roc,
« Et des amours bravant le choc,
   « Il est l'aigle et le coq
   « Des rois de Maroc.
   « Versez les vins de France,
   « Versez champagne et médoc,
« Buvons tous au sultan Misapouf !
   « Au descendant du grand Koulouf !... »

(On applaudit avec force au fond sur la fin de l'air.)

SCÈNE IV.

Les mêmes ; LA COMTESSE, entrant.

LA COMTESSE.

Eh bien ! monsieur le duc, j'ai tout vu... votre nom, votre rang applaudis sur la scène... .

LE DUC.

Ah ! c'est indigne !... et quel talent !... elle n'a jamais mieux chanté... Ils sont tous ravis, n'est-ce pas ?... ils la trouvent charmante ! ils l'adorent...

LA COMTESSE.

Eh ! qu'importe !...

LE DUC.

Qu'importe ?... je suis furieux... et si elle était là...

SCÈNE V.

Les mêmes; FORTUNATUS, puis HENRIETTE et BÉNÉDICT.

FORTUNATUS.

La voilà... la voilà... mia cara diva... mia divinissima prima donna !

LE DUC, saisissant Fortunatus au collet.

Malheureux ! qu'as-tu fait ?...

FORTUNATUS, se débattant.

Permettez, monseigneur... elle voulait vous voir et vous parler dans l'entr'acte, et je vous l'amène.

(Il montre Henriette, qui entre ramenée par Bénédict. Henriette est habillée en odalisque, et Bénédict est en uniforme d'officier.)

LE DUC, à Henriette.

C'est vous ! Henriette ?

HENRIETTE.

Point de reproches, monseigneur ; à ce prix, je vous épargne les miens !

LE DUC.

Vous sur un théâtre !

HENRIETTE.

N'est-ce pas là que vous m'avez aimée ? pour conserver votre amour je n'aurais jamais dû le quitter peut-être. (Montrant Charlotte.) Vous aimez les talents, vous aimez les succès...

LE DUC.

Ah ! je n'aime que vous ! je vous aime plus que jamais, et pour vous encore je suis prêt à tout sacrifier.

HENRIETTE, avec émotion.

Non, monseigneur... pour sa gloire et pour son bonheur la véritable artiste ne doit jamais cesser de l'être... Voici la lettre du roi qui permettait notre mariage... voici l'acte qui m'assure la moitié de votre fortune.

(Elle les déchire.)

LE DUC.

Henriette, que faites-vous?

HENRIETTE.

(Reprise de l'air des couplets du premier acte.)
Aux beaux-arts, à mes premiers succès
  Fidèle à jamais,
La gloire, préférable aux amours,
  Charmera mes jours;
Et, pour mieux rendre à mon cœur
Le repos et le bonheur,
Adieu vous dis, monseigneur,
Monseigneur l'ambassadeur!

CHARLOTTE.

Encore prima donna?

Mme BARNEK, à Charlotte.

Vous aviez pris sa place, elle a pris la vôtre!

BÉNÉDICT.

Elle ne l'épouse pas du moins, il y a de l'espoir.

HENRIETTE, à part.

Pauvre Bénédict!...

(On frappe trois coups.)

FINALE.

On frappe les trois coups!

FORTUNATUS, baissant les stores du fond.

C'est pour le second acte.

HENRIETTE.

On m'appelle, on m'attend, et je dois être exacte!

LE DUC.

Henriette...

HENRIETTE.

Non, laissez-moi!

LE DUC.

Écoutez, écoutez, de grâce!...

HENRIETTE.

Que chacun, monseigneur, reprenne ici sa place :
Moi sur la scène, et vous dans la loge du roi !

Ensemble.

FORTUNATUS et BÉNÉDICT.

Venez, venez, l'on vous attend !
Ah ! pour nous quel bonheur suprême !
Le public est impatient,
Venez, venez, l'on vous attend !

HENRIETTE.

Adieu, l'on m'appelle, on m'attend ;
Mon amitié sera la même ;
De moi vengez-vous noblement,
Vengez-vous en m'applaudissant !

Mme BARNEK.

Ah ! quel dépit ! ah ! quel tourment
D'abdiquer la grandeur suprême !
Ah ! quel dépit ! ah ! quel tourment
D'être bourgeoise comme avant !

LE DUC.

Ah! quels regrets ! ah ! quel tourment !
Hélas ! plus que jamais je l'aime !
Et je la perds, cruel moment !
Quand je l'aimais si tendrement !

CHARLOTTE.

Ah ! quel dépit ! ah ! quel tourment
De partager le diadème !
Ah ! quel dépit ! ah ! quel tourment
De partager le premier rang !

LA COMTESSE.

Ah ! je respire maintenant !
Ah ! pour nous quel bonheur extrême !
Non, plus d'hymen, ah ! c'est charmant !
Chacun enfin reprend son rang !

LES SPECTATEURS, en dehors.

Allons commencez promptement !

BÉNÉDICT et FORTUNATUS, entraînant Henriette.

Venez, venez, l'on vous attend !...

(Bénédict et Fortunatus entraînent Henriette, qui, de la main, fait un geste d'adieu au duc, qui veut la suivre, et que la comtesse retient ; madame Bornek est près de s'évanouir dans les bras de Charlotte qui rit.)

LE DOMINO NOIR

OPÉRA-COMIQUE EN TROIS ACTES

MUSIQUE DE D.-F.-E. AUBER.

Théatre de l'Opéra-Comique. — 2 Décembre 1837.

| PERSONNAGES. | ACTEURS. |

LORD ELFORT............... MM. Grignon.
JULIANO................. Moreau-Sainti.
HORACE DE MASSARENA....... Couderc.
GIL PEREZ.................. Roy.
SEIGNEURS DE LA COUR......... { Léon.
Deslandes.
Fleuri.
Teissier.
Palianti.

ANGÈLE.................... Mmes Cinti-Damoreau.
BRIGITTE................ Berthaut.
JACINTHE, gouvernante de Juliano.... Boulanger.
URSULE................. Olivier.
GERTRUDE, tourière........... Roy.

Nonnes. — Seigneurs et Dames de la cour.

A Madrid.

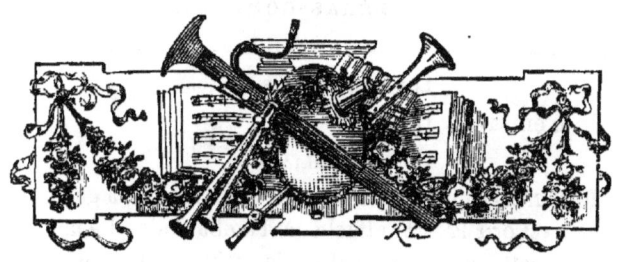

LE DOMINO NOIR

ACTE PREMIER

Un petit salon dont les portes sont fermées. Deux portes latérales ; deux portes au fond. A droite du spectateur, un canapé sur le premier plan. Au fond, adossée à un des panneaux, une riche pendule.

SCÈNE PREMIÈRE.

LORD ELFORT, JULIANO.

(Un bal masqué dans les appartements de la reine. — On entend dans le lointain un mouvement de boléro ou de fandango qui va toujours en augmentant. On ouvre les portes du salon à droite, et l'on entend tout le tumulte du bal.)

JULIANO.
Ah! le beau bal!... n'est-il pas vrai, milord?

LORD ELFORT.
Je le trouve ennuyeux à périr.

JULIANO.
Vous avez perdu votre argent, je le vois... et combien?

LORD ELFORT, avec humeur.

Je n'en savais rien.

JULIANO.

Rassurez-vous, vous le saurez demain par la gazette de la cour : « Lord Elfort, attaché à l'ambassade d'Angleterre, a perdu cette nuit, au bal de la reine, cinq ou six cents guinées. »

LORD ELFORT.

Ce étaient pas les guinées... je en avais beaucoup... mais c'était le réputation du whist, où j'étais le plus fort joueur de Londres... Et ici, à Madrid, dans le salon de la reine, où tout le monde il se mettait à l'entour pour me admirer... j'ai été battu par une petite diplomate espagnol.

JULIANO.

En vérité ! mon ami Horace de Massarena, votre adversaire...

LORD ELFORT.

Yes... ce petit Horace de Massarena que je rencontrais partout sur mon passage.

JULIANO.

Un joli garçon !

LORD ELFORT.

Je le trouvai pas beau.

JULIANO.

Un galant et aimable cavalier.

LORD ELFORT.

Ce était pas mon avis.

JULIANO.

C'est celui des dames; et loin d'en tirer avantage, il est modeste et timide comme une demoiselle... je n'ai jamais pu en faire un mauvais sujet... moi qui vous parle, moi, son ami intime. Ah çà, milord, je vous préviens que nous finissons la nuit chez moi... La nuit de Noël, on ne dort pas;

et si Votre Seigneurie veut bien accepter un joyeux souper avec quelques jeunes seigneurs de la cour, à ma petite maison de la porte d'Alcala...

LORD ELFORT.

Et milady... mon femme, qui était dans mon hôtel à dormir en ce moment!...

JULIANO.

Raison de plus... et s'il vous reste encore quelques guinées à risquer contre nos quadruples d'Espagne, vous prendrez là votre revanche avec Horace de Massarena... Je veux vous faire boire ensemble et vous raccommoder.

LORD ELFORT.

Je boirai; mais je ne me raccommoderai pas.

JULIANO.

Eh! pourquoi donc?

LORD ELFORT.

J'ai dans l'idée que lui il portera malheur à moi... Depuis deux jours, milady, mon femme, me parle toujours de lui.

JULIANO, étourdiment.

Parce que c'était mon ami intime.

LORD ELFORT, étonné.

Comment?

JULIANO, avec un peu d'embarras.

Sans doute... ne suis-je pas votre ami?... l'ami de la maison? et comme j'ai l'honneur de vous voir tous les jours, ainsi que milady, je lui ai souvent parlé d'Horace; mais depuis trois jours qu'il est arrivé de France je ne l'ai pas même présenté à votre femme!...

LORD ELFORT.

Raison de plus... elle voulait le connaître.

JULIANO.

Si elle en avait eu bien envie, elle n'aurait eu qu'à venir

ce soir au bal de la reine, et vous voyez qu'elle a préféré rester chez elle.

LORD ELFORT.

Yes! elle a préféré d'être malade... et c'était une attention dont je lui savais gré... mais c'est égal... (Apercevant Horace qui entre.) Adieu, je vais dans le salon pour la danse.

JULIANO.

Et pourquoi donc? (Se retournant.) Ah! c'est Horace que je ne voyais pas.

(Lord Elfort est sorti par la porte à gauche.)

SCÈNE II.

JULIANO, HORACE.

JULIANO, à Horace, qui vient de s'asseoir sur le canapé à droite.
Sais-tu qui tu viens de mettre en fuite?

HORACE.

Non vraiment!

JULIANO.

Un de nos alliés... lord Elfort!

HORACE.

L'attaché à l'ambassade d'Angleterre?

JULIANO.

Et presque notre compatriote; car il a des parents en Espagne... Il tient par les femmes au duc d'Olivarès, dont il pourrait bien hériter... (S'asseyant sur le canapé à côté de lui.) Et à propos de femmes, il a idée que la sienne est très-bien disposée en ta faveur.

HORACE.

Quelle indignité! quand je ne la connais même pas!... quand c'est toi, au contraire, qui lui fais la cour... et à la femme d'un ami... c'est très-mal.

JULIANO, riant.

Est-il étonnant !

HORACE.

Eh bien, oui... moi, j'ai des scrupules, j'ai des principes.

JULIANO.

Un apprenti diplomate !

HORACE.

Que veux-tu ?... l'éducation première !... j'ai été élevé par mon vieil oncle le chanoine dans des idées si bizarres !

JULIANO.

Oui, quand on a été mal commencé... mais te voilà à la cour... tu répareras cela. D'abord, tu vas faire un beau mariage... à ce qu'on dit.

HORACE.

Oui, vraiment... Le comte de San-Lucar, mon ambassadeur, m'a pris en affection... et à moi, pauvre gentilhomme qui n'ai rien, il veut me donner sa fille, une riche héritière... qui est encore au couvent, et je ne sais si je dois accepter.

JULIANO.

Plutôt deux fois qu'une.

HORACE.

Je m'en rapporte à toi qui es mon ami d'enfance, et je te demande conseil... (Se levant ainsi que Juliano.) Crois-tu que l'honneur et la délicatesse permettent de se marier... quand on a au fond du cœur une passion ?

JULIANO.

Très-bien... attendu que de sa nature le mariage éteint toutes les passions.

HORACE.

Et si rien ne peut l'éteindre ?

JULIANO.

On se raisonne, on s'éloigne, on cesse de voir la personne...

HORACE, avec impatience.

Eh! je ne la vois jamais !

JULIANO.

Eh bien, alors... de quoi te plains-tu?

HORACE.

De ne pas la voir, de passer ma vie à la chercher, à la poursuivre... sans pouvoir ni la rencontrer ni l'atteindre.

JULIANO.

Horace, mon ami, es-tu bien sûr d'avoir ton bon sens? Tu reviens de France, et les romans nouveaux qu'on y publie...

HORACE.

Laisse-moi donc !

JULIANO.

Sont bien dangereux pour les esprits faibles, sans compter que souvent ils sont faibles d'esprit.

HORACE, vivement.

Il ne s'agit pas de France !... mais d'Espagne, de Madrid... C'est ici, l'année dernière... à une fête de la cour, que je l'ai vue pour la première fois.

JULIANO.

Ici ?

HORACE.

Au même bal que cette année, ce bal masqué et déguisé, que notre reine donne tous les ans aux fêtes de Noël... Imagine-toi, mon ami...

JULIANO.

Une physionomie délicieuse! cela va sans dire.

HORACE.

Elle était masquée.

JULIANO.

C'est juste.

HORACE.

Mais la tournure la plus élégante, la plus jolie main que jamais un cavalier ait serrée dans les siennes... en dansant... bien entendu... car je l'avais invitée, et sa danse...

JULIANO.

Était ravissante...

HORACE.

Non ; elle ne connaissait aucune figure... elle ne connaissait rien... Il semblait que c'était la première fois de sa vie qu'elle vînt dans un bal... Il y avait dans ses questions une naïveté, et dans tous ses mouvements une gaucherie et une grâce délicieuses... Elle avait accepté mon bras, nous nous promenions dans ces riches salons où tout l'étonnait, tout lui semblait charmant; mais à chaque mot qu'on lui adressait, elle balbutiait... elle semblait embarrassée... et moi qui le suis toujours... tu comprends, il y avait sympathie... Je m'intéressais à elle, je la protégeais ; elle n'avait plus peur... moi non plus. Et si je te disais quel charme dans sa conversation, quel esprit fin et délicat!... Je l'écoutais, je l'admirais, et le temps s'écoulait avec une rapidité... lorsque tout à coup un petit masque passe auprès d'elle en lui disant : « Voici bientôt minuit. — Déjà! »... s'écria-t-elle... et elle se leva avec précipitation.

JULIANO, souriant.

Eh! mais comme Cendrillon.

HORACE.

Je voulus en vain la retenir... « Adieu, me disait-elle, adieu, seigneur Horace... »

JULIANO.

Elle te connaissait donc?

HORACE.

Je lui avais appris, sans le vouloir, mon nom, ma famille, mes espérances, toutes mes pensées enfin... tandis qu'elle, j'ignorais qui elle était... et ne pouvant me décider à la perdre ainsi, je l'avais suivie de loin...

JULIANO.

C'était bien...

HORACE.

Je la vois ainsi que sa compagne s'élancer en voiture... avec une vivacité qui me laissa voir le plus joli pied du monde... un pied admirable.

JULIANO.

Comme Cendrillon.

HORACE.

Bien mieux encore... et dans ce moment, elle laissa tomber...

JULIANO.

Sa pantoufle verte ?...

HORACE.

Non, mon ami... son masque! J'étais près de la voiture, à la portière... et jamais, jamais je n'oublierai cette physionomie enchanteresse, ces beaux yeux noirs, ces traits si distingués, qui sont là, gravés dans mon cœur...

JULIANO.

Et la voiture ne partait pas ? et ce char brillant et rapide ne l'avait pas soustraite à tes regards ?

HORACE.

Ah! c'est que... je ne sais comment te le dire, ce char brillant et rapide était une voiture de place.

JULIANO.

Je devine... la personne si distinguée était peut-être une grisette !

HORACE.

Quelle indigne calomnie ! Il est vrai que ces deux dames paraissaient inquiètes... elles semblaient se consulter entre elles.

JULIANO.

Que te disais-je !

HORACE.

Et je crus deviner... mais tu vas te moquer de moi... je crus deviner à leur embarras qu'elles avaient tout uniment oublié...

JULIANO.

Leur bourse?

HORACE.

Justement.

JULIANO.

Tu offris la tienne?

HORACE.

En m'enfuyant, pour qu'il leur fût impossible de refuser.

JULIANO, riant.

Ah! ah! ah! mon ami, mon cher ami! quel dénoûment bourgeois pour une si brillante aventure!... ça fait mal.

HORACE.

Attends donc! tu te hâtes de juger!... Quelques jours après, je reçus à mon adresse un petit paquet contenant la modique somme que je lui avais prêtée.

JULIANO.

Cela t'étonne?...

HORACE.

Dans une bourse brodée par elle.

JULIANO.

Qu'en sais-tu?

HORACE.

J'en suis sûr... une bourse brodée en perles fines!... et dans cette bourse un petit papier et deux lignes... Tiens, vois, si toutefois tu le peux; car je l'ai lu tant de fois...

JULIANO, regardant la signature.

Signé le Domino noir. « Cette place de secrétaire d'ambassade qu'au bal vous désiriez tant, vous l'aurez... ce soir vous serez nommé. »

HORACE.

Et ça n'a pas manqué! le soir même! Moi qui n'avais aucun espoir, aucune chance... c'est inconcevable... c'est magique... Oh! elle reviendra.

JULIANO.

Qui te l'a dit?

HORACE.

Un instinct secret... Oui, mon ami; il me semble qu'elle est toujours là, auprès de moi... invisible à tous les yeux... et à chaque instant... je m'attends...

JULIANO, riant.

A quelque apparition surnaturelle?...

HORACE.

Pourquoi pas? maintenant que nous n'avons plus l'inquisition, on peut croire sans danger à la magie, à la sorcellerie.

JULIANO.

Et tu y crois?

HORACE.

Un peu!... Mon oncle le chanoine croyait fermement aux bons et aux mauvais anges... et que veux-tu? il m'a donné foi en sa doctrine, que je trouve consolante.

JULIANO.

Et qui, par malheur, n'est qu'absurde!

HORACE.

C'est bien ce qui me désole... aussi j'en veux à ma raison quand elle me prouve que mon cœur a tort.

(On entend un prélude de contredanse.)

JULIANO.

Pardon, mon cher ami... j'ai une danseuse qui m'attend... Viens-tu dans la salle de bal?

HORACE.

Non, j'aime mieux rester ici.

JULIANO.

Avec elle?

HORACE.

Peut-être bien!

JULIANO, sortant en riant.

Bonne chance!

SCÈNE III.

HORACE, seul.

(L'air de danse continue toujours.)

Il se moque de moi, et il a raison!... (S'asseyant sur le canapé à droite.) Mais c'est qu'aujourd'hui plus que jamais, aujourd'hui tout me la rappelle... C'est ici... qu'il y a un an, à cette même fête, dans ce petit salon... je l'ai vue apparaître... (Apercevant Angèle et Brigitte qui entrent par la porte du fond à gauche.) Ah! cette taille, cette tournure... surtout... ce joli pied!...

SCÈNE IV.

BRIGITTE et ANGÈLE, au fond du théâtre; HORACE, sur le canapé.

TRIO.

ANGÈLE, à Brigitte.

Tout est-il disposé?

BRIGITTE.

C'est convenu, c'est dit?

ANGÈLE.

La voiture à minuit nous attendra!...

HORACE, sur le canapé, à part.

C'est elle!

ANGÈLE, à Brigitte.

Et toi, songes-y bien!... au rendez-vous fidèle,
Dans ce salon à minuit!

BRIGITTE et HORACE.

A minuit!

ANGÈLE.

Un instant de retard, et nous serions perdues.

BRIGITTE.

Je le sais bien!

ANGÈLE.

Et rien qu'y penser me fait peur!

BRIGITTE.

Allons, madame, allons, du cœur!
Et dans la foule confondues
En songeant au plaisir, oublions la frayeur!

Ensemble.

BRIGITTE et ANGÈLE.

O belle soirée!
Moment enchanteur!
Mon âme enivrée
Rêve le bonheur!

HORACE.

O douce soirée!
Moment enchanteur!
Mon âme enivrée
Renaît au bonheur!

ANGÈLE, remontant le théâtre.

Nous sommes seules!

BRIGITTE, redescendant et regardant du côté du canapé.

Non! un cavalier est là
Qui nous écoute!

ANGÈLE, remettant vivement son masque.

O ciel!

(Horace s'est étendu sur le canapé, a fermé les yeux et feint de dormir
au moment où Brigitte le regarde.)

BRIGITTE.

Rassurez-vous, madame,
Il dort!

ANGÈLE.

Bien vrai?

BRIGITTE.

Sans doute.

HORACE, à part, les yeux fermés.

Et sur mon âme,
Profondément il dormira!

BRIGITTE, le regardant sous le nez.

Il n'est vraiment pas mal! regardez-le, de grâce!

ANGÈLE, s'avançant.

Ah! grand Dieu!... c'est lui!... c'est Horace!

BRIGITTE, étonnée.

Horace!...

ANGÈLE.

Eh! oui, ce jeune cavalier
Qui nous protégea l'an dernier.

BRIGITTE.

C'est possible... et j'aime à vous croire.

ANGÈLE.

Quoi! tu ne l'aurais pas reconnu?

BRIGITTE.

Non vraiment.
Je n'ai pas autant de mémoire
Que madame.

HORACE, à part.

Ah! c'est charmant!

Ensemble.

ANGÈLE et BRIGITTE.

O belle soirée! etc.

HORACE.

O douce soirée! etc.

BRIGITTE, regardant du côté du salon, à droite.
L'orchestre a donné le signal :
Voici qu'à danser l'on commence,
Entrons dans la salle du bal.

ANGÈLE, avec embarras, et regardant Horace.
Pas maintenant.

BRIGITTE.
Pourquoi?

ANGÈLE.
Je pense
Qu'à la fin de la contredanse
On sera moins remarquée... attendons!

BRIGITTE, avec un peu d'impatience.
Comme vous le voudrez; mais ici nous perdons
Un temps précieux.

ANGÈLE.
Non, ma chère.
(Lui montrant la porte de droite.)
D'ici l'on voit très-bien.

BRIGITTE, se plaçant près de la porte et regardant.
C'est juste.

HORACE, à part.
O sort prospère!

ANGÈLE, s'approchant d'Horace pendant que Brigitte n'est occupée que
de ce qui se passe dans la salle de bal.
Ah! si j'osais...
Non... non, jamais!

COUPLETS.

Premier couplet.

Le trouble et la frayeur dont mon âme est atteinte
Me disent que j'ai tort... hélas! je le crains bien.
Mais... mais... je puis du moins le regarder sans crainte.
Il dort! il dort! et n'en saura rien,
Non, non... jamais il n'en saura

BRIGITTE, quittant la porte à droite.

Entendez-vous ce joyeux boléro?

ANGÈLE, à part, et regardant Horace.

Mon Dieu! mon Dieu!... ce bruit nouveau
Va l'éveiller... le maudit boléro!

BRIGITTE.

Le joli boléro!

Ensemble.

ANGÈLE.

Je crains qu'il ne s'éveille
A ces accords joyeux!
Oui, tout me le conseille,
Fuyons loin de ses yeux!
(S'arrêtant.)
Non... non... quelle merveille!
Il dort... Il dort très-bien!
Mon Dieu! fais qu'il sommeille
Et qu'il n'entende rien!

BRIGITTE, riant.

Bien loin qu'il ne s'éveille
A ces accords joyeux,
On dirait qu'il sommeille,
Et n'en rêve que mieux!
Ah! c'est une merveille,
Et je n'y conçois rien;
Vraiment, quand il sommeille
Ce monsieur dort très-bien!

HORACE, sur le canapé.

Ah! loin que je m'éveille,
Fermons, fermons les yeux!
L'amour me le conseille :
Dormons pour être heureux!
(Soulevant sa tête de temps en temps.)
Pendant que je sommeille,
D'ici je vois très-bien.
O suave merveille!

Quel bonheur est le mien !
(Brigitte retourne à la porte du bal, regarde le boléro, et Angèle se rapproche du canapé.)

ANGÈLE.
Ah ! combien mon âme est émue !

HORACE, à demi-voix, sur le canapé, et feignant de rêver.
A toi !... toujours à toi,
Ma charmante inconnue !

ANGÈLE.
En dormant il pense à moi !

Deuxième couplet.

Nul sentiment coupable en ces lieux ne m'anime,
Et pourtant y rester est mal... je le sens bien !
Mais ce bouquet... je puis le lui laisser sans crime ;
Il dort !... il dort !... il n'en saura rien !
Non ! il n'en saura jamais rien !

(Elle place son bouquet sur le canapé à côté d'Horace ; en ce moment le bruit de l'orchestre reprend avec une nouvelle force, elle s'éloigne vivement.)

Ensemble.

ANGÈLE.
Je crains qu'il ne s'éveille
A ces accords joyeux !
Et, tout me le conseille,
Fuyons loin de ces lieux !
Mais non, quelle merveille !
Il dort ! il dort très-bien !
Mon Dieu ! fais qu'il sommeille
Et qu'il n'entende rien !

BRIGITTE.
Bien loin qu'il ne s'éveille
A ces accords joyeux,
On dirait qu'il sommeille
Et n'en rêve que mieux !
Ah ! c'est une merveille,
Et je n'y conçois rien ;

Vraiment, quand il sommeille,
Ce monsieur dort très-bien !

HORACE.

Ah ! loin que je m'éveille,
Fermons, fermons les yeux !
L'amour me le conseille ;
Dormons pour être heureux !
Pendant que je sommeille,
D'ici je vois très-bien.

(Prenant le bouquet, qu'il cache dans son sein.)

O suave merveille !
Quel bonheur est le mien !

SCÈNE V.

BRIGITTE, ANGÈLE, HORACE, sur le canapé; **JULIANO,** sortant de la salle du bal au fond, à droite.

JULIANO.

Voici le plus joli boléro que j'aie jamais dansé !

HORACE, se levant brusquement et courant à lui.

Mon ami... mon cher ami !

(Il lui parle bas en l'entraînant au bord du théâtre, à droite.)

ANGÈLE, qui a remis son masque.

Ah ! mon Dieu ! il s'est réveillé en sursaut !

BRIGITTE, de même.

N'allez-vous pas le plaindre ?... depuis le temps qu'il dort !... Conçoit-on cela !... venir au bal pour dormir !...

ANGÈLE.

Tais-toi donc !

HORACE, bas, à Juliano.

Oui, mon ami... elle !... c'est mon inconnue !

JULIANO, de même.

Tu crois ?

HORACE.

Certainement! mais je voudrais en être encore plus sûr.

JULIANO.

C'est-à-dire que tu voudrais lui parler.

HORACE.

J'en meurs d'envie... mais tant qu'elle sera avec sa compagne...

JULIANO.

C'est-à-dire qu'il faudrait l'éloigner.

HORACE.

Si tu pouvais.

JULIANO.

Je vais l'inviter à danser.

HORACE.

Quelle reconnaissance !

JULIANO.

Laisse donc !... entre amis... et puis elle a l'air d'être gentille. (On entend une ritournelle de contredanse, et Juliano s'approche de Brigitte ; à haute-voix.) Je ne pense pas, beau masque, que vous soyez venue au bal pour rester éternellement dans ce petit salon... et si vous vouliez m'accepter pour cavalier...

BRIGITTE, regardant Angèle, qui lui fait signe d'accepter.

Bien volontiers, monsieur.

(On entend la ritournelle d'une contredanse.)

JULIANO.

Mais il n'y a pas de temps à perdre... vous avez entendu la ritournelle qui nous invite... et dans un bal j'ai pour principe de ne jamais manquer une contredanse... Venez, venez, señora.

BRIGITTE, sortant avec Juliano qui l'entraîne.

A la bonne heure !... au moins il ne dort pas, celui-là.

(Ils sortent par le salon du fond, à droite.)

SCÈNE VI.

ANGÈLE, HORACE.

HORACE, arrêtant Angèle qui veut suivre Brigitte.

Ah! de grâce, madame, un instant, un seul instant!

ANGÈLE, déguisant sa voix.

Que voulez-vous de moi, seigneur cavalier?

HORACE.

Ah! ne le devinez-vous pas?... et faut-il vous dire que je vous ai reconnue?

ANGÈLE, de même.

Vous pourriez vous tromper!

HORACE.

Moi! demandez-le à ce bouquet!

(Il le tire de son sein et le lui présente.)

ANGÈLE.

O ciel!

HORACE.

Qui désormais ne me quittera plus!... car il me vient de vous; c'est de vous que je le tiens.

ANGÈLE.

Ah! vous ne dormiez pas!

HORACE, vivement.

Je le voulais, je vous le jure... j'y ai fait tous mes efforts, je n'ai pas pu.

ANGÈLE.

Une ruse... une trahison... je ne vous reconnais pas là.

HORACE.

Si je suis coupable... à qui la faute?... à vous, qui depuis un an prenez à tâche de me fuir en me comblant de bienfaits... à vous, qui savez avec tant d'adresse vous soustraire à mes regards... à vous qui dans ce moment encore semblez vous défier de moi en me cachant vos traits... (Angèle ôte son masque.) Ah! c'est elle... la voilà... présente à mes yeux... comme elle l'était à mon souvenir.

ANGÈLE.

Ce souvenir-là... il faut le bannir.

HORACE.

Et pourquoi?

ANGÈLE.

Vous allez vous marier... vous allez épouser la fille du comte de San-Lucar.

HORACE.

Jamais! jamais!...

ANGÈLE.

C'est moi qui ai songé pour vous à ce mariage.

HORACE.

Vous, madame?

ANGÈLE.

Oui, sans doute... car vous n'avez rien... et pour soutenir votre nom et votre naissance... il vous faut une belle fortune.

HORACE, avec impatience.

Eh! madame, songez moins à ma fortune... et plus à mon bonheur... il n'est qu'avec vous... auprès de vous... et je vous le déclare d'avance... je renonce à ce mariage et à tous ceux que l'on me proposerait... je ne me marierai jamais... ou je vous épouserai!

ANGÈLE.

En vérité!

HORACE.

Oui, madame... vous... vous seule au monde!

ANGÈLE.

Eh! qui vous dit que je puisse vous appartenir?... qui vous dit que je sois libre?

HORACE.

Grand Dieu!... mariée!

ANGÈLE.

Si cela était?

HORACE.

Ah! j'en mourrais de douleur et de désespoir!

ANGÈLE.

Horace!

HORACE.

Pourquoi alors vous ai-je revue?... pourquoi venir ainsi?

ANGÈLE.

Pour vous faire mes adieux... oui, Horace, mes derniers adieux.

HORACE.

Eh! qui donc êtes-vous?

ANGÈLE.

Qui je suis?

ROMANCE.

Premier couplet.

Une fée, un bon ange
Qui partout suit vos pas,
Dont l'amitié jamais ne change,
Que l'on trahit sans qu'il se venge,
Et qui n'attend pas même, hélas!
Un amour qu'on ne lui doit pas!
Oui, je suis ton bon ange,
Ton conseil, ton gardien,
Et mon cœur en échange
De toi n'exige rien,
Qu'un bonheur!... un seul!... c'est le tien

Deuxième couplet.

Vous servant avec zèle
Ici-bas comme aux cieux,
Sans intérêt je suis fidèle,

Et lorsque auprès d'une autre belle
L'hymen aura comblé vos vœux,
Là-haut je prierai pour vous deux !...
Car je suis ton bon ange,
Ton conseil, ton gardien,
Et mon cœur en échange
De toi n'exige rien,
Qu'un bonheur !... un seul !... c'est le tien !

SCÈNE VII.

ANGÈLE, HORACE, LORD ELFORT, sortant de la porte à gauche.

ANGÈLE.

Prenez garde ! on vient !

(Elle remet précipitamment son masque.)

HORACE.

Qu'avez-vous donc, madame ?

ANGÈLE.

Rien... (A demi-voix.) mais taisez-vous tant que milord sera là.

HORACE, de même.

Et pourquoi donc ?

ANGÈLE, de même.

Silence !

LORD ELFORT, à part.

Encore cette petite Horace de Massarena ; et toute seule dans le tête-à-tête... dans ce salon écarté... il y avait quelque chose. (Il salue Angèle, qui se trouble et prend vivement le bras d'Horace.) Pourquoi donc ce domino il était si troublé à mon aspect ?... (Il regarde Angèle avec attention.) Ah ! mon Dieu ! ce tournure et ce taille... qui était tout à fait le même ! Si je n'étais pas bien sûr que milady..., mon femme était heureusement malade chez elle...

HORACE, bas, à Angèle.

Qu'a-t-il donc à vous regarder ainsi?

ANGÈLE, de même.

Je... l'ignore.

LORD ELFORT, à part.

Je n'y tenais plus... et dans le doute je voulais faire un coup hardi. (Allant à Angèle; haut.) Madame voulait-elle accorder à moi le plaisir de danser ensemblement?

HORACE, vivement.

J'allais faire cette demande à madame.

ANGÈLE, à part.

Maladroit!

LORD ELFORT, vivement.

Je étais donc le premier en date.

HORACE.

La date n'y fait rien.

LORD ELFORT.

Elle faisait beaucoup quand on n'avait que cela.

HORACE.

La volonté de madame peut seule donner des droits.

LORD ELFORT.

Pour des droits... je en avais peut-être... beaucoup plus... (A part.) que je voulais.

HORACE, fièrement.

Que madame daigne seulement m'accepter pour cavalier... et nous verrons.

LORD ELFORT, s'échauffant.

Yes, nous verrons.

ANGÈLE, bas, à Horace, et lui serrant la main.

Silence!

(Elle se retourne du côté de milord et lui présente la main.)

LORD ELFORT, étonné, à part.

Elle accepte... ce était donc pas... mais patience... je avais un moyen de savoir.

HORACE, s'approchant d'Angèle, et d'un ton respectueux.

J'obéis, madame.

ANGÈLE.

C'est bien!

HORACE.

Mais l'autre contredanse?

ANGÈLE, lui tendant la main.

Avec vous.

(Elle s'éloigne avec milord par le salon à gauche.)

SCÈNE VIII.

HORACE, puis JULIANO.

HORACE, avec joie.

Ah! elle a raison!... qu'allais-je faire? du bruit, de l'éclat... la compromettre pour une contredanse qu'elle lui accorde par grâce... et qu'elle me donne à moi... qu'elle me donne d'elle-même!

JULIANO.

Eh bien!... qu'y a-t-il?... je te vois enchanté.

HORACE.

Oui, mon ami... je danse avec elle.

JULIANO.

Tant que cela!

HORACE.

Ah! ce n'est rien encore... elle m'aime, j'en suis sûr.

JULIANO.

Elle te l'a dit?

HORACE.

Pas précisément!

JULIANO.

Mais tu sais qui elle est?

HORACE.

Non, mon ami.

JULIANO.

Tu le sauras demain?

HORACE.

Non, mon ami... je ne dois plus la voir... c'est la dernière fois.

JULIANO.

Et tu es ravi?

HORACE.

Au contraire... je suis désespéré... mais j'avais encore une heure à passer avec elle... une heure de plaisir... et je ne pensais plus à l'heure d'après... qui doit faire mon malheur... car c'est tantôt, à minuit, qu'elle doit partir.

JULIANO.

En es-tu bien sûr?

HORACE.

Elle l'a dit devant moi... à sa compagne; toutes deux se sont donné rendez-vous ici... dans ce salon... et quand minuit sonnera à cette horloge, je la perds pour jamais.

JULIANO.

Allons donc! nous ne pouvons pas le permettre.

HORACE.

J'en mourrai de chagrin.

JULIANO.

Et elle de dépit... elle veut qu'on la retienne... c'est évident... et tu ne dois la laisser partir qu'après avoir obtenu son secret, son amour... elle ne demande pas mieux.

HORACE.

Tu crois?

JULIANO.

Mais malgré elle... et c'est une satisfaction que tu ne peux lui refuser.

HORACE.

Certainement... mais comment faire?... comment la retenir quelques heures de plus?

JULIANO.

Cela me regarde.

HORACE.

Et sa compagne, qui sera toujours là avec elle...

JULIANO.

Il faut les séparer... garder l'une... et renvoyer l'autre... quoiqu'elle soit gentille... car j'ai dansé avec elle... et vrai, elle est amusante... surtout par ses réflexions... nous étions déjà fort bien ensemble... et je vais y renoncer... pour toi... pour un ami... Voilà un sacrifice... que tu ne me ferais pas... Tiens, tiens, je la vois d'ici... cherchant des yeux sa compagne... qu'elle n'aperçoit pas.

HORACE.

Je crois bien... elle danse dans l'autre salon.

JULIANO, avançant l'aiguille de l'horloge et la plaçant à minuit moins quelques minutes.

C'est ce qu'il nous faut... Sois tranquille alors.

HORACE.

Que fais-tu donc?

JULIANO.

J'avance pour elle l'heure de la retraite.

SCÈNE IX.

HORACE, JULIANO, BRIGITTE.

BRIGITTE, sortant du salon à droite; à part.

Je ne l'aperçois pas... est-ce qu'elle serait restée tout le temps dans le petit salon?... ce n'est pas possible... Ah! encore ces deux cavaliers, celui qui dort... et celui qui... enfin... (Montrant Juliano.) le jour! (Montrant Horace.) et la nuit!

JULIANO.

Puis-je vous rendre service, ma belle señora?

BRIGITTE.

Non, monsieur; ce n'est pas vous que je cherche.

JULIANO.

Et qui donc?

BRIGITTE.

Est-il possible d'être plus indiscret!... c'est déjà ce que je vous reprochais tout à l'heure.

JULIANO.

Quand je vous ai dit que je vous aimais...

BRIGITTE.

A la première contredanse, et sans m'avoir vue!

JULIANO.

C'est ce qui vous trompe... votre masque était si mal attaché, qu'il m'avait été facile de voir...

BRIGITTE.

Quoi donc?

JULIANO.

Des joues fraîches et couleur de rose.

BRIGITTE à part.

C'est vrai!

JULIANO.

Une physionomie charmante...

BRIGITTE, de même.

C'est vrai!

JULIANO.

Les plus jolis yeux du monde...

BRIGITTE, de même.

C'est vrai!

HORACE, bas, à Juliano.

Quoi! réellement?

JULIANO, de même.

Du tout!... c'est de confiance... ce doit être ainsi... (Haut, à Brigitte.) Vous voyez donc bien, señora, que vous pourriez vous dispenser de garder votre masque... car je vous connais parfaitement.

BRIGITTE.

C'est étonnant!

JULIANO.

La preuve, c'est que tout à l'heure ici, j'ai donné votre signalement exact à un domino noir qui vous cherchait.

BRIGITTE.

Qui me cherchait?

JULIANO.

Oui, vraiment... elle disait : « Où donc est-elle?... où donc est-elle?... — Dans ce salon, ai-je répondu, au milieu de la foule. — Ah! mon Dieu! comment la retrouver?... en aurai-je le temps? » Puis regardant cette horloge, elle s'est écriée...

BRIGITTE, regardant l'horloge et poussant un cri.

Minuit! ce n'est pas possible... tout à l'heure, dans l'autre salon, il n'était que onze heures... Mon Dieu! mon Dieu! comme le temps passe dans celui-ci!... (A Juliano.) Et ce domino... cette dame... où est-elle?

JULIANO.

Partie!

BRIGITTE.

O ciel!

JULIANO.

Partie en courant.

BRIGITTE.

Et sans m'attendre... il est vrai que cinq minutes de plus... impossible après cela... il est trop tard... mais m'abandonner... me laisser seule ainsi!

JULIANO.

Ne suis-je pas là?

BRIGITTE.

Eh! non, monsieur, laissez-moi!

JULIANO.

Je serais si heureux de vous servir... de vous défendre!

BRIGITTE.

Vous voyez bien que je n'ai pas le temps de vous écouter... Laissez-moi partir, je le veux!

JULIANO.

Vous êtes fâchée?

BRIGITTE.

Je le devrais... mais est-ce qu'on a le temps quand on est pressée?...

JULIANO.

Señora... (Le masque de Brigitte se détache à moitié.) Ah! qu'elle est jolie!

BRIGITTE.

Vous ne le saviez donc pas?... Quelle trahison!... vous qui tout à l'heure... Ah! minuit va sonner... je pars.

(Elle sort en courant.)

JULIANO.

C'est qu'elle est vraiment charmante, et je suis désolé

maintenant de mon dévouement... Elle s'éloigne... elle a disparu... et je suis victime de l'amitié... Ah! et cette aiguille qu'il faut ramener sur ses pas... (Faisant retourner l'aiguille à onze heures.) Ma foi, nous préparons de l'ouvrage à l'horloger de la cour. (Se retournant.) C'est vous, milord! quelles nouvelles?

SCÈNE X.
LORD ELFORT, JULIANO, HORACE.

(Lord Elfort, prenant Juliano à part, pendant qu'Horace remonte le théâtre, regarde dans le salon à gauche, et disparaît.)

LORD ELFORT, à Juliano.

Mon ami, mon ami... car vous étiez mon seul ami... je étais tremblant de colère... mon femme était ici!

JULIANO, vivement.

Pas possible... sans nous en prévenir... dans quel dessein?

LORD ELFORT.

Permettez...

JULIANO.

Elle qui se disait malade... et qui avait voulu rester chez elle... Savez-vous que ce serait indigne?

LORD ELFORT.

Modérez-vous!... car vous voilà aussi en colère que moi... et c'était là ce que j'aimais dans un ami véritable.

JULIANO, se modérant.

Certainement... Eh bien donc!... achevez!...

LORD ELFORT.

Je l'avais trouvée ici, causant en tête-à-tête avec le seigneur Horace de Massarena.

JULIANO.

Horace... vous vous êtes abusé.

LORD ELFORT.

C'est ce que je me disais... En prenant son bras qui était toute tremblante...

JULIANO.

Ce n'était pas une raison...

LORD ELFORT.

Attendez donc!... Je parlai à elle... qui répondait jamais... pas un mot!... mon conversation le gênait... l'ennuyait...

JULIANO.

Ce n'était pas encore là une raison...

LORD ELFORT.

Attendez donc!... Vous connaissez la taille élégante et la tournure de milady... vous la connaissez comme moi...

JULIANO.

Certainement...

LORD ELFORT.

Eh bien! mon ami... ce était de même... tout à fait...

JULIANO, s'animant.

En vérité!

LORD ELFORT, de même.

Et je avais encore des preuves bien plus... bien plus... effrayantes... Vous savez que milady, ma femme... était du sang espagnol... du sang des Olivarès... et comme toutes les dames de Madrid... elle portait souvent des mouchoirs où étaient brodées les armes de sa famille...

JULIANO.

Eh bien?...

LORD ELFORT, avec colère.

Eh bien!... l'inconnue... le masque... le domino... il avait brodé sur le coin du mouchoir à elle... les armes d'Olivarès.

JULIANO.

O ciel!...

LORD ELFORT.

Je avais vu... vu de mes yeux... que j'étais furieux... je méditais d'arracher le mouchoir... la mascarade...

JULIANO.

Quelle folie !... quel éclat !...

LORD ELFORT.

Yes... ce était une bêtise... et je avais pas fait.

JULIANO.

C'est bien.

LORD ELFORT.

Je avais pas pu !... elle avait tout à coup quitté mon bras... s'était glissée dans la foule, et au milieu de deux cents dominos noirs... comme le sien... impossible de courir après... Mais ce était elle.

JULIANO.

J'en ai peur.

LORD ELFORT.

C'était bien elle qui se était dit malade.

JULIANO.

Et pourquoi ? Je me le demande encore !

LORD ELFORT, avec chaleur.

Pourquoi ?... pourquoi ?... Mais vous ne voyez donc rien... vous ?... ce était pour retrouver ici cette petite Horace de Massarena.

JULIANO.

Malédiction !... et moi qui ai servi, protégé ses amours... nous étions deux... (A part.) deux maris.

LORD ELFORT.

Quand je disais qu'il porterait malheur à moi... mais bientôt, j'espère...

JULIANO.

Allons, milord... allons, calmons-nous. Dans ces cas-là, il faut se modérer, et surtout se taire.

LORD ELFORT.

Ce vous était bien facile à dire...

JULIANO.

Du tout... cela me fait certainement autant de peine qu'à vous... mais il faut voir... il faut être bien sûr...

LORD ELFORT.

Ce était mon idée... et je priai vous, mon cher ami... de prêter à moi sur-le-champ votre voiture...

JULIANO.

Pourquoi cela ?

LORD ELFORT.

Je avais demandé la mienne dans trois heures seulement, et je voulais à l'instant même retourner chez moi, à mon hôtel... pour bien me assurer que milady n'y était pas.

JULIANO, à part.

O ciel !... comment la sauver ?

LORD ELFORT, furieux.

Alors... je attendrai son retour... alors je attendrai elle ce soir... et demain, ce petite Horace que je détestai... que je... Adieu... je pars de suite.

(Il sort.)

JULIANO.

Je ne vous quitterai pas... je vous accompagne... je descends avec vous... Demandez nos manteaux... moi je fais appeler mon cocher. (Voyant rentrer Horace.) Il était temps... c'est Horace !

SCÈNE XI.

HORACE, JULIANO.

JULIANO.

Arrive donc, malheureux !... Quand je dis malheureux... ce n'est pas toi qui l'es le plus... mais je ne te ferai pas de reproches... tu n'en savais rien... ce n'est pas ta faute!...

HORACE.

A qui en as-tu?... et que veux-tu dire?

JULIANO.

Que la fée invisible... la beauté mystérieuse qui t'intrigue depuis un an... n'est autre que lady Elfort.

HORACE, avec désespoir.

Non, non... cela n'est pas... cela ne peut pas être.

JULIANO.

Ne vas-tu pas te plaindre... et être fâché?... Cela te va bien... moi qui suis trahi par vous et qui viens vous sauver...

HORACE.

Comment cela?

JULIANO.

Son mari... est furieux et compte la surprendre... Il n'en sera rien... cherche milady... reconduis-la chez elle sur-le-champ... moi, pendant ce temps, j'emmène milord dans ma voiture... mon cocher, à qui je vais donner des ordres... nous égarera... nous perdra... nous versera, s'il le faut... c'est peut-être un bras cassé qui me revient... pour toi... pour une infidèle... on ne compte pas avec ses amis... Mais plus tard, sois tranquille... je prendrai ma revanche... Adieu... je vais prendre le mari.

(Il sort par la porte du fond.)

SCÈNE XII.

HORACE, seul.

Ah! je n'en puis revenir encore! C'est la femme de milord... c'est la passion d'un ami... Adieu mes rêves et mes illusions... je ne dois plus la voir ni l'aimer... au contraire... je la maudis... je la déteste... Mais, comme dit Juliano, il faut avant tout la sauver.

SCÈNE XIII.

ANGÈLE, HORACE.

HORACE, à demi-voix.

Fuyez, madame, fuyez... tout est découvert.

ANGÈLE, effrayée.

O ciel!

HORACE.

Partons à l'instant, ou vous êtes perdue.

ANGÈLE, de même.

Qui vous l'a dit?

HORACE.

Mais d'abord le trouble où je vous vois... et puis le comte Juliano que vous connaissez.

ANGÈLE, naïvement.

Nullement.

HORACE, à part.

Quelle fausseté! (Haut et cherchant à se modérer.) Le comte Juliano m'a appris que votre mari savait tout...

ANGÈLE.

Mon mari!...

HORACE, avec une colère concentrée.

Oui... lord Elfort... qui dans ce moment retourne à votre hôtel.

ANGÈLE.

Lord Elfort... mon mari... Ah! c'est original... et surtout très-amusant.

HORACE.

Vous riez!... vous osez rire!...

ANGÈLE.

Oui, vraiment, et ce n'est pas sans raison... car je vous

jure, monsieur, je vous atteste... que je ne suis pas mariée!...

HORACE.

Est-il possible ?

ANGÈLE.

Et que je ne l'ai jamais été.

HORACE.

Ah !... Ce serait trop de bonheur!... et je ne puis y croire! vous m'avez vu si malheureux... que vous avez eu pitié de moi, et vous voulez m'abuser encore.

ANGÈLE.

Non, monsieur... et la preuve... c'est que malgré les dangers dont vous me supposez menacée... je reste!

HORACE.

Dites-vous vrai?

ANGÈLE.

Je reste encore... (Regardant l'horloge.) et pendant trois quarts d'heure, je vous permets d'être mon cavalier...

HORACE.

Trois quarts d'heure...

ANGÈLE.

Sans une minute de plus.

HORACE.

Et ce temps que vous me donnez... j'en suis le maître ?

ANGÈLE.

Mais oui!... puisqu'il est à vous!... Et d'abord, je vous rappellerai, puisque vous l'oubliez, que vous me devez une contredanse.

HORACE, vivement.

On ne danse pas dans ce moment... et puisque vous me laissez l'emploi des instants... du moins vous me l'avez dit...

ANGÈLE.

Je n'ai que ma parole.

HORACE.
J'aime mieux vous demander... mais je n'ose pas.

ANGÈLE.
Suis-je donc si effrayante?

HORACE.
Dites-moi... qui vous êtes?

ANGÈLE.
Tout... excepté cela!

HORACE.
Eh bien! señora... puisque vous n'êtes pas mariée... puisque vous ne l'avez jamais été... vous me l'avez juré... il est une preuve... qui ne me laisserait aucun doute.

ANGÈLE.
Et laquelle?

HORACE.
Ce serait d'accepter ma main.

ANGÈLE.
Écoutez, Horace, ne vous fâchez pas... mais vrai... je le voudrais que je ne le pourrais pas...

HORACE.
Et comment cela?

DUO.

Parlez, quel destin est le nôtre?
Qui nous sépare? Est-ce le rang
Ou la naissance...

ANGÈLE.
   Eh! non vraiment,
Ma naissance égale la vôtre.

HORACE.
Alors, c'est la fortune!... hélas!...
Je le vois, vous n'en avez pas.
Tant mieux! l'amour tient lieu de tout.

17.

ANGÈLE.

Eh! non, monsieur, je suis riche et beaucoup!

HORACE.

Quoi! la naissance...

ANGÈLE.

Eh! vraiment, oui.

HORACE.

Et la richesse?...

ANGÈLE.

Eh! vraiment, oui.

HORACE.

Chez elle tout est réuni!

Ensemble.

HORACE.

Alors, quel obstacle peut naître?
Prenez pitié de ma douleur.
Faut-il donc mourir sans connaître
Ce secret qui fait mon malheur?

ANGÈLE.

Quel trouble en mon cœur vient de naître!
Ah! j'ai pitié de sa douleur.
Mais, hélas! il ne peut connaître
Le secret qui fait mon malheur.

HORACE.

De vous, hélas! que puis-je attendre?

ANGÈLE.

Mon amitié qui de loin vous suivra.

HORACE.

Et d'un ami, de l'ami le plus tendre
Rien désormais ne vous rapprochera?

ANGÈLE, soupirant.

Eh! mon Dieu, non.

HORACE.

Ah! je vous en supplie,

Qu'une fois encor dans ma vie
Je puisse contempler vos traits !
Oh ! que cet espoir me console...
Une fois !... une seule !

ANGÈLE.

Eh bien ! je le promets.

HORACE.

Vous le jurez ?

ANGÈLE.

A ma parole
Je ne manque jamais.

HORACE.

Vous le jurez ?

Ensemble.

ANGÈLE, lui montrant la salle du bal.

N'entendez-vous pas ?
On danse là-bas.
L'orchestre du bal
Donne le signal :
Profitez du temps ;
Dans quelques instants,
Rêves de plaisir
Vont s'évanouir.

HORACE.

Non, je n'entends pas...
Je préfére, hélas !
Aux plaisirs du bal
Ce secret fatal !
Et, pour mon tourment,
Voici le moment
Où bientôt va fuir
Rêve de plaisir.

Ainsi, de vous revoir
Vous me laissez l'espoir ?

ANGÈLE.

Une fois... je l'ai dit.

HORACE.
Et comment le saurai-je?

ANGÈLE.
Le bon ange qui vous protége
Vous l'apprendra,
Mais d'ici-là
Du secret...

HORACE.
Ah! jamais je ne parle à personne...

ANGÈLE.
Des faveurs qu'on vous donne...

HORACE.
Quand on m'en donne.
Mais jusques à présent, et vous-même en effet
Devez le reconnaître,
Je ne peux pas être discret.
(Tendrement, et s'approchant d'elle.)
Faites que j'aie au moins quelque mérite à l'être.

Ensemble.

ANGÈLE, sans lui répondre.
N'entendez-vous pas?
On danse là-bas.
L'orchestre du bal
Donne le signal :
Profitez du temps;
Dans quelques instants,
Pour nous va s'enfuir
Rêve de plaisir.

HORACE, avec impatience.
Oui, j'entends, hélas!
Qu'on danse là-bas.
L'orchestre du bal
Donne le signal;
Et, pour mon tourment,
Voici le moment

Où bientôt va fuir
Rêve de plaisir.

(Ils vont pour entrer dans la salle du bal à droite, et à la pendule de l'un des salons on entend en dehors sonner minuit.)

ANGÈLE, s'arrêtant.

O ciel! qu'entends-je!

(Regardant l'horloge du fond.)

Il me semble
Qu'il n'est pas encor l'heure, et pourtant c'est minuit
Qui dans ce salon retentit.

HORACE, voulant l'empêcher d'entendre.

C'est une erreur...

ANGÈLE, entendant sonner dans le salon à gauche.

Eh! non!...

(Entendant sonner dans un troisième salon.)

Encore!... ah! tous ensemble!
C'est fait de moi!...
Je meurs d'effroi!...
Et ma compagne, hélas!... ma compagne fidèle
Où la chercher? où donc est-elle?
Comment la trouver à présent?

HORACE, avec embarras.

Elle est partie.

ANGÈLE.

O ciel! sans m'attendre... et comment?

HORACE.

Par une ruse
Dont je m'accuse...
J'ai su, pour vous garder, l'éloigner en secret!

ANGÈLE, poussant un cri de désespoir.

Ah! vous m'avez perdue!

HORACE.

O mon Dieu! qu'ai-je fait?

Ensemble.

ANGÈLE.

O terreur qui m'accable!

Qu'ai-je fait, misérable!
A tous les yeux coupable,
Que vais-je devenir?
Que résoudre et que faire?
Au châtiment sévère
Rien ne peut me soustraire,
Je n'ai plus qu'à mourir!

HORACE.

O terreur qui m'accable!
Qu'ai-je fait, misérable!
C'est moi qui suis coupable,
Comment la retenir?
Que résoudre et que faire?
A sa juste colère
Rien ne peut me soustraire,
Je n'ai plus qu'à mourir!

Qu'à moi du moins votre cœur se confie;
Si je peux réparer mes torts...

ANGÈLE, traversant le théâtre.

Jamais!... jamais!...

HORACE.

Ah! je vous en supplie...
Écoutez-moi, madame, et voyez mes regrets;
Laissez-moi vous défendre ou du moins vous conduire

ANGÈLE.

Non, je dois partir seule!...

HORACE, la retenant.

Encor quelques instants!

ANGÈLE.

Laissez-moi m'éloigner, ou devant vous j'expire!

HORACE.

Eh bien! je vous suivrai!

ANGÈLE.

Non... je vous le défends.

Ensemble.

ANGÈLE.

O terreur qui m'accable! etc.

HORACE.

O terreur qui m'accable ! etc.

(Elle s'éloigne malgré les efforts d'Horace pour la retenir. Arrivée près de la porte, elle lui fait de la main la défense de la suivre. Horace s'arrête. Elle remet son masque et s'éloigne.)

SCÈNE XIV.

HORACE, seul.

Vous le voulez... à cet arrêt terrible
Je me soumets... j'obéirai...
    (Après un instant de combat intérieur.)
Non, non, c'est impossible...
Quoi qu'il arrive, hélas !... je la suivrai !
        (Il s'élance sur ses pas et disparaît.)

ACTE DEUXIÈME

La salle à manger de Juliano. — Au milieu, un brasero allumé. Au fond, une porte, et dans un pan coupé à droite du spectateur une croisée donnant sur la rue. Deux portes à gauche, une à droite. Entre les portes, des armoires, des buffets ; au fond, à gauche, une table sur laquelle le couvert est mis.

SCÈNE PREMIÈRE.

JACINTHE, seule.

Une heure du matin, et don Juliano, mon maître, n'est pas encore rentré. C'est son habitude. Il ne dort jamais que le jour... et je l'aime autant... le service est bien plus agréable et plus facile avec un maître qui ferme toujours les yeux ! Mais ce soir, avant de partir pour le bal de la cour, cette idée de donner à souper à ses amis la nuit de Noël... quelle conduite !... pour faire réveillon ! Moi qui justement ce matin avais eu la même idée avec Gil Perez, le concierge et l'économe du couvent des Annonciades, et impossible de le décommander à cette heure où tout le monde dort... Mais les maîtres ne s'inquiètent de rien, et n'ont aucun égard, le mien surtout... Jésus Maria, quelle tête !... et qu'une gouvernante est à plaindre chez un garçon, quand il est jeune !... Quand il est vieux, c'est autre chose ! témoin l'oncle de Juliano, le seigneur Apuntador, chez lequel j'étais avant lui... quelle différence !

COUPLETS.

Premier couplet.

S'il est sur terre
Un emploi,

Selon moi,
Qui doive plaire,
C'est de tenir la maison
D'un vieux garçon...
C'est là le vrai paradis.
Là, nos avis
A l'instant sont suivis.
Par nos soins dorloté,
Il nous doit la santé.
Notre force est sa faiblesse,
Et l'on est dame et maîtresse,
Vieille duègne ou tendron.
Si nous voulons
Régner sans cesse,
Pour cent raisons
Choisissons
La maison
D'un vieux garçon.

Deuxième couplet.

Sa gouvernante
Est son bien,
Son soutien,
Elle est régente.
Il est pour elle indulgent
Et complaisant.
Elle aura chez monseigneur
Les clefs de tout et même de son cœur.
Fidèle de son vivant,
Il l'est par son testament,
Où brille, c'est la coutume,
Une tendresse posthume.
Vieille duègne
Ou tendron,
Si nous tenons
A notre règne,
Pour cent raisons
Choisissons
La maison
D'un vieux garçon.

Mais ici, par malheur, nous n'en sommes pas là, et demain, quand ma nièce Inésille sera avec moi dans cette maison, j'aurai soin de la surveiller, parce qu'une jeunesse qui arrive de sa province, avec des mauvais sujets comme mon maître et ses amis !... Mais voyez donc, ce Gil Perez, s'il avait au moins l'esprit de venir avant tout ce monde, on pourrait s'entendre... (Allant à la fenêtre du fond, qu'elle ouvre.) Je ne vois rien. Si vraiment... en face de ce balcon... au milieu de la rue, on s'est arrêté... Ah ! mon Dieu !... une grande figure noire... qui lève le bras vers moi! Ah! j'ai peur ! (Elle referme vivement la croisée.) C'est un avertissement du ciel... J'ai toujours eu idée qu'il m'arriverait malheur de souper tête-à-tête la nuit de Noël avec l'économe d'un couvent... avec tout autre, je ne dis pas... Ah !... l'on frappe... Dieu soit loué !... C'est Gil Perez... ou mon maître... peu m'importe, pourvu que je ne sois pas seule. (Elle va ouvrir la porte du fond et pousse un cri de terreur en voyant apparaître une figure noire.)

SCÈNE II.

ANGÈLE, en domino noir et en masque, JACINTHE.

JACINTHE, tremblant et marmottant des prières.

Ah ! mon bon ange !... ma patronne... saints et saintes du paradis, intercédez pour moi !... *Vade retro, Satanas!*

ANGÈLE, ôtant son masque.

Rassurez-vous, señora... c'est une pauvre femme qui a plus peur que vous.

JACINTHE.

Une femme... en êtes-vous bien sûre ? et d'où sortez-vous, s'il vous plaît ?

ANGÈLE.

Je sors du bal !... d'un bal masqué... vous le voyez...

Mais par un événement trop long à vous expliquer... il est trop tard maintenant pour que je puisse rentrer chez moi... où l'on ne m'attend pas... car on ignore que je suis au bal... et je me suis trouvée la nuit... seule au milieu de la rue... où j'avais grand'peur, et surtout grand froid... Il neige bien fort... toutes les portes sont fermées, tout le monde dort... il n'y avait de lumière qu'à cette fenêtre qui s'est ouverte... et quand j'ai aperçu une femme, quand je vous ai vue... j'ai repris courage; j'ai frappé, et maintenant, señora, mon sort est entre vos mains.

JACINTHE.

C'est fort singulier... fort singulier... Mais enfin, moi, je ne demande pas mieux que de rendre service quand ça ne m'expose pas, et que ça ne me coûte rien.

ANGÈLE, vivement.

Au contraire... au contraire... tenez... prenez cette bourse.

JACINTHE.

Cette bourse...

ANGÈLE.

Il y a vingt pistoles... c'est de l'or.

JACINTHE.

Je n'en doute pas... je ne puis pas révoquer en doute la franchise de vos manières... mais enfin que voulez-vous ?

ANGÈLE.

Que vous me donniez un asile... pour quelques heures... jusqu'au jour; après cela, je verrai, je tâcherai...

JACINTHE.

Permettez... recevoir ainsi... une personne inconnue...

ANGÈLE.

Mon Dieu !... mon Dieu !... que pourrais-je dire pour vous persuader... ou vous convaincre ?... Ah ! cette bague en diamants... acceptez-la... je vous prie, et gardez-la en mémoire du service que vous m'aurez rendu... car, je le vois, vous cédez à mes prières... vous n'avez plus de défiance, vous croyez en moi.

JACINTHE.

Comment ne pas vous croire ?... Voilà des façons d'agir qui... révèlent sur-le-champ une personne comme il faut... Aussi je ne doute pas que mon maître...

ANGÈLE.

Vous avez un maître ?

JACINTHE.

Un jeune homme de vingt-cinq ans.

ANGÈLE.

Ah! mon Dieu!... il ne faut pas qu'il me voie... cachez-moi chez vous, dans votre chambre...

JACINTHE, montrant la porte à droite.

Elle est là.

ANGÈLE.

Que personne ne puisse y pénétrer !

JACINTHE.

C'est difficile... mon maître va rentrer souper avec une demi-douzaine de ses amis...

ANGÈLE.

O ciel!

JACINTHE.

Qui s'emparent de toute la maison... et qui découvriraient bien vite une jeune et jolie dame telle que vous...

ANGÈLE.

Alors je ne reste pas... je m'en vais... (Elle remonte le théâtre pour sortir; on entend au dehors un bruit de marche.) Qu'est-ce donc ?

JACINTHE.

Une patrouille qui passe sous nos fenêtres...

ANGÈLE.

Est-ce qu'il y en a beaucoup ainsi ?

JACINTHE.

Dans presque toutes les rues... c'est pour la sûreté de la ville... elles arrêtent toutes les personnes suspectes qu'elles rencontrent.

ANGÈLE, à part.

C'est fait de moi !... (Haut à Jacinthe.) Je reste... je reste... Mais si je ne puis m'empêcher de paraître aux regards de ton maître ou de ses amis... n'y aurait-il pas moyen du moins de ne pas leur apprendre qui je suis ?... Ce domino, ce costume va m'exposer à leur curiosité et à leurs questions.

JACINTHE.

N'est-ce que cela ?... il m'est bien facile de vous y soustraire... J'ai ma nièce Inésille, une Aragonaise, qui vient du pays pour être servante à Madrid. J'ai déjà reçu sa malle et ses effets ; ils sont là dans ma chambre... et si ça peut vous convenir...

ANGÈLE.

Oh ! tout ce que tu voudras.

JACINTHE.

Habillée ainsi, mon maître et ses amis vous apercevront sans seulement faire attention à vous, (La regardant.) si toutefois cela est possible.

(On frappe à la porte du fond.)

ANGÈLE.

On vient... du silence... entends-tu ?... silence avec tout le monde... et ma reconnaissance...

JACINTHE, lui montrant la porte à droite.

Je suis muette... entrez vite, et que Notre-Dame de Lorette vous protége !

(Angèle entre dans la chambre à droite.)

SCÈNE III.

JACINTHE, GIL PEREZ.

JACINTHE.

Le seigneur Gil Perez... c'est bien heureux !

GIL PEREZ.

Oui, ma céleste amie, ma divine Jacinthe... j'arrive un peu tard... par excès d'amour et de prudence... Il a fallu attendre que la messe de minuit fût terminée, et après cela, j'ai voulu être bien sûr que tout le monde dormait au couvent... et tout le monde dort.

JACINTHE.

Tant mieux ! on ne vous entendra pas rentrer !... car il faut y rentrer à l'instant.

GIL PEREZ.

Et pourquoi cela ?

JACINTHE.

Parce que le comte Juliano, mon maître, va arriver d'un instant à l'autre avec ses amis qui soupent ici.

GIL PEREZ.

Comme s'ils n'auraient pas pu rester toute la nuit au bal... c'est très-désagréable... et je n'ai pas du tout envie de m'en retourner.

JACINTHE.

Y pensez-vous ?... me compromettre !

GIL PEREZ.

Écoutez donc, Jacinthe... il fait cette nuit un froid, et un appétit... qui redoublent en ce moment... et quand on avait l'espoir de souper en tête-à-tête au coin d'un bon feu, on ne renonce pas aisément à une pareille béatitude.

JACINTHE.

Il le faut cependant... car le moyen de justifier votre présence... à une pareille heure ?

GIL PEREZ.

Le ciel nous inspirera quelque bon mensonge!... il en inspire toujours à ses élus !

JACINTHE.

En vérité !

GIL PEREZ.

Vous direz au seigneur Juliano, votre maître... que vous m'avez prié de venir vous aider pour le souper qu'il donne cette nuit à ses amis.

JACINTHE.

C'est vrai, vous avez des talents...

GIL PEREZ.

Avant d'être économe... j'ai été cuisinier chez deux archevêques !...

JACINTHE.

Deux archevêques !...

GIL PEREZ.

Je n'ai jamais servi que dans de saintes maisons... c'est bien plus avantageux... On y fait sa fortune dans ce monde et son salut dans l'autre.

JACINTHE.

Je le crois bien... et le couvent des Annonciades, où vous êtes en ce moment ?...

GIL PEREZ.

C'est le paradis terrestre... A la fois concierge et économe, je suis le seul homme de la maison, et chargé de l'administration temporelle... Que Dieu me fasse encore la grâce de rester un an ou deux dans cette sainte demeure... je prendrai alors du repos... et me retirerai... dans le monde... avec une honnête fortune que je pourrai offrir à dame Jacinthe.

JACINTHE.

Qui, de son côté, ne néglige pas les économies.

GIL PEREZ.

Vous en avez fait de bonnes avec le seigneur Apuntador, votre premier maître...

JACINTHE.

Qui était si avare...

GIL PEREZ.

Excepté pour sa gouvernante.

JACINTHE.

C'était sa seule dépense...

GIL PEREZ.

Et cela doit aller bien mieux encore avec le seigneur Juliano, son neveu... un dissipateur.

JACINTHE.

Du tout... ça n'est plus ça... il mange son bien avec tout le monde... et quand les maîtres n'ont pas d'ordre...

GIL PEREZ.

C'est ce qu'il y a de pire... il finira mal...

JACINTHE.

Je le crois aussi... mais en attendant, il y a quelquefois de bonnes aubaines à son service... (Regardant du côté de la porte à droite.) Ce soir, par exemple...

GIL PEREZ.

Qu'est-ce donc?

JACINTHE.

Rien... rien... j'ai promis le silence, pour aujourd'hui du moins... mais demain, Gil Perez, je vous conterai cela.

GIL PEREZ.

A la bonne heure... on n'a pas de secrets pour un fiancé, pour un époux... Je descends à la cuisine... m'installer au milieu des fourneaux et donner à ces messieurs un souper d'archevêque... Dès qu'ils auront soupé... je porterai là, dans votre chambre... un ou deux plats... des meilleurs que j'aurai mis de côté... et que je tiendrai bien chaudement au coin du feu.

JACINTHE.

A la bonne heure... mais si on entrait dans ma chambre...

GIL PEREZ.

Dès qu'ils sortiront de table... ôtez la clef...

JACINTHE.

Et vous, alors...

GIL PEREZ.

N'en ai-je pas une autre... dont je ne vous ai jamais parlé?...

JACINTHE.

Est-il possible !... Et comment cela se fait-il?... une seconde clef...

GIL PEREZ.

C'est celle du seigneur Apuntador... votre ancien maître... je l'ai trouvée ici.

JACINTHE.

Ah ! monsieur Gil Perez... une telle hardiesse...

GIL PEREZ.

Je cours à la cuisine.

(Il sort par la porte à gauche sur la ritournelle du chœur suivant et pendant que Jacinthe va ouvrir la porte du fond.)

SCÈNE IV.

JACINTHE, JULIANO, PLUSIEURS SEIGNEURS de ses amis.

LES SEIGNEURS.

Réveillons ! réveillons l'hymen et les belles !
Réveillons les maris prêts à s'endormir !
Réveillons ! réveillons les amants fidèles !
 Réveillons tout jusqu'au désir !
 La nuit est l'instant du plaisir !
 Vivent la nuit et le plaisir !

JULIANO.

Qu'en son lit la raison sommeille ;
Verre en main, à table je veille
Et me console des amours !
Les belles nuits font les beaux jours !

LES SEIGNEURS.

Réveillons ! réveillons l'amour et les belles !
Réveillons les maris prompts à s'endormir !
Réveillons, réveillons les plaisirs fidèles !
La nuit est l'instant du plaisir !
Vivent la nuit et le plaisir !

JACINTHE.

Quel tapage ! c'est à frémir !
Le quartier ne peut plus dormir !

JULIANO, à part.

Tout s'arrange au mieux, sur mon âme !
Et lord Elfort en son logis,
En rentrant, a trouvé sa femme...
Il est un Dieu pour les maris !...
Du reste il va venir.

(Haut.)
Et toi, belle Jacinthe,
Soigne les apprêts du festin !
Qui manque encore ?

TOUS.

Horace !

JULIANO.

Oui !... mais soyez sans crainte,

(A part.)
Les amoureux n'ont jamais faim !

JACINTHE.

Quel tapage ! c'est à frémir !
Le quartier ne peut plus dormir !
Et l'alcade ici va venir !

(Elle prend le manteau que son maître a jeté sur un fauteuil et le porte dans la chambre à droite.)

LES SEIGNEURS.

Réveillons ! réveillons l'amour et les belles !
Réveillons les maris prompts à s'endormir !
Réveillons ! réveillons les plaisirs fidèles !
  La nuit est l'instant du plaisir !
  Vivent la nuit et le plaisir !

JULIANO, se retournant et appelant.

Jacinthe !... Eh bien ! où est-elle donc ?
(Il va ouvrir la porte à droite, fait un pas dans la chambre et en ressort tout étonné en voyant Angèle qui entre poussée par Jacinthe.)

SCÈNE V.

LES MÊMES ; JACINTHE, ANGÈLE, sortant de la porte à droite, habillée en paysanne aragonaise.

JULIANO.

Que vois-je ? quel minois charmant !

TOUS.

Quelle est donc cette belle enfant ?

JACINTHE, aux autres.

C'est ma nièce ! Oui, je suis sa tante :
  (A Juliano.)
Vous savez que nous l'attendions !

TOUS.

C'est une admirable servante
Pour un ménage de garçons !

INÉSILLE, faisant la révérence.

Ah ! messeigneurs, c'est trop d'honneur !
  (Bas, à Jacinthe.)
Ah ! j'ai bien peur ! ah ! j'ai bien peur !

JACINTHE, bas, à Inésille.

Allons ! courage !

JULIANO.

Et son nom ?

JACINTHE.
Inésille !

Ensemble.
JULIANO et LES SEIGNEURS.
La belle fille !
Qu'elle est gentille !
Et qu'Inésille
Offre d'attraits !
Quoique ignorante,
Elle m'enchante,
Et pour servante
Je la prendrais !

JACINTHE, à part.
La belle fille !
Qu'elle est gentille !
Mon Inésille
Leur plaît déjà !
Jeune, innocente,
Elle est charmante !
Et moi, sa tante,
Surveillons-la !

INÉSILLE, à part.
J' vois qu'Inésille,
La pauvre fille !
J'vois qu'Inésille
Leur conviendrait !
Quoique ignorante,
Je les enchante,
Et pour servante
On me prendrait !

JULIANO.
COUPLETS.
Premier couplet.
D'où venez-vous, ma chère ?

INÉSILLE.
J'arrivons du pays !

JULIANO.
Et que savez-vous faire ?
INÉSILLE.
J'n'ons jamais rien appris !
JULIANO.
D'une âme généreuse
Nous vous formerons tous !
INÉSILLE, regardant Jacinthe.
Ah ! je fus bien heureuse
D' pouvoir entrer chez vous !
Dans cette maison que j'honore
(Faisant la révérence.)
Être admise est un grand plaisir...
(A part.)
Mais j'en aurai bien plus encore
Sitôt que j'en pourrai sortir !

JULIANO.
Deuxième couplet.
Vous êtes douce et sage ?
INÉSILLE.
Chacun vous le dira !
JULIANO, lui prenant la main.
Vous n'êtes point sauvage ?
INÉSILLE.
Sauvage, qu'est-ce que c'est qu' ça ?
JULIANO.
En fidèle servante,
Ici vous resterez.
INÉSILLE.
Si je vous mécontente,
Dam ! vous me renverrez !...
Car dans c'te maison que j'honore,
(Faisant la révérence.)
Demeurer est un grand plaisir !...

18.

(A part.)
Mais j'en aurai bien plus encore
Sitôt que j'en pourrai sortir !

JACINTHE, se mettant entre eux et s'adressant à Inésille.
Allons ! c'est trop jaser !... oui... finissons, de grâce !
Il faut qu'ici le service se fasse !

JULIANO.
C'est juste ! apporte-nous xérès et malaga !

JACINTHE, à Inésille, qu'elle prend par le bras.
Allons ! descendons à la cave !

INÉSILLE, effrayée.
A la cave !...

JULIANO.
Je vois qu'elle n'est pas trop brave !

TOUS.
Chacun de nous l'escortera !

JACINTHE.
Non, messieurs, non ; je suis plus brave,
Sa tante l'accompagnera !
Allons !... venez chercher... xérès et malag !

Ensemble.

JULIANO et LES SEIGNEURS.
La belle fille !
Qu'elle est gentille !
Et qu'Inésille
Offre d'attraits !
Quoique ignorante,
Elle m'enchante,
Et pour servante
Je la prendrais !

JACINTHE, à part.
La belle fille !
Qu'elle est gentille !
Mon Inésille

Leur plaît déjà !
Elle est charmante
Et ravissante,
Et moi, sa tante,
Surveillons-la.

INÉSILLE, à part.

Mais Inésille,
La pauvre fille !
Mais Inésille
Les séduirait !
Quoique ignorante,
Je les enchante ;
Et pour servante
On me prendrait !

(Jacinthe sort en emmenant Inésille par la seconde porte à gauche qui mène dans l'intérieur de la maison.)

SCÈNE VI.

LES MÊMES ; JULIANO, puis HORACE.

JULIANO.

Elle est vraiment très-bien, la petite Aragonaise, car elle vient d'Aragon ; et il est heureux pour elle qu'elle soit tombée dans une maison comme la mienne, une maison tranquille... un homme seul... (Les regardant.) Pas aujourd'hui du moins. (Se retournant et apercevant Horace.) Eh ! arrive donc, mon cher ami, j'avais une impatience de te voir !...

HORACE.

Et moi aussi.

JULIANO, à ses compagnons.

Messieurs, voici des cigarettes, et si vous voulez, en attendant le souper... (Les jeunes gens se forment dans l'appartement en différents groupes, causent ou allument des cigares autour du brasero pendant que Juliano amène Horace sur le devant du théâtre.) Eh bien ! tout a été à merveille, et je ne sais pas comment tu t'y es pris, car j'ai eu peur un moment... Ce lord Elfort, voyant que notre conducteur se perdait et prenait le plus long, a voulu lui-même monter sur le siége... J'oubliais que les Anglais étaient les premiers cochers d'Europe, et en un instant nous avons été à son hôtel, où je tremblais en montant l'escalier.

HORACE.

Tu étais dans l'erreur.

JULIANO.

Je l'ai bien vu, et j'ignore comment vous avez fait, toi et milady, pour rentrer avant nous ; mais elle était dans son appartement, elle dormait.

HORACE.

Tu te trompes.

JULIANO.

Je le crois bien, elle faisait semblant.

HORACE.

Mais non, mon ami, ce n'était pas elle, et la preuve, c'est que je suis resté une demi-heure encore avec mon inconnue, qui s'est enfuie au moment où minuit sonnait à toutes les pendules.

JULIANO.

Laisse-moi donc tranquille !

HORACE.

Et nous avons fait un joli coup, tu peux t'en vanter. Il paraît, mon ami, que nous l'avons perdue, déshonorée, et elle voulait s'aller jeter dans le Mançanarès.

JULIANO.

Ah çà ! quand tu auras fini ton histoire...

HORACE.

C'est la vérité même, je te l'atteste ; je me suis précipité sur ses pas, je l'ai rejointe au bas du grand escalier, je la retenais par le bras, lorsque, dans ses efforts pour m'échapper, s'est détaché un riche bracelet que j'ai voulu ramasser, et pendant ce temps elle s'était élancée au dehors... et là, disparue... évanouie comme une ombre... Vingt rues différentes... laquelle avait-elle prise ?

JULIANO.

Écoute, Horace, si tu me prends pour dupe, si tu veux t'amuser à mes dépens...

HORACE.

Mais non, mon ami ; voilà ce bracelet, regarde plutôt.

JULIANO.

Il est de fait que je ne l'ai jamais vu à milady ; mais à son élégance, encore plus qu'à sa richesse, il doit appartenir à quelque grande dame. Nous avons ici le jeune Melchior qui doit se connaître en diamants ; il ne sort pas de chez le joaillier de la cour, à cause de sa femme qui est charmante. (A Melchior.) Mon cher Melchior, Horace voudrait vous parler.

HORACE, le prenant à part.

Connaîtriez-vous par hasard ce joyau ?

MELCHIOR.

Certainement ! on l'a vendu dernièrement devant moi.

HORACE.

A qui donc ?

MELCHIOR.

A la reine.

HORACE, à part.

O ciel !

JULIANO, revenant près d'eux.

Eh bien ! qu'est-ce ? qu'y a-t-il ?

HORACE, bas à Melchior.

Taisez-vous. (Haut, à Juliano.) Rien, il ne sait rien... il ne connaît pas. (A part.) La reine... ce n'est pas possible, c'est absurde ! (Il se retourne et aperçoit Angèle qui sort de la porte à gauche au fond et s'avance au bord du théâtre tenant un panier de vin sous le bras et un bougeoir à la main ; il pousse un cri et reste immobile de surprise.) Ah! voilà qui est encore pire !

INÉSILLE, apercevant Horace.

C'est lui !

SCÈNE VII.

LES MÊMES; INÊSILLE et JACINTHE qui rentre avec elle.

(Jacinthe prend le panier de vin que portait Angèle; toutes deux remontent le théâtre et s'occupent à ranger le couvert près de la table qui est au fond à gauche et toute dressée.)

JULIANO, à Horace.

Eh bien! qu'as-tu donc? comme tu regardes notre jeune servante!... Elle est jolie, n'est-ce pas?

HORACE.

Ah ! c'est là une servante ?

JULIANO.

Une Aragonaise ; la nièce de Jacinthe, ma vieille gouvernante.

HORACE.

Et... et tu la connais?

JULIANO.

Certainement, et ces messieurs aussi. D'où vient donc ton air étonné ?

HORACE.

Ah! c'est que, c'est que... dis-moi, toi qui vois la reine... car moi je l'ai à peine aperçue... Mais toi, tu la vois souvent, ne trouves-tu pas que cette petite servante ressemble beaucoup à la reine ?

JULIANO.

Pas du tout, pas un seul trait.

HORACE.

Tu en es bien sûr?

JULIANO.

Certainement! Pourquoi cette question?

HORACE, avec embarras.

C'est que... (A part.) Allons, je deviens fou, je perds la tête!
(Il regarde toujours Angèle sans oser l'approcher ni lui adresser la parole.)

JULIANO.

Il paraît que milord ne vient pas. (Bas, à Horace.) Il aura été obligé de faire sa paix avec milady, à moins qu'il n'ait été soupirer sous le balcon de quelque belle Espagnole.

HORACE, d'un air distrait et regardant toujours Inésille.

Lui!

JULIANO.

C'est un amateur... l'Opéra de Madrid vous dira ses conquêtes... mais puisque le conquérant est en retard... à table, messieurs, à table! (Pendant ce temps, Jacinthe et Inésille ont apporté la table au milieu du théâtre. Tous s'asseyent ; Inésille se tient debout, une serviette et une assiette à la main, et elle sert tout le monde. Horace, immobile, ne boit ni ne mange, et reste, la fourchette en l'air, toujours occupé à regarder Angèle, qui n'a pas l'air de le connaître.) A boire avant tout... (Inésille sert à boire à Horace, dont la main tremble et qui choque son verre contre la bouteille.) et que d'abord je fasse réparation à mon ami Horace... j'ai cru, messieurs, qu'il m'avait enlevé ma maîtresse.

TOUS.

Ah! c'est affreux!

JULIANO.

Il paraît que j'avais tort, et qu'elle m'est fidèle... je dis il paraît, parce que, dans ces cas-là, le doute est déjà un bénéfice dont il faut se contenter. Je bois donc à mon ami Horace et à ses succès.

TOUS.

A ses succès!

JULIANO.

Cela ne fera pas mal... car dans ce moment, c'est le

héros de roman le plus malheureux. Il a, entre autres, une belle inconnue, une nymphe fugitive, qui n'est pourtant qu'à moitié cruelle.

HORACE, vivement.

Juliano! je t'en conjure!

JULIANO.

Tu lui as promis d'être discret, c'est de droit; mais nous aussi, nous le sommes tous, et vous ne croiriez pas, messieurs, que pour elle il est prêt à refuser un mariage superbe... Inésille, une assiette... Une dot magnifique qui m'irait si bien!

HORACE.

Je te l'abandonne!

JULIANO.

J'accepte... vous en êtes témoins... à ce prix, je t'abandonne ta beauté anonyme, ta fille des airs, ta sylphide!

HORACE.

Juliano, pas un mot de plus!

JULIANO.

N'as-tu pas peur?... elle ne peut nous entendre, elle n'est pas ici.

HORACE.

Peut-être! Ne t'ai-je pas dit qu'en tous lieux elle était près de moi... sur mes pas... à mes côtés... que je la regardais comme mon bon ange, mon ange tutélaire et que, visible ou non, elle était toujours là présente à mes yeux et à mon cœur?

INÉSILLE, qui l'écoute avec émotion, laisse tomber l'assiette qu'elle tenait, qui roule et se casse.

Ah! mon Dieu!

JULIANO.

A merveille! l'Aragonaise arrange bien mon mobilier de garçon.

JACINTHE, allant à elle.

La maladroite !

JULIANO.

Ne vas-tu pas la gronder ?

INÉSILLE.

N' vous fâchez pas, ma tante, je la paierons sur mes gages.

JACINTHE.

Elle le mériterait.

JULIANO.

Certainement ; mais je lui fais grâce ; je suis bon prince, et je lui demande, pour toute indemnité, une chanson du pays.

TOUS.

C'est juste ! une chanson aragonaise !

JACINTHE, bas à Inésille.

En savez-vous ?

INÉSILLE, de même.

Je crois que oui... à peu près.

TOUS.

Écoutons bien !

JULIANO.

Qu'ici son talent brille !

JACINTHE, bas à Inésille.

Du courage !

JULIANO.

C'est un concert
Qu'Inésille...

HORACE, stupéfait.

Inésille !

JULIANO.[1]

Nous réservait pour le dessert.

RONDE ARAGONAISE.

INÉSILLE, *prenant les castagnettes que Jacinthe vient de lui apporter, et avec lesquelles elle s'accompagne pendant les couplets suivants.*

Premier couplet.

La belle Inès
Fait florès ;
Elle a des attraits,
Des vertus ;
Et bien plus,
Elle a des écus !
Tous les garçons,
Bruns ou blonds,
Lui font les yeux doux :
— Qui de nous
Voulez-vous
Prendre pour époux ?
Est-ce un riche fermier ?
Est-ce un galant muletier,
Ou bien un alguazil ?
Celui-là vous convient-il ?
Tra, la, la, tra, la, la.
— Non, mon cœur incivil,
Tra, la, la, tra, la, la,
Refuse l'alguazil,
Tra, la, la, tra, la, la.
— L'alcade vous plaît-il ?
— Tra, la, la, tra, la, la,
Fût-ce un corrégidor,
Je le refuse encor.
— Que voulez-vous,
Belle aux yeux doux ?
Répondez, nous vous aimons tous.
Qui de nous
Voulez-vous
Prendre pour époux ?
— L'amoureux
Que je veux,
C'est celui qui danse le mieux.

Ensemble.

JULIANO et LES SEIGNEURS.

Que de grâce ! que de candeur !
C'est un morceau de grand seigneur,
Et déjà mon cœur amoureux
S'enflamme au feu de ses beaux yeux !

HORACE.

C'est bien son regard enchanteur ;
Mais ce costume !... est-ce une erreur ?
Et que dois-je croire en ces lieux,
Ou de mon cœur, ou de mes yeux ?

JACINTHE.

Ah ! quel son de voix enchanteur !
Ma nièce me fait de l'honneur !
Et déjà leur cœur amoureux
S'enflamme au feu de ses beaux yeux !

INÉSILLE.

Deuxième couplet.

Dès ce moment,
Chaque amant
Se mit promptement
A danser,
Balancer,
Passer,
Repasser,
Et, castagnettes en avant,
Chaque prétendant.
S'exerçait
Et donnait
Le signal
Du bal.
Le muletier Pedro
Possédait le boléro,
Et l'alcade déjà
Brillait dans la cachucha ;
Tra, la, la, tra, la, la,
— Messieurs, ce n'est pas ça,

Tra, la, la, tra, la, la.
Et, pendant ce temps-là,
Tra, la, la, tra, la, la,
Le jeune et beau Joset,
Tra, la, la, tra, la, la,
De loin la regardait,
Et de travers dansait,
Car il l'aimait...
— Belle aux yeux doux,
Ce beau bal nous réunit tous ;
Qui de nous
Voulez-vous
Prendre pour époux ?
— Le danseur que je veux,
C'est celui, c'est celui qui m'aime le mieux.
Oui, Joset, je te veux.
Car c'est toi qui m'aimes le mieux.

Ensemble.

JULIANO et LES SEIGNEURS.

Que de grâce ! que de candeur ! etc.

HORACE.

C'est bien son regard enchanteur, etc.

JACINTHE.

Ah ! quel son de voix enchanteur ! etc.

JULIANO.

Allons, Jacinthe, le punch et le café dans le salon !
(Jacinthe sort un instant. Ils se lèvent tous, et les domestiques des jeunes seigneurs enlèvent la table, qu'ils portent au fond du théâtre.)

JULIANO et LES SEIGNEURS, voyant sortir Jacinthe.

Je n'y tiens plus !

INÉSILLE.

Ah ! finissez, de grâce !

TOUS, entourant Inésille.

Non, vraiment... mon cœur amoureux...

INÉSILLE, se défendant.
Ah ! je frémis de leur audace !

TOUS, de même.
S'enflamme au feu de tes beaux yeux !

HORACE, seul, à gauche du théâtre et regardant Inésille.
Comment ! serait-ce elle en ces lieux ?
Non... ce n'est pas !... c'est impossible !

JULIANO et LES SEIGNEURS, entourant Inésille.
Allons, ne sois pas inflexible !

INÉSILLE.
Laissez-moi ! laissez-moi !

JULIANO et LES SEIGNEURS.
De l'un de nous daigne accepter la foi !

INÉSILLE, se défendant.
Laissez-moi ! laissez-moi !

HORACE.
Ce n'est pas elle... non, non, non, c'est impossible !

JULIANO et LES SEIGNEURS.
Rien qu'un baiser, un seul...

INÉSILLE.
Laissez-moi ! laissez-moi !

JULIANO et LES SEIGNEURS.
Tu céderas !

INÉSILLE, poussant un cri, s'échappe de leurs mains et se précipite dans les bras d'Horace en lui disant.
Ah !... défendez-moi !

HORACE, à part, avec joie.
C'est elle !

JACINTHE sort en ce moment de la première porte à gauche, qui est celle du salon, et dit d'un air sévère :
Eh bien, que vois-je ?

JULIANO et LES SEIGNEURS, s'arrêtant et à demi-voix.
C'est la tante !

De la duègne craignons la colère imposante.

JACINTHE.

Dans le salon le punch est là qui vous attend.

JULIANO.

Et les tables de jeu?

JACINTHE.

Tout est prêt.

JULIANO.

C'est charmant !
(Faisant signe aux convives de passer dans le salon.)
Messieurs... messieurs, le punch est là qui vous attend.

Ensemble.

JULIANO et LES SEIGNEURS.

Que de grâce ! que de candeur !
Mais pour toucher ce jeune cœur
De cet argus fuyons les yeux ;
Plus tard nous serons plus heureux !

HORACE.

C'est elle ! ô moment enchanteur !
Combien je bénis sa frayeur ;
Oui, c'est elle que dans ces lieux
L'amour offre encore à mes yeux !

JACINTHE.

Mais voyez donc ces grands seigneurs...
Quelle indécence ! quelles mœurs !
  (A Inésille.)
Mais ne craignez rien en ces lieux
Tant que vous serez sous mes yeux !

(Ils entrent tous dans le salon à gauche.)

Les voilà partis, soyez sans crainte... je descends à la cuisine.

(Elle sort par la seconde porte à gauche. Au moment où elle s'éloigne, Horace, qui était entré le dernier dans le salon, revient sur ses pas près d'Inésille, qui est seule et range le couvert.)

SCENE VIII.

HORACE, INÉSILLE.

HORACE, s'approchant d'elle timidement.

Madame...

INÉSILLE.

Qu'est-ce que c'est, monsieur? voulez-vous du xérès ou du malaga?

(Elle lui offre un verre.)

HORACE, étonné.

Non, non, ce n'est pas possible!

INÉSILLE, imitant un léger patois de paysanne.

Dame! si vous voulez autre chose, dites-le, me voilà... je suis à vos ordres.

HORACE.

Quoi, vraiment! vous seriez?...

INÉSILLE.

Inésille l'Aragonaise, la nièce à dame Jacinthe.

HORACE.

Ah! ne cherchez pas à m'abuser, je vous ai reconnue!

INÉSILLE.

Moi, mon beau monsieur?

HORACE.

Quand tout à l'heure, pour échapper à leurs poursuites, vous vous êtes jetée dans mes bras...

INÉSILLE.

Dame! vous me sembliez le plus sage et le plus raisonnable; excusez-moi si je me suis trompée.

HORACE, vivement.

Oh! oui... oui... sans doute! car dans ce moment surtout je ne suis pas bien sûr d'avoir toute ma raison... Vois-tu,

Inésille... si c'est toi... (Avec respect.) si c'est vous... c'est affreux de vous jouer ainsi de mes tourments.

INÉSILLE.

Moi, mon bon Dieu ! tourmenter un cavalier si gentil et si bon !...

HORACE, s'avançant sur elle.

Eh bien ! si tu n'es pas elle... c'est une ressemblance si grande... si exacte... que j'éprouve auprès de toi... ce que j'éprouvais auprès d'elle... le cœur me bat... ma vue se trouble... je t'aime...

INÉSILLE, se reculant.

Ah ben ! ah ben ! ah ben ! moi qui vous croyais si sage... prenez garde; je vais me dédire.

HORACE.

Et tu as raison... je suis un fou... un insensé... dont il faut que tu aies pitié... viens avec moi... (Il lui prend la main, qu'elle veut retirer.) Ah! ne crains rien... je te respecterai... mais je te regarderai... je croirai que c'est elle... et je te dirai... car avec toi... j'ai moins peur... je te dirai ce que je n'oserais lui dire... que je l'aime... que je meurs d'amour... qu'elle est mon rêve... mon idole... (Il la serre dans ses bras et elle se dégage.) N'aie pas peur... ce n'est pas pour toi... c'est pour elle...

INÉSILLE.

C'est égal, monsieur ; comment voulez-vous que je distingue ?

HORACE.

C'est qu'aussi il n'y a jamais eu de situation pareille... moi qui croyais qu'elle seule au monde avait ces yeux... ce regard... que tu as, toi... (Leurs yeux se rencontrent.) Ah ! c'est vous... c'est vous... madame... j'en suis sûr ! vous aurez beau faire... vous ne me tromperez plus. Et la preuve, c'est que malgré moi j'ai retrouvé ma frayeur et mon respect... vous le voyez... je tremble... Pourquoi alors vous

défier plus longtemps d'un cœur qui vous est aussi dévoué?...
(On frappe à la porte en dehors.) Qui vient encore à une pareille
heure?... quel est l'importun?

(On entend crier en dehors.)

LORD ELFORT.

N'ayez pas peur... ouvrez... c'est un ami... c'est lord Elfort!

INÉSILLE, avec effroi.

O ciel! lord Elfort!

HORACE.

D'où vient ce trouble?

INÉSILLE.

N'ouvrez pas! n'ouvrez pas!

HORACE.

C'est donc vous, madame... c'est bien vous!

INÉSILLE.

O mon Dieu! mon Dieu!... comment faire?... que devenir?

HORACE.

Ne suis-je pas là pour vous protéger?

INÉSILLE.

Et s'il me voit seulement... je suis perdue!

HORACE.

Il ne vous verra pas... je vous le jure!... nous sortirons de ces lieux sans qu'il vous aperçoive... mais vous aurez confiance en moi...

INÉSILLE.

Oui, monsieur...

HORACE.

Je saurai qui vous êtes?...

INÉSILLE.

Oui, monsieur...

HORACE.

Vous me direz tout?

19.

INÉSILLE.

Oui, monsieur.

HORACE.

Eh bien!... là... là... dans cette chambre... (Montrant celle de Jacinthe.) dont je saurai bien défendre l'entrée... l'on me tuera avant d'y pénétrer... (On frappe plus fort et Inésille veut entrer dans la chambre, Horace la retient par la main.) Mais vous n'oublierez pas vos promesses.

INÉSILLE.

Oh! non, monsieur!

HORACE.

Attendez-moi! dès que milord sera entré dans le salon, je viens vous prendre... et, enveloppée dans mon manteau, vous sortirez sans danger.

INÉSILLE, fermant vivement la porte.

On vient!

(Lord Elfort continue à frapper plus fort à la porte du fond.)

SCÈNE IX.

JULIANO, sortant du salon à gauche, HORACE, puis LORD ELFORT.

JULIANO.

Eh bien! quel tapage à la porte de la rue!... Jacinthe, Inésille... où sont donc toutes ces femmes?

HORACE.

Je ne sais... Inésille était là... tout à l'heure... elle est descendue.

JULIANO.

A la cuisine sans doute... qui diable nous arrive?

(Il va ouvrir la porte du fond. Pendant ce temps Horace s'approche de la porte à droite, qu'il ferme à double tour, puis il retire la clef et la met dans sa poche.)

HORACE.
La voilà en sûreté!

JULIANO, qui pendant ce temps a été ouvrir à lord Elfort.
C'est vous, milord; vous êtes bien en retard!

LORD ELFORT.
Ce était vrai! (Apercevant Horace.) Encore cette petite Horace!

JULIANO.
Vous ne devez plus lui en vouloir... maintenant que vous êtes sûr de la vertu de milady.

LORD ELFORT.
Yes... grâce à vous qui me avez fait voir les preuves... mais c'est égal... cette nuit... était toujours pour moi un jour malheureuse... et fâcheuse beaucoup.

JULIANO.
Comment cela?

LORD ELFORT.
En quittant milady... je voulais, avant le souper avec vous... porter le cadeau de Noël à la petite Estrella... vous connaissez...

JULIANO.
Un premier sujet de l'Opéra de Madrid?

LORD ELFORT.
Yes...

JULIANO.
Celle qui danse si bien la cachucha?

LORD ELFORT.
Yes...

JULIANO.
Et pour laquelle, dit-on, vous faites des folies...

LORD ELFORT.
Yes... je aimais beaucoup la cachucha... Eh bien! elle était pas chez elle... elle était sortie pour toute la nuit sans prévenir moi...

JULIANO.

Parce que vous êtes jaloux et qu'elle a peur de vous!

HORACE, à part et regardant du côté de la porte, à droite.

O ciel!

LORD ELFORT.

Et pourquoi, je demande à vous? pourquoi sortir toute la nuit?

JULIANO.

Pour aller... pour aller... danser la cachucha... pour aller au bal... la nuit de Noël, tout le monde y va... à commencer par vous.

LORD ELFORT.

C'est égal... je avais mis moi en colère...

JULIANO.

Ça ne coûte rien.

LORD ELFORT.

Je avais tout brisé...

JULIANO.

C'est plus cher... parce que demain il faudra réparer... à moins que cette nuit... vous ne soyez heureux au jeu où l'on vous attend...

LORD ELFORT.

Yes! je allais jouer.

(Il entre dans le salon à gauche.)

JULIANO, se retournant vers Horace.

Ainsi que toi, mon cher Horace... on demandait ce que tu étais devenu.

HORACE.

J'allais vous rejoindre!

JULIANO.

Ah! mon Dieu!... comme tu es pâle et troublé!... Est-ce qu'il y aurait une nouvelle apparition?

HORACE.

Du tout... mon ami... (A part.) Ah! si c'est elle, c'est indigne! c'est infâme!... je les tuerai tous deux, et moi-même après...

JULIANO, à Horace.

Allons, viens.

HORACE, le retenant par la main.

Un mot seulement!...

JULIANO.

Qu'est-ce donc?

HORACE.

Cette belle danseuse... dont vous parliez tout à l'heure... la señora Estrella... tu la connais?

JULIANO.

Certainement et beaucoup!... et toi?

HORACE, avec embarras.

Eh bien!... eh bien!... tu ne trouves pas qu'elle ressemble un peu à cette petite servante aragonaise?...

JULIANO.

Inésille!

HORACE.

Oui, il y a quelque chose...

JULIANO.

Ah çà, à qui diable en as-tu aujourd'hui avec tes ressemblances? Tu me parlais tantôt de la reine, et maintenant d'une danseuse... il n'y a pas le moindre rapport, pas même apparence...

HORACE.

Tu as raison... cela ne ressemble pas à elle... et je l'aime mieux... Je suis content... (A part.) Oser la soupçonner... quand tout à l'heure... elle va tout me dire et tout m'apprendre... (Haut.) Allons, viens, viens, mon ami.

JULIANO.

Qu'est-ce qu'il te prend ? te voilà maintenant radieux et triomphant.

HORACE.

C'est que je pense à elle !

JULIANO.

A l'inconnue ?... Il en deviendra fou, ma parole d'honneur !

HORACE.

C'est vrai ! j'en perds la tête !

JULIANO, l'emmenant.

Viens perdre ton argent, cela vaudra mieux !

(Il sort en emportant le dernier flambeau qui était resté sur la table du souper, laquelle table a été reportée près de la porte du salon. A la sortie d'Horace et de Juliano le théâtre se trouve dans l'obscurité.)

SCÈNE X.

GIL PEREZ, sortant de la porte du fond à gauche et portant un panier de provisions et un bougeoir qu'il pose sur une petite table près de la porte à droite.

COUPLETS.

Premier couplet.

Nous allons avoir, grâce à Dieu,
Bon souper ainsi que bon feu !
Prudemment j'ai mis en réserve
Les meilleurs vins, les meilleurs plats ;
Pour ses élus le ciel conserve
Les morceaux les plus délicats !
Deo gratias !

Deuxième couplet.

Nos maîtres ont soupé très-bien ;
Chacun son tour, voici le mien !
Et puis de ma future femme
Contemplant les chastes appas,

Le pieux amour qui m'enflamme
En tiers sera dans le repas !
Deo gratias !
(S'approchant de la porte à droite.)
Voici sa chambre !... Ah ! la porte en est close,
Comme je l'avais dit !... mais sur moi prudemment
J'ai l'autre clef...
(La cherchant dans ses poches, et en prenant une.)
C'est elle, je suppose...
(Tirant de sa poche un trousseau de clefs qu'il examine.)
Car, avec celles du couvent
N'allons pas la confondre !...
(S'approchant.)
O quel heureux instant !
Amour ! amour ! que ton flambeau m'éclaire !
(Au moment où il va entrer dans la chambre de Jacinthe, dont il vient d'ouvrir la porte, Inésille apparaît devant lui, couverte de son domino et de son masque noirs.)

SCÈNE XI.

GIL PEREZ, INÉSILLE.

FINALE.

INÉSILLE, étendant la main vers lui et grossissant sa voix.
Téméraire !!! Impie !... où vas-tu ?

GIL PEREZ, tremblant et laissant tomber son bougeoir.
Mon Dieu !... mon bon Dieu ! qu'ai-je vu ?
Noir fantôme !... que me veux-tu ?

Ensemble.

GIL PEREZ, tombant à genoux.
Tous mes membres frémissent
De surprise et d'effroi,
Et mes genoux fléchissent ;
Mon Dieu, protégez-moi !

INÉSILLE, à part, gaiement.
L'espoir en moi se glisse

En voyant son effroi ;
Il tremble !... ô Dieu propice,
Ici protégez-moi !

(S'approchant de Gil Perez qui est à genoux et n'ose lever la tête.)
Toi !... Gil Perez !...

GIL PEREZ, à part.
Il sait mon nom !

INÉSILLE.
Portier du couvent !...

GIL PEREZ.
C'est moi-même.

INÉSILLE.
Intendant, voleur et fripon...

GIL PEREZ.
C'est moi.

INÉSILLE.
Dépose à l'instant même
Ces saintes clefs que tu ne peux porter,
Ou je lance sur toi l'éternel anathème !

GIL PEREZ, lui présentant le trousseau.
Les voici... que Satan n'aille pas m'emporter !

Ensemble.

GIL PEREZ, se relevant peu à peu.
Tous mes membres frémissent, etc.

INÉSILLE.
L'espoir en moi se glisse, etc.

(Inésille lui ordonne sur un premier signe de se lever ; sur un second, de se diriger vers la chambre de Jacinthe ; sur un troisième, d'y entrer ; Gil Perez obéit en tremblant.)

INÉSILLE, entendant du bruit à gauche.
Ah ! mon Dieu ! qui vient là ?

(Elle se précipite vivement derrière la porte qui ouvre en dehors et dont le battant la cache un instant aux yeux du spectateur.)

SCENE XII.

INÉSILLE, cachée derrière la porte à droite; JACINTHE, sortant de la porte du fond à gauche.

JACINTHE, tenant sous le bras un panier de vin et voyant la porte à droite qui est restée ouverte.
Et quoi! Perez m'attend déjà!
(Elle entre dans la chambre à droite, et Inésille, qui était derrière la porte, la referme et retire la clef.)

INÉSILLE, seule.
L'heure, la nuit, tout m'est propice!
Du courage... ne tremblons pas!
Sainte Vierge, ma protectrice,
Inspire-moi, guide mes pas!
(Elle sort par la porte du fond.)

SCÈNE XIII.

HORACE sort doucement de la porte à gauche; il marche sur la pointe du pied, et dans l'obscurité se dirige à tâtons vers la porte à droite; un instant après, JULIANO, LORD ELFORT et TOUS LES JEUNES SEIGNEURS sortent aussi de la porte du salon.

LES SEIGNEURS, gaîment et à demi-voix.
La bonne affaire!
Silence, ami!
Avec mystère
Il est sorti.
Rendez-vous tendre
Ici l'attend.
Il faut surprendre
Le conquérant!
(Horace, avec la clef qu'il a dans sa poche, a ouvert la porte à droite, est entré un instant dans la chambre et en ressort dans l'obscurité, tenant Jacinthe par la main.)

HORACE.
Venez, venez, madame, et n'ayez plus de crainte!

JACINTHE, à part, et se laissant entraîner.
Qu'est-ce que ça veut dire?

HORACE.
A votre chevalier,
A votre défenseur; il faut vous confier
Et vous faire connaître!

(Juliano est entré dans le salon à gauche, et en ressort, tenant un flambeau à plusieurs branches. Le théâtre redevient éclairé.)

HORACE.
Ah! grand Dieu!

TOUS.
C'est Jacinthe!

Ensemble.

JULIANO, LORD ELFORT, LES SEIGNEURS.
La bonne affaire!
Vive à jamais
Et la douairière
Et ses attraits!
Qui pourrait croire
Tel dévoûment?
Honneur et gloire
Au conquérant!

HORACE.
L'étrange affaire!
Que vois-je, hélas!
Et quel mystère
Suit donc mes pas?
Dans ma mémoire
Tout se confond,
Je n'ose croire
Sa trahison!

JACINTHE.
L'étrange affaire!
Qu'ont-ils donc tous?

La chose est claire,
On rit de nous!
Faire à ma gloire
De tels affronts!
Je n'ose croire
A leurs soupçons!

HORACE, à part, montrant la chambre à droite.

Elle était là pourtant... elle y doit encore être!

(Il y entre et ressort en tenant Gil Perez par la main.)

TOUS.

Un homme!

JACINTHE, à Juliano.

Gil Perez que vous devez connaître,
Un cuisinier de grand talent,
Qui venait m'aider pour le souper!

JULIANO, souriant.

Ah! vraiment!
Ici, dans ton appartement!

HORACE, à part.

O funeste disgrâce!

JULIANO.

Et quel destin fatal
Poursuit ce pauvre Horace!
Même auprès de Jacinthe il rencontre un rival.

Ensemble.

JULIANO et LES SEIGNEURS.

La bonne affaire!
Vive à jamais
Et la douairière
Et ses attraits!
Qui pourrait croire
Tel dévoûment?
Honneur et gloire
Au conquérant!

HORACE.

L'étrange affaire!

Que vois-je, hélas !
Et quel mystère
Poursuit mes pas?
Dans ma mémoire
Tout se confond;
Je n'ose croire
Un tel affront!

GIL PEREZ.

L'étrange affaire !
Je tremble, hélas !
La chose est claire,
C'est Satanas !
Figure noire
Et front cornu.
Je n'ose croire
Ce que j'ai vu !

JACINTHE.

L'étrange affaire !
Qu'ont-ils donc tous ?
La chose est claire,
On rit de nous !
Faire à ma gloire
Pareils affronts,
Je n'ose croire
A leurs soupçons !

HORACE, qui, pendant la fin de cet ensemble, est entré dans la chambre à droite, en ressort en ce moment, en tenant à la main les vêtements de la servante aragonaise, qu'Angèle y a laissés.

Partie !... hélas ! partie !... elle n'est plus ici...
Et cette fois encor loin de nous elle a fui !

JULIANO.

Eh ! qui donc ?

HORACE.

Faut-il vous le dire ?
L'esprit follet, le sylphe... ou plutôt le démon !
Qui me trompe, m'abuse et rit de mon martyre.

JULIANO.

Ton inconnue...

HORACE.
Eh ! oui ! je l'ai vue...
JULIANO.
Allons donc!
HORACE.
Ici même... à l'instant... c'est cette jeune fille,
Qui nous servait à souper.
JULIANO.
Inésille !
La nièce de Jacinthe...
(A Jacinthe.)
Entends-tu ?
JACINTHE, secouant la tête.
J'entends bien.
JULIANO.
Et que dis-tu ?
JACINTHE.
Je dis que le seigneur Horace
Pourrait avoir raison !
HORACE.
Parle ! achève, de grâce !
Quelle est-elle ?
JACINTHE.
Je n'en sais rien.
JULIANO.
Elle n'est pas ta nièce ?
JACINTHE.
Eh ! mon Dieu, non !
JULIANO.
Et ne vient pas du pays ?
JACINTHE.
Mon Dieu, non !
JULIANO.
Tu ne l'as pas vue avant ?

JACINTHE.

Mon Dieu, non !
Non, cent fois, non !
Je ne connais ni son rang ni son nom !

HORACE, à Juliano.

Tu le vois bien, mon cher, c'est un démon !

TOUS.

Un démon ! ! !

Ensemble.

JULIANO et LES SEIGNEURS, gaiement.

Grand Dieu ! quelle aventure !
C'est charmant, je le jure !
Quoi ! sous cette figure
Se cachait un démon !
Mais, lutine ou sylphide,
Que le dépit nous guide ;
Pour trouver la perfide,
Parcourons la maison !
Réveillons ! réveillons ! parcourons la maison !

HORACE, JACINTHE et GIL PEREZ.

Ah ! pareille aventure
Me confond, je le jure !
Son âme et sa figure
Sont celles d'un démon !
Mais, lutine ou sylphide,
Que le dépit nous guide ;
Pour trouver la perfide,
Parcourons la maison !
Réveillons ! réveillons ! parcourons la maison !

JACINTHE, montrant sa bague.

Sous l'aspect d'une riche dame,
L'esprit malin d'abord m'est apparu !

JULIANO.

Puis, sous les traits d'une gentille femme,
A table, ici, nous l'avons vu !

GIL PEREZ.
Et moi, j'en jure sur mon âme,
Sous les traits d'un fantôme au front noir et cornu,
Je l'ai vu, de mes deux yeux vu!

HORACE, à Juliano.
Eh bien, mon cher, qu'en dis-tu?

JULIANO, riant.
Je dis... je dis...

Ensemble.

JULIANO et LES SEIGNEURS.
L'étonnante aventure! etc.

HORACE, JACINTHE et GIL PEREZ.
Ah! pareille aventure, etc.

(Jacinthe et les valets des jeunes seigneurs ont apporté plusieurs flambeaux, chacun en prend un, et tous sortent en désordre et avec grand bruit par les différentes portes de l'appartement.)

ACTE TROISIÈME

Le parloir d'un couvent en Espagne. — Au fond deux portes conduisant dans cours du monastère. A gauche, et sur le premier plan, la cellule de l'abbesse. A droite du spectateur, sur le premier plan, une petite porte qui conduit au jardin ; du même côté, sur le second plan, une large travée qui donne sur l'intérieur de la chapelle.

SCÈNE PREMIÈRE.

BRIGITTE seule, en habit de novice.

J'ai beau essayer de réciter mes prières, ou de dire mon chapelet, c'est impossible... je suis trop inquiète. (Se levant.) Voici le jour qui commence à paraître; sœur Angèle n'est pas encore de retour au couvent, et comment aurait-elle pu y rentrer ? à minuit un quart, tout est fermé en dedans aux verrous, même la petite porte du jardin dont nous avions la clef... Et tout à l'heure vont sonner matines, et elle n'y sera pas... et qu'est-ce qu'on dira en ne la voyant pas ?... quel éclat ! quel scandale !... Je sais bien que nous n'avons pas encore prononcé de vœux... Et moi je quitterai bientôt le couvent pour me marier, à ce qu'on dit... mais elle, elle qui y a été élevée, et qui aujourd'hui va s'engager à n'en plus sortir, c'était bien le moins qu'elle voulût un instant entrevoir ce monde dont elle n'avait pas même idée et auquel elle allait renoncer à jamais !... avant de renoncer, on aime à connaître, c'est tout naturel ! et pour la seconde et dernière fois que nous allons au bal, c'est bien du malheur !... La première fois, il y a un an, tout nous avait si bien réussi, que ça nous avait enhardies... mais hier, je ne sais pas qui s'est mêlé de nos affaires, impossible de nous retrouver et de nous rejoindre. Croyant qu'elle était partie sans moi, je suis arrivée ici toujours courant... Et elle, pauvre Angèle, qu'est-elle devenue? qu'est-ce qui lui sera arrivé?... La future abbesse des Annonciades obligée de découcher et perdue dans les rues de Madrid !... Si encore je pouvais ce matin cacher son absence... mais ici il n'y a que des femmes... pis encore, des nonnes... et toutes ces demoiselles sont si curieuses, si indiscrètes, si bavardes... On n'a pas d'idée de cela dans le monde !

COUPLETS.

Premier couplet.

Au réfectoire, à la prière,
Même en récitant son rosaire,
On jase, on jase tant, hélas!
Que la cloche ne s'entend pas.
Et s'il faut parler sans rien dire,
Sur le prochain s'il faut médire,
Savez-vous où cela s'apprend?
　　C'est au couvent.

Deuxième couplet.

Humble et les paupières baissées,
Jamais de mauvaises pensées...
Mais avant d'entrer au parloir,
On jette un coup d'œil au miroir.
Si vous voulez, jeune fillette,
Être à la fois prude et coquette,
Savez-vous où cela s'apprend?
　　C'est au couvent.

Justement, voici déjà sœur Ursule, la plus méchante de toutes!

SCENE II.

BRIGITTE, URSULE, entrant par une des portes du fond.

URSULE, la saluant.

Ave, ma sœur !

BRIGITTE, lui rendant son salut.

Ave, sœur Ursule ! vous voici levée de bon matin, et avant le son de cloche !

URSULE.

J'avais à parler à sœur Angèle.

BRIGITTE.

A notre jeune abbesse ?

URSULE.

Ah ! abbesse... elle ne l'est pas encore.

BRIGITTE.

Aujourd'hui même... dès qu'elle aura pris le voile.

URSULE.

Si elle le prend !

BRIGITTE, à part.

Ah ! mon Dieu !... (Haut.) Et qui s'y opposera ?...

URSULE.

Moi peut-être ! car on n'a pas idée d'une injustice pareille ! parce qu'Angèle d'Olivarès est cousine de la reine, on la nomme à la plus riche abbaye de Madrid, avant l'âge et avant qu'elle ait prononcé ses vœux !

BRIGITTE.

On a bien autrefois nommé colonel d'un régiment votre frère, don Antonio de Mellos, qui n'avait alors que douze ans !

URSULE.

Un régiment, c'est différent... c'est plus aisé à conduire.

BRIGITTE.

Que des nonnes ?

URSULE.

Oui, mademoiselle.

BRIGITTE.

Je crois bien, si elles sont comme vous, qui êtes toujours en rébellion !

URSULE.

C'est que l'injustice me révolte, et je ne vois là-dedans que l'intérêt du ciel et du couvent...

BRIGITTE.

Et le désir d'être abbesse.

URSULE.

Quand ce serait... j'y ai des droits... ma famille est aussi noble que celle des Olivarès, et j'ai plus de religion, de tête et de fermeté que sœur Angèle, qui ne commande à personne et laisse parler tout le monde.

BRIGITTE.

On le voit bien.

URSULE.

Mais patience ; j'ai aussi des parents à la cour... des protecteurs qui saisiront toutes les occasions, et aujourd'hui même... il peut se présenter telles circonstances...

BRIGITTE, à part.

Est-ce qu'elle saurait quelque chose ?

URSULE, remontant le théâtre et se dirigeant vers l'appartement de l'abbesse.

Et je veux voir sœur Angèle.

BRIGITTE, se mettant devant elle et l'arrêtant.

Pourquoi cela ?

URSULE.

Eh ! mais... pour la féliciter de la riche succession qu'elle vient de faire ; le duc d'Olivarès, son grand-oncle, vient de lui laisser, dit-on, la plus belle fortune d'Espagne.

BRIGITTE.

La belle avance ! pour faire vœu de pauvreté.

URSULE.

D'autres en profiteront... et dès qu'elle aura prononcé ses vœux, toutes ces richesses-là iront à son seul parent, lord Elfort, un Anglais, un hérétique... ça se trouve bien, et je lui en vais faire mon compliment.

BRIGITTE, l'arrêtant.

Impossible !

URSULE.

Est-ce qu'elle n'est pas dans sa cellule ?

BRIGITTE.

Si vraiment !

URSULE.

Alors on peut entrer ?

BRIGITTE.

Elle ne reçoit personne... elle est indisposée.

URSULE.

Encore !... c'est déjà, à ce que vous nous avez dit, ce qui l'a empêchée d'aller hier à la messe de minuit.

BRIGITTE.

Oui, vraiment, elle a la migraine.

URSULE.

Comme les grandes dames !

BRIGITTE.

Oui, mademoiselle.

URSULE.

Ici, au couvent... c'est bien mondain... Et sa migraine lui permettra-t-elle d'assiter aux matines ?

BRIGITTE.

Je le présume.

URSULE.

En vérité ! elle daignera prier avec nous?

BRIGITTE.

Et pour vous.

URSULE.

A quoi bon ?

BRIGITTE.

Pour que le ciel vous rende plus gracieuse et plus aimable.

URSULE.

Les prières de l'abbesse n'y feront rien.

BRIGITTE.

Pourquoi donc ?... il y a des abbesses qui ont fait des miracles.

URSULE.

C'est trop fort ! vous me manquez de respect.

BRIGITTE.

C'est vous plutôt.

URSULE.

C'est impossible... une petite pensionnaire...

BRIGITTE.

Qui du moins n'est ni envieuse ni ambitieuse.

URSULE.

Mais qui est raisonneuse et impertinente.

BRIGITTE.

Ma sœur...

URSULE.

Ma chère sœur... (On frappe à la porte à droite du spectateur.) Qui vient là? et qui peut frapper de si bon matin à cette porte qui donne sur le jardin ?

BRIGITTE, à part.

Si c'était elle !

URSULE.

C'est d'autant plus singulier, qu'hier je vous ai vue prendre la clef dans la paneterie. Ouvrez donc... ouvrez vite.

BRIGITTE.

Et pourquoi ?

URSULE.

Pour voir... pour savoir.

BRIGITTE, à part.

Est-elle curieuse !... (Haut.) Moi, je n'ai rien... je n'ai pas de clef... je l'ai remise dans la paneterie avec les autres... elle doit y être encore.

URSULE.

Je vais la prendre, et je reviens... car il y a quelque chose...

(Elle sort en courant par la porte du fond.)

SCÈNE III.

BRIGITTE, puis URSULE.

BRIGITTE, tirant la clef de sa poche.

Oui, il y a quelque chose ; mais tu ne le sauras pas ! (Elle va ouvrir la porte à droite dont elle retire la clef.) Entrez, madame... (Repoussant vivement la porte.) Non, non, ne vous montrez pas !... (Se retournant vers Ursule qui rentre.) Qu'est-ce donc ? qu'est-ce encore ?...

URSULE, qui vient de rentrer par la porte du fond.

Puisque c'est vous qui avez replacé cette clef, vous saurez mieux que moi où elle est, et je viens vous chercher...

BRIGITTE.

Je ne demande pas mieux. (A part.) Ah ! quel ennui !

URSULE.

Comme ça, j'ai idée que nous la trouverons.

BRIGITTE, à part.

Va... tu la chercheras longtemps. (Haut.) Je vous suis, ma sœur, ma chère sœur!

(Elles sortent toutes deux par la porte du fond qu'elles referment.)

SCÈNE IV.

ANGÈLE, entr'ouvrant la porte à droite.

(Elle est en domino noir, pâle et se soutenant à peine. Elle va fermer au verrou la porte du fond.)

AIR.

Je suis sauvée enfin!... le jour venait d'éclore!
Il était temps...
    (Se jetant sur un fauteuil.)
  Ah! respirons un peu.
J'ai cru que j'en mourrais...
    (Se levant brusquement.)
  Qu'ai-je entendu, mon Dieu?
Non, ce n'est rien... j'y croyais être encore...
(Elle se lève et jette sur le fauteuil qu'elle vient de quitter le trousseau de clefs qu'elle tenait à la main.)
  Ah! quelle nuit!
  Au moindre bruit
 Mon cœur tremble et frémit!
 Et le son de mes pas
  M'effraye, hélas!
  Soudain j'entends
  Fusils pesants
 Au loin retentissants...
 Et puis qui vive? Holà!
  Qui marche là?
Ce sont des soldats un peu gris
Par un sergent ivre conduits.
Sous un sombre portail soudain je me blottis,
 Et grâce à mon domino noir
 On passe sans m'apercevoir.

Tandis que moi,
Droite, immobile et mourante d'effroi,
En mon cœur je priais,
Et je disais :
O mon Dieu! Dieu puissant
Sauve-moi de tout accident,
Sauve l'honneur du couvent!

Ils sont partis.
Je me hasarde, et m'avance, et frémis,
Mais voilà qu'au détour
D'un carrefour
S'offre à mes yeux
Un inconnu sombre et mystérieux.
Ah! je me meurs de peur,
C'est un voleur!
Il me demande, chapeau bas,
La faveur de quelques ducats;
Et moi d'un air poli je lui disais bien bas :
Je n'ai rien, monsieur le voleur,
Qu'une croix de peu de valeur!
Elle était d'or,
(Croisant ses bras sur sa poitrine.)
Et de mon mieux je la cachais encor...
Le voleur, malgré ça,
S'en empara,
Et pendant
Ce moment :
O mon Dieu! disais-je en tremblant,
Sauve l'honneur du couvent!

En cet instant
Passe en chantant
Un jeune étudiant!
Le voleur à ce bruit
Soudain s'enfuit.
Mon défenseur
Court près de moi. — Calmez votre frayeur,
Je ne vous quitte pas,
Prenez mon bras.

— Non, non, monsieur, seule j'irai...
— Non, señora, bon gré, mal gré,
Jusqu'en votre logis je vous escorterai.
— Non, non, cessez de me presser.
— Il le faut... je dois vous laisser.
Mais un baiser,
Un seul baiser !
Comment le refuser ?
— Un baiser... je le veux...
Il en prit deux !
Et pendant
Ce moment,
O mon Dieu ! disais-je en tremblant,
Sauve l'honneur du couvent !

Mais je suis, grâce au ciel, à l'abri de l'orage ;
Je n'ai plus rien à craindre en ce pieux réduit,
Et je ne sais pourtant quelle fatale image
Jusqu'au pied des autels m'agite et me poursuit.

Amour, ô toi dont le nom même
Est ici frappé d'anathème,
Toi, dont souvent j'avais bravé les traits,
Ma souffrance
Qui commence
Doit suffire à ta vengeance !
Pauvre abbesse,
Ma faiblesse
Devant ton pouvoir s'abaisse.
De mon cœur en proie aux regrets,
Ah ! va-t'en, va-t'en pour jamais !
Que mes erreurs soient effacées,
Quand Dieu va recevoir mes vœux !
A lui seul toutes mes pensées...
Oui, je le dois...
(Avec douleur.)
Je ne le peux !...

Amour, ô toi, dont le nom même, etc.
(On frappe à la porte du fond.)

Qui vient là ?

BRIGITTE, en dehors.

C'est moi, madame.

(Angèle va lui ouvrir.)

SCÈNE V.

ANGÈLE, BRIGITTE, rentrant par la porte du fond, qu'elle referme.

BRIGITTE.

C'est vous! c'est vous, madame!... enfin, je vous revois... Mais qui donc vous a ouvert la porte du couvent?

ANGÈLE, montrant le trousseau de clefs qu'elle a jeté sur le fauteuil.

Je te le dirai.

BRIGITTE.

Le trousseau de clefs de Gil Perez, le concierge... Comment est-il entre vos mains?

ANGÈLE.

Tais-toi; n'entends-tu pas?...

BRIGITTE.

C'est le premier coup de matines. (Montrant la porte à droite.) Ah! cette porte que j'oubliais.

(Elle va la fermer.)

ANGÈLE.

Je rentre vite dans ma cellule.

BRIGITTE.

D'autant que sœur Ursule est toujours là pour vous espionner.

ANGÈLE.

A une pareille heure!

BRIGITTE.

Elle est si méchante qu'elle ne dort pas... et elle médite quelque trame contre vous, car elle meurt d'envie d'être abbesse.

ANGÈLE, à part.

Plût au ciel!

BRIGITTE.

Aujourd'hui même, où vous devez prendre le voile, elle ne perd pas l'espoir de vous supplanter. Elle a à la cour son oncle Gregorio de Mellos, un intrigant, qui saisira toutes les occasions... Elle m'assurait même qu'il s'en présentait une... j'ai cru que c'était votre absence, et je tremblais.

ANGÈLE.

Non, non; par malheur elle ne réussira pas.

BRIGITTE.

Que dites-vous?

ANGÈLE.

Que je suis bien à plaindre, Brigitte; et ces vœux que je vais prononcer feront maintenant le malheur de ma vie.

BRIGITTE.

Refusez.

ANGÈLE.

Est-ce que c'est possible, quand la reine l'ordonne, quand j'y ai consenti, quand lord Elfort et sa femme, mes seuls parents, ma seule famille, vont ce matin, ainsi que tout Madrid, arriver pour être témoins de quoi?... d'un pareil éclat. Non, non, il faut se soumettre à sa destinée, et aujourd'hui, Brigitte... aujourd'hui tout sera fini pour moi!...

BRIGITTE, avec compassion.

Pauvre abbesse! On vient, partez vite.

(Angèle entre dans son appartement, et Brigitte va ouvrir la porte du fond à gauche.)

SCÈNE VI.

BRIGITTE, NONNES.

LES NONNES, vivement.

Ah! quel malheur!
Ma chère sœur!

Quel accident !
Est-ce étonnant
Et désolant
Pour le couvent !
Quoi ! la nouvelle est bien certaine,
Quoi ! notre abbesse a la migraine ?
Ah ! quel malheur !
Ma chère sœur,
Quel accident !
Est-ce étonnant
Et désolant
Pour le couvent !

BRIGITTE.
Qui vous a dit cela ?

LES NONNES, vivement.
C'est notre chère sœur Ursule !

BRIGITTE, à part.
C'est par elle, dans le couvent,
Que chaque nouvelle circule.
(Haut.)
Mais calmez-vous, cela va mieux.

TROIS NONNES.
Cela va mieux !... ah ! quelle ivresse !

TROIS AUTRES NONNES.
Aujourd'hui madame l'abbesse
Pourra donc prononcer ses vœux ?

TROIS AUTRES NONNES.
Ah ! la belle cérémonie !
Quel beau spectacle ! quel beau jour !

TROIS AUTRES NONNES.
Chez nous, où toujours on s'ennuie,
Nous aurons la ville et la cour !

TROIS AUTRES NONNES.
Et puis ensuite, au réfectoire,
Un grand repas !

BRIGITTE.

C'est étonnant,
Et, d'honneur, on ne pourrait croire
Comme on est gourmande au couvent !

LES NONNES.

Ah ! quel bonheur !
Ma chère sœur,
Que c'est touchant,
Intéressant !
Quel beau moment
Pour le couvent !
Quoi ! la nouvelle est bien certaine,
L'abbesse n'a plus la migraine ?
Ah ! quel bonheur !
Ma chère sœur,
Que c'est touchant,
Intéressant !
Quel beau moment
Pour le couvent !

(A la fin de l'ensemble on frappe à la porte à droite.)

SCÈNE VII.

LES MÊMES ; URSULE, entrant par le fond.

URSULE, montrant la porte à droite.

Quoi ! vous n'entendez pas qu'ici
L'on frappe encore ?

TOUTES.

Et la clef ?

BRIGITTE, la leur donnant.

La voici.

URSULE, bas, à Brigitte.

Vous qui ne l'aviez pas ?...

BRIGITTE, d'un air naïf.

Tout à l'heure, ma chère,
Je l'ai retrouvée.

URSULE, à part, d'un air de défiance.
Ah !

TOUTES.
Comment ! c'est la tourière ?
Qui donc l'amène ?

LA TOURIÈRE, entrant par la porte à droite, que l'on vient d'ouvrir.
On le saura ;
Et sur un fait auquel notre honneur s'intéresse,
Je viens pour consulter madame notre abbesse.

URSULE.
On ne peut la voir.
(A part.)
Et cela
Cache encore un mystère.

BRIGITTE.
Eh ! tenez, la voilà !

SCÈNE VIII.

LES MÊMES; ANGÈLE, sortant de la porte à gauche, qui est celle de son appartement. Elle porte le costume d'abbesse.

ANGÈLE.
Mes sœurs, mes sœurs, que l'allégresse
Et la paix règnent dans vos cœurs !
Que Dieu vous protége sans cesse
Et vous comble de ses faveurs !

Ensemble.

LES NONNES.
Qu'elle est gentille notre abbesse !
Qu'elle a de grâce et de douceur !
Avec elle règnent sans cesse
La douce paix et le bonheur.

URSULE, à part.
Qu'elle est heureuse d'être abbesse !
Mais tout s'obtient ar la faveur,

Et bientôt, grâce à mon adresse,
J'aurai peut-être ce bonheur.
(Allant à Angèle.)
Ah! madame, combien j'étais inquiétée...
Comment avez-vous donc passé la nuit?

ANGÈLE.

Fort bien.

(Regardant Brigitte.)
Une nuit assez agitée;
Mais ce matin ce n'est plus rien.

URSULE.

Quel bonheur!

ANGÈLE, à la tourière, qui s'avance.

Eh bien! qu'est-ce?

LA TOURIÈRE.

Hélas! dans ces saints lieux
Je n'avais jamais vu scandale de la sorte...
Le portier du couvent qui se trouve à la porte.

URSULE.

Toute la nuit dehors, c'est un scandale affreux.

LES NONNES.

Ah! quelle horreur,
Ma chère sœur!
Quel accident :
Est-ce étonnant
Et désolant
Pour le couvent!
Oui, la nouvelle est bien certaine,
Et cependant, j'y crois à peine!
Ah! quelle horreur,
Ma chère sœur!
Quel accident!
Est-ce étonnant
Et désolant
Pour le couvent!

ANGÈLE.

Un instant... un instant... ayons de l'indulgence.

Quelquefois, mes sœurs, on ne peut
Rentrer aussi tôt qu'on le veut.
(A part.)
Je le sais!...
(A la tourière.)
Que dit-il enfin pour sa défense

LA TOURIÈRE.
Par des brigands hier soir arrêté...

ANGÈLE, à part.
Ah! comme il ment!

LA TOURIÈRE.
Par eux enchaîné, garrotté...

ANGÈLE, à part.
Ah! comme il ment!

LA TOURIÈRE.
Et de tout son argent...
Et de ses clefs dépouillé...

ANGÈLE, à part.
Comme il ment!...

BRIGITTE, à voix basse, regardant les clefs qu'elle a prises.
Les voici!

ANGÈLE, vivement et à voix basse.
Cache-les!
(Haut et les yeux fixés sur les clefs.)
Je vois bien qu'au couvent
Il ne pouvait rentrer... et qu'il faut qu'on pardonne.

URSULE.
C'est scandaleux! Elle est trop bonne

TOUTES.
Ah! qu'elle est indulgente et bonne!

ANGÈLE, à part.
Et comme à lui que le ciel me pardonne!
(Ici on commence à entendre sonner matines ; petite cloche de chapelle.)

LA TOURIÈRE.
Ce n'est pas tout encore, et voilà qu'au parloir

Un cavalier demande à voir
Madame notre abbesse.

ANGÈLE.

Impossible à cette heure.
Voici matines, et déjà
Nous sommes en retard... Son nom ?

LA TOURIÈRE.

Massarena.

ANGÈLE, à part.

Horace ! ô ciel !

(Haut.)

Que dans cette demeure
Il nous attende !...

URSULE.

Eh ! mais à ce nom-là,
Madame semble bien émue.

ANGÈLE.

Qui, moi ? non pas...

(A part.)

M'aurait-on reconnue ?

(Faisant un pas.)
Et saurait-il ?

URSULE, l'arrêtant et avec intention, pendant que la cloche sonne toujours.

Voici matines, et déjà
Nous sommes en retard.

BRIGITTE, avec impatience.

Eh ! mon Dieu, l'on y va !

LES NONNES.

Les cloches argentines
Pour nous sonnent matines,
Allons d'un cœur fervent
Prier pour le couvent !

(Elles défilent toutes par les portes du fond, que l'on referme, et la tourière, à qui Angèle a parlé bas, reste la dernière.)

SCÈNE IX.

LA TOURIÈRE ; puis HORACE.

LA TOURIÈRE, allant ouvrir la porte à droite.

Entrez ! entrez, seigneur cavalier.

HORACE.

C'est bien heureux ! depuis une heure que j'attends...
J'ai une permission de M. le comte de San-Lucar pour me
présenter à sa fille, la señora Brigitte, ma fiancée.

LA TOURIÈRE.

On ne parle pas ainsi à nos jeunes pensionnaires sans
l'autorisation et la présence de madame l'abbesse.

HORACE, avec impatience.

Eh ! je le sais bien !... et voilà pourquoi je désire lui parler
d'abord... (A part.) à cette vieille abbesse.

LA TOURIÈRE.

Elle est à la chapelle.

HORACE.

Comme c'est agréable !... ça n'en finira pas.

LA TOURIÈRE.

Voilà un beau cavalier qui est bien impatient... et l'impatience est un péché. (Mouvement d'Horace.) Madame la supérieure vous prie de l'attendre dans ce parloir, où vous serez plus commodément. (Parlant avec volubilité.) Nous avons aujourd'hui bien peu de temps à nous... Une cérémonie... une prise de voile où doit assister tout Madrid... Mais c'est égal, on vous accordera quelques minutes en sortant de matines... car dans ce moment nous sommes toutes à matines!

HORACE, avec intention et la regardant.

Pas toutes, à ce que je vois !

LA TOURIÈRE.

Aussi j'y vais... Dieu vous garde, mon frère !

(Elle sort.)

SCÈNE X.

HORACE, seul.

M'en voilà débarrassé... c'est bien heureux... (Se jetant sur le fauteuil à gauche.) Respirons un instant... Depuis hier je me croyais sous l'influence de Satan lui-même... Heureusement, et depuis que je suis entré dans ce saint lieu... mes idées sont devenues plus saines... plus raisonnables.

(On entend le son de l'orgue dans la chapelle à droite.)

A ces accords religieux,
Le calme renaît dans mon âme.
Filles du ciel, vous qu'un saint zèle enflamme,
A vos pieux accents je veux mêler mes vœux.
Avec elles prions.

(Il se lève et s'approche de la travée à droite qui donne sur la chapelle.
(Il s'agenouille sur une chaise qui est contre la travée.)

ANGÈLE, chantant en dehors.

CANTIQUE.

Premier couplet.

Heureux qui ne respire
Que pour suivre ta loi,
Mon Dieu, sous ton empire
Ramène notre foi.
Que ton amour m'enflamme,
Et viens rendre, Seigneur,
Le bonheur à mon âme
Et le calme à mon cœur!

HORACE, qui pendant ce cantique a montré la plus grande émotion.

Ah! quel trouble de moi s'empare!
De surprise et d'effroi tout mon sang s'est glacé!
C'est elle encor! c'est elle! ah! ma raison s'égare;
Filles du ciel, priez pour un pauvre insensé!

Ensemble.

HORACE.

C'est elle encor! c'est elle! ah! ma raison s'égare.

Filles du ciel, priez pour un pauvre insensé!

ANGÈLE et LE CHŒUR, en dehors.

Que ton amour l'enflamme,
Prends pitié du pécheur,
Rends la joie à son âme
Et le calme à son cœur!

ANGÈLE.

Deuxième couplet.

Les amours de la terre
Ont bien vite passé;
Leur bonheur éphémère
S'est bientôt éclipsé;
Mais quand tu nous enflammes,
Toi seul donnes, Seigneur,
Le bonheur à nos âmes,
La paix à notre cœur.

Ensemble.

HORACE.

C'est elle encor... c'est elle... ah! ma raison s'égare.
Filles du ciel, priez pour le pauvre insensé!

ANGÈLE et LE CHŒUR.

Que ton amour l'enflamme,
Prends pitié du pécheur!
Rends la joie à son âme
Et le calme à son cœur!

(Les chants et les sons de l'orgue diminuent peu à peu et cessent de se faire entendre.)

HORACE.

Décidément... je suis frappé... je suis abandonné du ciel... puisque même dans ce lieu... je ne puis trouver asile... ni protection... Ah! sortons!...

SCÈNE XI.

BRIGITTE, HORACE, puis ANGÈLE.

BRIGITTE, entrant par la porte du fond en annonçant.

Madame l'abbesse !...

ANGÈLE paraît; elle est enveloppée dans son voile ; elle fait signe à Brigitte de s'éloigner; Brigitte sort par la porte à gauche, et Angèle s'assied. — A part.

Allons! du courage !... c'est pour la dernière fois! (A Horace, contrefaisant sa voix, qu'elle vieillit un peu.) Seigneur Horace de Massarena, on m'a dit que vous demandiez à me parler...

HORACE.

Oui, ma sœur... d'une affaire importante. Vous avez en ce couvent une jeune personne charmante, et très-riche, mademoiselle de San-Lucar.

ANGÈLE.

Que vous devez, dit-on, épouser...

HORACE.

Oui ! M. le duc de San-Lucar, qui m'honore de son affection, me destinait sa fille en mariage... Mais ce mariage est impossible.

ANGÈLE.

Que dites-vous ?

HORACE.

Il ne peut plus avoir lieu... mais je ne sais comment l'avouer... et c'est vous, madame, vous seule qui pouvez l'apprendre à M. de San-Lucar et à sa fille!...

ANGÈLE.

Et pour quelle raison ?

HORACE.

Des raisons... que j'aimerais mieux ne pas dire.

21.

ANGÈLE, se levant.

Il le faut cependant, si vous voulez que je me charge d'une semblable mission.

HORACE.

Eh bien ! señora, elle ne peut épouser un homme qui n'est pas dans son bon sens, et je n'ai pas le mien ! Oui, contre ma raison, contre ma volonté, il en est une autre que j'aime et que j'aimerai toute ma vie. Vous souriez de pitié... ma révérende... parce qu'à votre âge on ne comprend plus ces choses-là... mais au mien... voyez-vous, l'on en meurt !

ANGÈLE, à part.

Ah ! mon Dieu ! (Haut.) Si vous essayiez d'oublier cette personne, de vous soustraire à ces tourments ?

HORACE, avec amour.

Ah !... je ne le veux pas ! et quand je le voudrais... à quoi bon ?... comment échapper à ce pouvoir surnaturel, à ce démon qui me poursuit sans cesse et que je ne puis atteindre ?... il est toujours avec moi, près de moi... je le vois partout et partout je l'entends !

ANGÈLE, vivement et avec sa voix naturelle.

Vraiment !

HORACE.

Tenez... Vous avez dit « vraiment » comme elle !... j'ai cru entendre sa voix.

ANGÈLE, reprenant avec émotion sa voix de vieille.

Par exemple !

HORACE.

Pardon !... pardon, ma révérende !... est-ce ma faute, à moi... si mes idées se troublent, si ma raison s'égare, si je me fais honte à moi-même ?... Je suis un insensé qui ne guérirai jamais ! un malheureux qui souffre. Mais en attendant je suis encore un honnête homme qui ne veux tromper personne, et vous voyez bien que mon mariage est impossible. Adieu, madame, adieu !

ANGÈLE, à part.

Et pour jamais!

SCÈNE XII.

Les mêmes; URSULE, entrant par la porte du fond.

URSULE.

Madame... madame, voici déjà le comte Juliano, lord et lady Elfort, et puis M. de San-Lucar... et des seigneurs de la cour qui arrivent pour la cérémonie...

ANGÈLE, à part.

O ciel!...

URSULE.

Entre autres, mon oncle don Gregorio, gentilhomme d'honneur de la reine, qui a eu ce matin avec Sa Majesté une longue conférence.

ANGÈLE.

Peu m'importe.

URSULE, avec malice.

Peut-être plus que vous ne pensez... car avant que vous descendiez à l'église... il m'a dit de vous remettre cette ordonnance qui est scellée des armes de Sa Majesté.

ANGÈLE.

Donnez!

URSULE, à part.

Je veux être témoin de son dépit... pour aller le conter à tout le couvent.

ANGÈLE, écarte un instant son voile pour lire la lettre, et la parcourt avec émotion.

Dieu! que vois-je!

URSULE, sortant en courant.

Elle sait tout.

HORACE, pendant ce temps, s'est rapproché de la travée à droite, et regarde avec soin dans la chapelle. Ne découvrant rien, et au moment où Ursule vient de sortir, il aperçoit Angèle, dont le voile est tombé ; il pousse un cri et reste immobile.

Ah !...

(A ce cri, Angèle, qui était près de sa cellule, s'enfuit par cette porte, qu'elle referme vivement.)

HORACE, se promenant avec agitation.

Disparue ! disparue encore ! Quoi ! rien ne lui est sacré, et sous l'habit même de l'abbesse... il faut que je la retrouve encore ! c'est horrible !

SCÈNE XIII.

HORACE, LORD ELFORT et JULIANO, entrent par les portes du fond en causant vivement.

LORD ELFORT.

C'est affreux !

JULIANO.

Mais, milord, écoutez-moi !

HORACE, se promenant toujours de l'autre côté.

C'est indigne !

LORD ELFORT.

Je suis dans la fureur.

JULIANO, se retournant.

Ah çà ! tout le monde est donc ici en colère ? (A Horace.) Qu'est-ce qui te prend ?

HORACE, avec humeur.

Je ne veux pas le dire... je n'en sais rien.

(Il se jette sur le fauteuil à gauche.)

JULIANO.

Au moins, milord a des raisons ! une succession superbe qui lui échappe.

LORD ELFORT.

Yes, qui me échappait... une parente à moi qui allait prendre le voile, et des intrigants avaient persuadé à la reine...

JULIANO, à Horace et en riant.

Qu'on ne devait pas laisser passer une si belle fortune entre les mains...

LORD ELFORT.

D'un Anglais... d'un hérétique... c'était absurde.

JULIANO.

Et qu'il fallait que l'abbesse épousât un Espagnol, bon catholique.

HORACE, se levant vivement.

L'abbesse, celle qui était là tout à l'heure... vous croyez que c'est l'abbesse?

LORD ELFORT.

Certainement.

HORACE.

Laissez donc!

LORD ELFORT.

Et qui donc elle était, s'il plaît à vous?

HORACE.

Ce qu'elle est!... c'est mon inconnue... c'est mon domino noir... c'est la servante aragonaise... c'est Inésille... c'est tout ce que vous voudrez... mais pour l'abbesse... non... elle a pris sa robe, elle a pris ses traits... mais ce n'est pas elle!...

LORD ELFORT.

C'est elle!

HORACE, s'échauffant.

Je dis que non!

LORD ELFORT, de même.

Je disais que oui!

JULIANO.
Silence, messieurs! c'est l'abbesse et tout le couvent.

LORD ELFORT.
Eh bien!... vous allez bien voir.

HORACE, ému.
Oui, nous allons voir... à moins qu'elle n'ait changé encore.

SCÈNE XIV.

ANGÈLE, habillée en blanc et voilée; BRIGITTE, URSULE, LA TOURIÈRE, TOUTES LES NONNES, LORD ELFORT, JULIANO, HORACE, SEIGNEURS et DAMES DE LA COUR.

(Les nonnes entrent par les portes du fond sur un air de marche, et se rangent en demi-cercle au fond du théâtre; derrière elles, les dames et seigneurs de la cour; Angèle sort de son appartement, et se place au milieu du théâtre; Ursule à côté d'elle.)

FINALE.

ANGÈLE.
Mes sœurs, mes chères sœurs, notre auguste maîtresse
La reine ne veut pas que je sois votre abbesse.

URSULE, à part.
Ah! quel bonheur!

ANGÈLE.
   Et par son ordre exprès,
A sœur Ursule je remets
Ce titre et le pouvoir suprême.

(Pendant que parle l'abbesse, Horace témoigne la plus grande émotion, il veut aller à elle; Juliano, qui est près de lui, le retient.)

TOUTES.
Ah! quel malheur! ah! quels regrets!

ANGÈLE.
Il faut nous quitter à jamais,

Car on m'ordonne aujourd'hui même
D'avoir à choisir un époux.

LORD ELFORT, s'approchant d'Angèle.
Ah ! quelle tyrannie extrême !
Mais je saurai parler pour vous,
Belle cousine !...

ANGÈLE, s'avançant vers Horace.
Et cet époux,
Voulez-vous l'être, Horace, voulez-vous ?
(Pendant cette phrase de chant, Brigitte, qui est derrière Angèle, a retiré peu à peu son voile. Horace lève les yeux, reconnaît les traits d'Angèle, pousse un cri et tombe à ses genoux.)

HORACE.
Ah !

Ensemble.

HORACE.
C'est elle, toujours elle !
O moment trop heureux !
Démon, ange ou mortelle,
Ne fuyez plus mes yeux !

ANGÈLE.
Ce n'est qu'une mortelle
Qui veut vous rendre heureux,
Et d'un amant fidèle
Récompenser les feux !

LE CHŒUR.
O surprise nouvelle
Qui vient charmer ses yeux !
C'est elle, c'est bien elle
Qui veut le rendre heureux !

HORACE.
De mon bonheur je doute encor moi-même
Après les changements qu'à chaque instant j'ai vus,
Changements bizarres, confus...

ANGÈLE.
Qu'un mot peut expliquer.
(A demi-voix.)
Horace, je vous aime!

HORACE, vivement.
Ah! maintenant, ne changez plus!

Ensemble.

HORACE.
C'est elle, toujours elle! etc.

ANGÈLE.
Ce n'est qu'une mortelle, etc.

LE CHOEUR.
O surprise nouvelle, etc.

TABLE

	Pages.
LES CHAPERONS BLANCS	1
LE MAUVAIS ŒIL	101
L'AMBASSADRICE	155
LE DOMINO NOIR	239

www.ingramcontent.com/pod-product-compliance
Lightning Source LLC
Chambersburg PA
CBHW070448170426
43201CB00010B/1254